Tokenisierung als Finanzierungsform

Katarina Krüger

Tokenisierung als Finanzierungsform

Wie sich KMUs mit Prozessen und Wertgegenständen neue Finanzierungswege eröffnen

Springer Gabler

Katarina Krüger
Hochschule für Technik und Wirtschaft
Berlin, Deutschland

ISBN 978-3-658-46339-7 ISBN 978-3-658-46340-3 (eBook)
https://doi.org/10.1007/978-3-658-46340-3

Die Deutsche Nationalbibliothek verzeichnet diese Publikation in der Deutschen Nationalbibliografie; detaillierte bibliografische Daten sind im Internet über https://portal.dnb.de abrufbar.

Springer Gabler ist ein Imprint der eingetragenen Gesellschaft Springer Fachmedien Wiesbaden GmbH und ist ein Teil von Springer Nature.
Die Anschrift der Gesellschaft ist: Abraham-Lincoln-Str. 46, 65189 Wiesbaden, Germany

Für meine Tochter Marleen!
Mein besonderer Dank gilt Uli Hellriegel.

Vorwort

Liebe Leserinnen und Leser,

viele Prozesse haben durch die Coronakrise eine Beschleunigung erhalten. Sogar in Deutschland, einem Land, das bargeldaffin ist, setzt sich mehr und mehr kontaktloses Zahlen durch. Auch nach Corona bleibt dieser Trend erhalten.

Finanzierungen und Investitionsmöglichkeiten verändern sich ebenfalls unter der Nutzung von Technologien. Auch wenn aktuell mehr Anwendungen von künstlicher Intelligenz im Fokus der Aufmerksamkeit stehen, so „passiert" dennoch sehr viel im Kontext von Zahlungsprozessen, innovativen Finanzierungs- und Investitionsmöglichkeiten und digitalen Währungen. Daher erfordert der kontinuierliche Prozess der digitalen Transformation eine regelmäßige Überprüfung der eigenen Strategie und Ausrichtung.

Mit meinem Buch möchte ich Unternehmern und Managern von Klein- und Mittelstandsunternehmen die notwendigen Kenntnisse an die Hand geben, um die große Vielfalt im Kryptomarkt nachvollziehen, analysieren und zu eigenen Zwecken nutzen zu können. Sie werden nicht nur im Zuge der digitalen Transformation mit neuen Zahlungsmethoden und Möglichkeiten konfrontiert werden, sondern es stellt sich auch die Frage, inwieweit man als Unternehmen diese strategisch zu seinem eigenen Vorteil einsetzen kann. Sie müssen die unternehmerisch richtigen Schlüsse ziehen, um wettbewerbsfähig zu bleiben.

Daher werden Sie als Leser von mir Einblicke in die Aspekte bekommen, von denen ich glaube, dass sie wichtig sind und daher auch in der Unternehmensstrategie Berücksichtigung finden sollten. Zugleich kann dieses Buch immer nur einen Auszug des aktuellen, zum Zeitpunkt des Schreibens befindlichen Zustandes wiedergeben. Die Dynamik in diesem Markt ist sehr groß.

Zur besseren Lesbarkeit habe ich auf die Verwendung des gendergerechten Schreibens verzichtet. Für mich sind alle Geschlechter gleich wichtig! Jedoch möchte ich die Sperrigkeit der deutschen Sprache nicht noch erhöhen, wenn ich von „dem/der Nutzer:in, der/die dieses oder jenes machen kann, um seine/ihre Interessen ....“ schreibe. Ich hoffe, Sie als Leser können mir das nachsehen.

Ich wünsche Ihnen eine anregende Lektüre!

Herzlichst

Berlin, Deutschland
Herbst 2024

Katarina Krüger

Inhaltsverzeichnis

Abkürzungsverzeichnis

ABI	Application Binary Interface
AI	Artificial Intelligence
AML	Anti-Money-Laundry
API	Application Programming Interface
BaFin	Bundesanstalt für Finanzdienstleistungen
BGB	Bürgerliches Gesetzbuch
BIS	Bank for International Settlement; Bank für Internationalen Zahlungsausgleich
BSN	Blockchain Service Network
CASP	Cryto-Asset Service Provider
CBDC	Central Bank Digital Currency (Digitales Zentralbankgeld)
ChatGPT	Chat Generative Pre-Trained Transformer
CFTC	Commodity Futures Trading Commission
CFMM	Constant Function Market Maker
CMMI	Capability Maturity Model Integration (CMMI)
DAO	Decentralised Autonomous Organisation
DeFi	Decentralised Finance
DEX	Decentralised Exchange
d.h.	das heißt
DLT	Distributed Ledger Technology
EBA	European Banking Authority (Europäische Bankenaufsichtsbehörde)
EBIT	Earning before Interest and Taxes
ESMA	European Security and Markets Authority (Europäische Wertpapier- und Marktaufsichtsbehörde)
eCYN	elektronischer E-Yuan (elektronische chinesische Währung)
eIDAS	Electronic IDentification, Authentication and Trust Services
ERC-	Ethereum Request for Comments – (Standards)
EU	Europäische Union
EVA	Economic Value Added
EVM	Ethereum Virtual Machine

eWpG	elektronisches Wertpapiergesetz
EZB	Europäische Zentralbank
FBI	Federal Bureau of Investigation
FCF	Free Cash Flow
FED	Federal Reserve System
Fraunhofer IAO	Fraunhofer Institut für Arbeitswirtschaft und Organisation
FSB	Financial Stability Board
FTX	Future Exchange, Kryptobörse
FWB	Frankfurter Börse
HGB	Handelsgesetzbuch
IBAN	International Bank Account Number
ICO	Initial Coin Offering
IFRS	International Financial Reporting Standards
IoT	Internet of Things
IPO	Initial Public Offering
IRS	Internal Revenue Service
KI	Künstliche Intelligenz
KMU	Klein- und Mittelstandsunternehmen
KPI	Key Performance Indicator
KYC	Know Your Customer
mCBDC	Multi-Currency Central Bank Digital Currency
MEK	Marktwert des Eigenkapitals
MFK	Marktwert des Fremdkapitals
MGK	Marktwert des Gesamtkapitals
MiCAR	Markets in Crypto Assets Regulation
MiFID	Markets in Financial Instruments Directive
MiFIR	Markets in Financial Instruments Regulation
MIT	Massachusetts Institute of Technology
MVP	Minimal Viable Product
NASDAQ	National Association of Securities Dealers Automated Quotations
NFT	Non Fungible Token
NOPAT	Net Operating Profit after Taxes
NYSE	New York Stock Exchange
OLAP	Online Analytical Processing
OLTP	Online Transaction Processing
OTC	Over the counter (Markt); außerbörslicher Markt
P2P	Peer-to-Peer (Netzwerk)
RBI	Reserve Bank of India
ROI	Return on Invest
RPA	Robotic Process Automation
SBF	Sam Bankman-Fried
SEC	Securities and Exchange Commission

STO	Stable Coin Offering
TerraUSD	Stablecoin
TVL	Total Value Locked
TradFi	Traditional Banking
WACC	Weighted Average Cost of Capital
WEF	World Economic Forum (Weltwirtschaftsforum)

Einführung 1

Zusammenfassung

Die Transformation in die digitale Welt macht weder vor kleinen und mittleren Unternehmen (KMU) halt noch spart sie den Finanzmarkt aus. Und es ist nicht einfach, die zum Teil stürmischen Entwicklungen in der digitalen Finanzwelt nachzuvollziehen. Das fällt umso schwerer, je mehr man sich als Lenker eines Unternehmens um das Tagesgeschäft kümmern muss.

Es stellt sich die Frage, ob und wenn ja, wie die digitalen Zahlungsmittel in den eigenen Prozessablauf eingebunden werden können. Welche technischen Voraussetzungen sind hierfür notwendig? Und natürlich auch die Frage, welche Chancen die digitalen Finanzmärkte kleinen und mittleren Unternehmen bieten.

Neben der Vermittlung des notwendigen Wissens um den digitalen Finanzmarkt wird der Leser ermutigt, zu prüfen, inwieweit diese neuen Modelle und Möglichkeiten sich sowohl in der eigenen Unternehmensfinanzierung als auch im Zahlungsverkehr einsetzen lassen.

Grundlage dafür ist zunächst die Betrachtung der traditionellen Finanz-und Kapitalmärkte sowie deren typische Metriken. Diesem werden Krypto-Kapitalmärkte gegenübergestellt (vgl. Kap. 2).

Darauf aufbauend werden im dritten Kapitel die klassischen Investitions- und Finanzierungsmethoden erläutert. Diese Methoden können ebenfalls in der dezentralen Welt genutzt werden.

Mit dem vierten Kapitel beginnt der Einstieg in die digitale Finanzwelt, in der zunächst die sogenannte Token-Economy beschrieben wird, ehe dann im fünften Kapitel auf die Kreierung von Token eingegangen wird. Kap. 6 widmet sich dem Thema „Decentralized Finance“ und ihren Entwicklungen. Ausgestattet mit diesen Grundlagen folgt dann im

K. Krüger, *Tokenisierung als Finanzierungsform*, https://doi.org/10.1007/978-3-658-46340-3_1

siebten Kapitel die Beschreibung der aktuellen Entwicklungen als Bestandsaufnahme, gepaart mit dem Hinweis, auf was sich Unternehmen einstellen sollten, wenn sie am digitalen Wirtschaftskreislauf[1] teilnehmen wollen.

Kap. 8 beschreibt mögliche strategische Szenarien für KMUs.

Persönliche Anmerkung: mein erstes Fachbuch „Blockchain-Technologie für Unternehmensprozesse“[2] widmet sich der Fragestellung, wie die Blockchain-Technologie sinnvoll und vor allem mehrwertstiftend in Unternehmen implementiert werden kann. In dem Buch liegt der Fokus auf der Verbesserung von bestehenden Prozessen beziehungsweise der Eliminierung von unnötigen Prozessschritten. Mit diesem hier vorliegenden Fachbuch sollen hingegen die neuen Finanzierungsmöglichkeiten von kleinen und mittleren Unternehmen beleuchtet werden. Die Dynamik im Markt ist so groß, dass wahrscheinlich beim Erscheinen dieses Buches Anfang 2025 schon wieder neue Konzepte und Ideen die Diskussion beherrschen werden. Allein, wenn man die Grundzüge nachvollziehen kann, dann sind Neuerungen häufig „nur“ Iterationen und notwendige Verbesserungen der bestehenden Möglichkeiten.[3] Somit werden hier Grundlagen besprochen und gesetzt, um das Verständnis für die „schöne neue Finanzierungswelt“ zu wecken.

1.1 Ausgangslage

> „Eine neue wissenschaftliche Wahrheit pflegt sich nicht in der Weise durchzusetzen, dass ihre Gegner überzeugt werden und sich als belehrt erklären, sondern vielmehr dadurch, dass die Gegner allmählich aussterben und dass die heranwachsende Generation von vornherein mit der Wahrheit vertraut gemacht ist.“[4] (Zitat Max Planck)

Dieses Zitat soll vergegenwärtigen, dass sich die neuen, durch Technologie geschaffenen Finanzierungsmöglichkeiten, nicht so einfach durchsetzen werden. Der rasante Wandel in der Transformation zur Digitalisierung erfordert auch und gerade für KMUs, sich mit den Möglichkeiten und Herausforderungen auseinander zu setzen. Dieses Buch soll dabei unterstützen, die verschiedenen Facetten von Finanzierung und Investition zu beleuchten.

[1] „Digitaler Wirtschaftskreislauf“ ist nach dem Verständnis der Autorin der Kreislauf, der die in den bisherigen Modellen existierende Güter- und Geldwirtschaft einer Volkswirtschaft um einen digitalen „Layer“ erweitert. Dieser digitale Layer wird für sich gesehen wieder aus verschiedenen Schichten bestehen, u. a. in Abhängigkeit davon, wo die einzelnen Teilnehmer einer Volkswirtschaft sich digital in ihrer Entwicklung befinden.

[2] Adam (2022): Blockchain-Technologie für Unternehmensprozesse, 2. Auflage.

[3] Anmerkend sei hinzugefügt, dass es sich bei den im Markt bestehenden Iterationen mitunter nur um den Austausch von Begriffen handelt. Fast könnte man meinen, wir sprechen von des „Kaisers neue Kleider“ – aber um erkennen zu können, wo beispielsweise ein Intermediär gegen einen anderen ersetzt wird, bedarf es des grundlegenden Verständnisses der Prozessabläufe.

[4] Planck: Wissenschaftliche Selbstbiographie, Johann Ambrosius Barth Verlag, Leipzig, 1948, S. 22.

Zahlungsmittel und Zahlungsvorgänge sind Dreh- und Angelpunkt einer jeden Volkswirtschaft – unabhängig ob man mit Muscheln, Gold oder so genannter Fiat-Währung[5] bezahlt. Jedoch hat sich Geld, so genannte Fiat-Währung, von zentralen Institutionen als Zahlungsmittel herausgegeben, im Laufe der Zeit durchgesetzt. Die dem Geld, einer Währung zugeordneten Funktionen „Tauschmittel", „Wertaufbewahrung" sowie „Recheneinheit" ermöglichen effiziente Wirtschaftsabläufe.[6] Interessanterweise vertrauen wir als Nutzer von Währungen darauf, dass der auf einem Geldschein gedruckte Wert (z. B. 10 €) uns ermöglicht, Waren für diesen Gegenwert zu kaufen. Weiterhin interessant ist, dass vielfach den Kryptowährungen dieses Vertrauen nicht entgegengebracht wird. Sicher wird sich auch dieses Phänomen im Laufe der Zeit ändern. Wie schnell sich eine Akzeptanz einstellen kann, lässt sich am Beispiel Deutschlands und der Affinität zum Bargeld aufzeigen: Auch wenn im Jahr 2022 die Mehrheit der Deutschen noch immer am liebsten mit Bargeld bezahlt, so wächst der Anteil derer, die das kontaktlose Bezahlen mit EC- und Kreditkarte bevorzugen auf mittlerweile 40 %. Zum Vergleich: 2017 lag dieser Anteil erst bei 26 %.[7] Daher wird es aus Sicht der Autorin auch nur eine Frage der Zeit sein, wann die so genannte kritische Masse bei der Verwendung von Kryptowährungen als Zahlungsmittel erreicht sein wird. Es ist zu erwarten, dass dieses eintritt, wenn die Europäische Zentralbank den digitalen Euro verfügbar machen wird. Jedoch ist es sinnvoll, sich aus Unternehmenssicht bereits jetzt mit den vorhandenen Gegebenheiten und den sich daraus ergebenden Fragestellungen auseinander zu setzen. Dazu gehören aus Sicht von Unternehmen nicht nur das Verständnis für die Mittelbeschaffung über die „neuen" Finanzmärkte, sondern auch die Annahme von Kryptowährungen im geschäftlichen Alltag. Auch ist es bedeutsam, den Unterschied zwischen Internetbezahlverfahren und Kryptowährungen zu verstehen. Beim Internetbezahlverfahren werden die Transaktionen im Zuge des Onlinebankings durchgeführt. Diese Überweisungen basieren auf speziellen elektronischen Zahlverfahren innerhalb eines eigenen Netzwerkes (z. B. Apple Pay oder PayPal) und sind verknüpft mit dem Zahlungskonto bzw. der Zahlungskarte eines Kontoinhabers. Erweitert werden kann dieses Internetbezahlverfahren auch als sogenanntes „Mobiles Bezahlen", in dem ein Mobilfunkgerät, ein Tablet oder auch eine Smart Watch genutzt wird, um Zahlungen/Transaktionen auszulösen. Jedoch ist bei diesem Verfahren immer eine zentrale Instanz beteiligt, die die

[5] Unter Fiat-Währung wird gemäß der Definition der Europäischen Zentralbank (EZB) Geld verstanden, das offiziell gesetzliches Zahlungsmittel ist und von einer Zentralbank ausgegeben wird. Weiter schreibt die EZB, dass dieses moderne Geld als Banknotenpapier eigentlich wertlos ist, aber dennoch als Zahlungsmittel akzeptiert ist, weil die Menschen darauf vertrauen können, *„dass die zuständige Zentralbank den Wert des Geldes im Zeitverlauf stabil hält"*. *(https://www.ecb.europa.eu/ecb/educational/explainers/tell-me-more/html/what_is_money.de.html eingesehen am 14.08.2022).*

[6] Vgl. Holtemöller (2008), S. 2.

[7] Vgl. Studie der Bundesbank (2022): Zahlungsverhalten in Deutschland, S. 12.

Transaktionen zunächst annimmt und dann entsprechend an einen Empfänger weiterleitet. Anders sieht es dagegen bei den Kryptowährungen aus. Hier werden die Transaktionen nicht über eine zentrale Instanz (wie z. B einen Bankdienstleister) gelenkt, sondern es ist das Netzwerk, das über die Güte einer Transaktion entscheidet und ob diese durchgeführt werden kann oder nicht. Diese Entscheidung hängt u. a. davon ab, ob die Teilnehmer des Netzwerkes bestätigen können, dass der Sender eines Betrages auch tatsächlich über diesen Betrag auf seinem Konto verfügt. Nur dann wird die Transaktion durch das Netzwerk bestätigt und ausgeführt. Wichtig ist zu wissen, dass es in dem Netzwerk keine zentrale Instanz gibt, die beispielsweise bei einer Fehlüberweisung diese Währungseinheiten wieder zurückrufen kann (dies kann nur über den Empfänger erfolgen und basiert auf „Good Will" anstatt auf einer „gesetzlichen Grundlage").

Beispiel

Die Grundannahme ist, dass Sie über ein gewisses Guthaben einer Kryptowährung (in diesem Beispiel „Bitcoin") verfügen und dieses in Ihrem digitalen Portemonnaie (Wallet) verwahren. Eine Wallet ist eine Software, die es dem Eigentümer ermöglicht, Zugang zu Bitcoin-Adressen zu erzeugen. Jede Bitcoin-Adresse ist eine öffentliche, individuelle Zeichenkette (z. B. 1kJTB97592/Divn254FTNpoEB3) mit einem eigenen Kontostand. In diesem Zusammenhang verfügen Sie über zwei digitale Schlüssel, nämlich dem sogenannten Public Key (öffentlicher Schlüssel) und Private Key (privater Schlüssel).[8] ◀

▶ **Wichtig** Eine Bitcoin-Adresse ist nicht gleich einem Public Key. Bitcoin-Adressen werden von dem Public Key über eine sogenannte Einwegfunktion[9] abgeleitet.

Die Bitcoin-Blockchain ist öffentlich einsehbar (open source) und sie speichert sämtliche verifizierten Transaktionen ab. Wollen Sie nun ein Produkt oder eine Dienstleistung mit Bitcoin (oder einem Fragment eines Bitcoins) bezahlen, dann benötigen Sie die Adresse des Empfängers (vergleichbar mit der IBAN Ihres Rechnungsstellers). Da auch Ihr Gegenüber über die beiden digitalen Schlüsselpaare verfügt, nutzen Sie den Public Key des Verkäufers als Adresse, um dorthin das digitale Geld (Bitcoin) zu senden. Ihre Zahlung bestätigen Sie mit Ihrem Private Key. Es existieren keine herkömmlichen (Bank-)Konten, sondern das digitale Geld wird an Adressen gesendet,

[8] Antonopoulos (2017), S. 65.

[9] Einwegfunktionen sind Funktionen, die recht einfach zu rechnen sind, hingegen die Umkehrung auf den Eingabewert sehr aufwendig zu berechnen sind (z. B. diskreter Logarithmus, Multiplizieren von Primzahlen).

die den Hashwert eines öffentlichen Schlüssels darstellen. In der Folge kann nur der Besitzer der dazugehörigen Adresse mit seinem Private Key über die transferierten Mittel verfügen.[10]

Die eigentliche Verifizierung findet jedoch außerhalb Ihres Handlungsbereiches statt. Die Mitglieder des Netzwerkes (bei der Bitcoin-Blockchain werden sie Miner genannt) prüfen und bestätigen, ob Ihre Wallet-Adresse über den entsprechenden Betrag verfügt. Dies ist über Ihren öffentlichen Schlüssel (public key) möglich. Ihre Transaktion wird nun mit anderen Transaktionen zu einem Block gebündelt.[11] Bevor dieser neu geschaffene Block an die existierende Blockchain angehängt werden kann, müssen die Miner die richtige Lösung zu mathematischen Rätseln finden, was mittlerweile eine sehr hohe Rechenkapazität erfordert. Durchschnittlich dauert es ca. 10 min, bis ein Block (und damit einhergehend die spezielle Rechenaufgabe gelöst ist) an die vorhandenen Blöcke gehängt werden kann. Ihr Zahlungsvorgang ist dann abgeschlossen, wenn Ihre Transaktion in einem Block ist, der an die Blockchain angehängt worden ist (vgl. Abb. 1.1).[12, 13]

Damit unterscheidet sich die Kryptowährung sowohl in der Art wie sie von einem Konto zu einem anderen transferiert wird, als auch in der Art wie diese Transaktion insgesamt „überwacht“ und gesteuert wird. Das Ungewöhnliche ist sicherlich für die meisten, dass eben keine zentrale Instanz regulierend eingreifen kann.

Das traditionelle Finanzwesen basiert auf dem Vertrauen in die Zentralbank (als Herausgeber des Geldes), dass sie die Währung stabil hält und dafür sorgt, dass das Bankensystem über sogenannte Clearingstellen sämtliche Bankentransaktionen ordnungsgemäß ausführt.[14] Dieses Vertrauen in die Zentralbanken und den Bankeninstitutionen ist über die letzten Jahrhunderte gewachsen. Dem setzt beispielsweise eine Bitcoin-Blockchain eine Transparenz gegenüber, die es jedem jederzeit ermöglicht, alle jemals getätigten Transaktionen nachzuvollziehen. Außerdem hat jeder Miner die komplette (!) Kopie der Blockchain auf seinem Rechner. Letztlich kann jeder auf der Grundlage der vorhandenen Informationen zu denselben Schlussfolgerungen gelangen. Krypto-Zahlungssysteme setzen auf einen kryptografischen Beweis anstatt auf Vertrauen in eine zentral organisierte Instanz, die das Zahlungssystem am Laufen hält.

[10] Bonneau et al. (2015), S. 105 ff.

[11] Antonopoulos (2017), S. 220.

[12] Böhme et al. (2015), S. 217.

[13] Unternehmen, die sich in Kryptowährungen bezahlen lassen, nutzen häufig die Dienste von spezialisierten Treuhändern, die die Bezahlung zu einem festgelegten Wechselkurs ermöglichen, um die Krypto-Kursschwankungen auszugleichen.

[14] Z. B. Bundesfinanzministerium, EMIR 2 (2018): https://www.bundesfinanzministerium.de/Monatsberichte/2018/12/Inhalte/Kapitel-3-Analysen/3-1-reform-zur-regulierung-von-clearingstellen-EU_pdf.pdf?__blob=publicationFile&v=3 eingesehen am 14.08.2022.

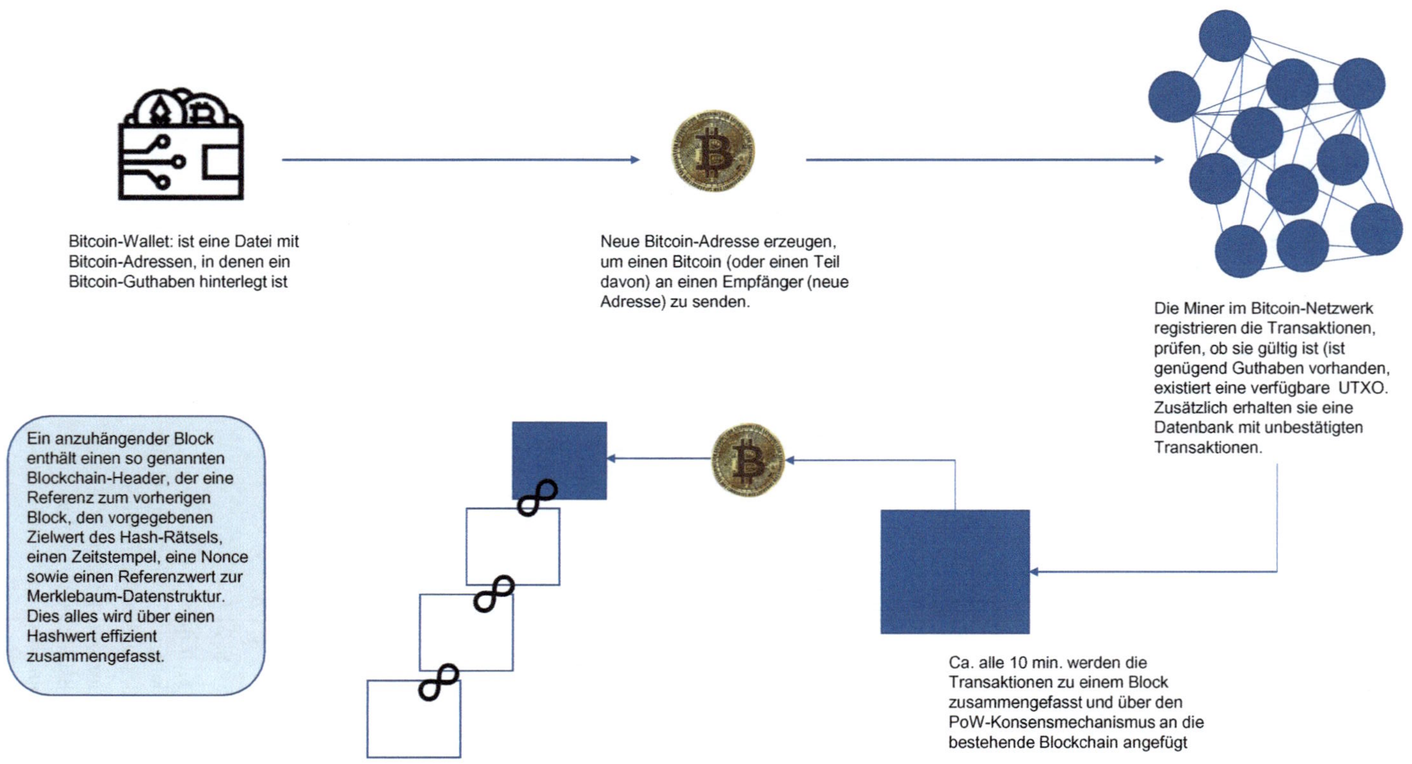

Abb. 1.1 Transaktionsablauf im Bitcoin-Netzwerk. (Quelle: Eigene Grafik)

1.2 Der Bitcoin – oder wie alles an Fahrt gewann

Nun sind die Grundzüge einer Bitcoin-Zahlungstransaktion zwar erläutert, aber es soll nachfolgend die Entstehung dieser dezentralen Zahlungsmöglichkeiten beschrieben werden.

Das Konzept von digitaler Währung ist nicht erst mit der Veröffentlichung des White Papers von Satoshi Nakamoto (Bitcoin: A Peer-to-Peer Electronic Cash System[15]) durchdacht worden. Vielmehr sind bereits erste Anläufe zur Entwicklung einer digitalen Währung in den frühen 80er-Jahren des letzten Jahrhunderts entstanden. Mit den Forschungspapieren des Kryptologen David Chaum wurden erste konkrete Grundlagen geschaffen. So beschreibt Chaum schon 1982, wie er die Verbindung zwischen digitalen Nachrichten trennt.[16] Dies ist eine grundlegende Voraussetzung, um anonyme Zahlungen digital zu verwirklichen.[17]

Genau wie beim Bargeld soll es somit auch bei digitalen Zahlungen nicht mehr nachvollziehbar sein, wer für welche Transaktionen Geld ausgegeben hat.[18] Zuvor hatte Chaum auch für E-Mail-Systeme vorgeschlagen, eine Public-Key-Infrastruktur zu nutzen, um sicherzustellen, dass die Inhalte der Mails auch nur von entsprechend berechtigten Personen gelesen werden können.[19] Auch diese Teilkomponente findet sich in der Bitcoin-Blockchain wieder.

1991 veröffentlichen Haber und Stornetta den konzeptionellen Rahmen der Blockchain. Ziel ist die Schaffung eines sicheren Systems, in dem digitale Dokumente (bzw. Transaktionen) mit einem Zeitstempel versehen werden, um deren Fälschungen zu verhindern. Dazu werden sogenannte kryptografische Hash-Funktionen[20] und Merkle-Bäume[21] eingesetzt, dank derer verifizierte Dokumente in Blöcken gespeichert werden können (vgl. Abb. 1.2).[22]

---

[15] Nakamoto (2008): https://bitcoin.org/bitcoin.pdf, zuletzt eingesehen am 20.03.2022.

[16] Chaum (1982): Blind Signatures for Untracable Payments, http://www.hit.bme.hu/~buttyan/courses/BMEVIHIM219/2009/Chaum.BlindSigForPayment.1982.PDF, eingesehen am 20.03.2022.

[17] Chaum verweist in seiner Problembeschreibung auf die existierenden elektronischen Zahlungssysteme, die einen nicht unerheblichen Einfluss auf die Privatsphäre eines Individuums aufweisen. So wissen einerseits Finanzintermediäre quasi alles über den Kunden und seine entsprechenden Transaktionen (z. B. welche Flugreisen gebucht werden, welche Restaurants, Theater etc besucht werden und selbstverständlich auch, für welche täglichen Dinge des Lebens Geld ausgegeben wird). Zugleich aber schützen die Finanzintermediäre ihre Kunden vor Betrug und Diebstahl und gewähren ihnen im Gegenzug für die Überlassung der Transaktionsdaten eine sichere Zahlungsumgebung. Chaum kritisiert jedoch die asynchrone Transparenz und entwickelt daraus die Idee der „Blind Signature Cryptosystems", um anonyme Zahlungen zu ermöglichen.

[18] Adam (2022), S. 17.

[19] Chaum (1981): Untraceable electronic mail, return addresses, and digital pseudonyms.

[20] Kryptografische Hash-Funktionen sind Funktionen, die einen Input beliebiger Länge in einen Output umwandeln, der einer zuvor festgelegten Größe entspricht und dabei obendrein den hohen kryptografischen Anforderungen entsprechen, um Angriffen widerstehen zu können.

[21] Ein Merkle-Baum beschreibt eine Datenstruktur in der Kryptografie und Informatik, mittels derer die Hash-Funktionen zusammengefasst werden. Der von dem Wissenschaftler Ralph Merkle entwickelte Ansatz ermöglicht eine effiziente und sichere Verifikation großer Datenmengen und stellt sicher, dass die zu Blöcken erfassten Daten in einem P2P-Netzwerk unbeschädigt und unverändert empfangen werden.

[22] Haber und Stornetta (1991), S. 99.

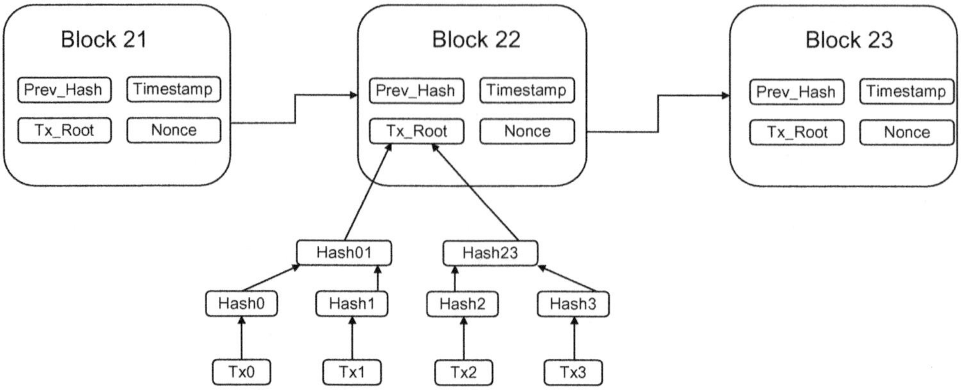

Abb. 1.2 Vereinfachte Darstellung der Blockchain Datenstruktur in Anlehnung an De Figueiredo Novo. (De Figueiredo Novo (2021), S. 4)

Eine weitere Komponente, die heute als quasi selbstverständlich im Umfeld von Bitcoin- und Blockchain-Anwendungen angesehen wird, sind Smart Contracts, die nicht nur die dezentrale Transaktionsverwaltung und -verwahrung, sondern auch die Automatisierung von Prozessen und Organisationsprinzipien ermöglichen. Bereits 1994 beschreibt Nick Szabo, ein Informatiker, Jurist und Kryptograf, wie „intelligente Verträge" funktionieren könnten, jedoch war das technische Umfeld zu dem Zeitpunkt noch nicht in der Lage, diese Idee zu realisieren (Szabo 1997).[23] Smart Contracts sind programmierbare Vereinbarungen, die autonom nach einer strikten „Wenn-Dann-Logik" funktionieren. Die Vereinbarungen werden in einer bestimmten Adresse der Blockchain gespeichert und wenn das vereinbarte Ereignis stattfindet, dann wird eine Transaktion (im Sinne einer Benachrichtigung) an diese Blockchain Adresse gesendet. Nun kann der Vertrag autonom im Sinne der vorab vereinbarten und festgelegten Bedingungen ausgeführt werden.[24]

1.3 Die Blockchain-Technologie

Dem Bitcoin liegt die sogenannte Blockchain-Technologie zu Grunde – eine Technologie, die einige für eine revolutionäre Weiterentwicklung des Internets halten, andere hingegen befinden diese Technologie als überbewertet. Umso wichtiger ist es, zu wissen, was hinter dieser Technologie steckt, um sich ein eigenes Urteil erlauben zu können – auch deshalb, weil sich die Fülle von „Fachchinesisch" überwältigend anfühlen kann.

[23] Szabo (1997).

[24] De Filippi und Wright (2018), S. 74 ff.

Zunächst ist die Grundlage ein so genanntes verteiltes Kassenbuch.[25] Wie können wir uns das vorstellen? Wir alle kennen aus der Historie die Kassenbücher und Journale, die üblicherweise in der Buchhaltung genutzt wurden. Historisch gesehen hat der Buchhalter in dieses Kassenbuch jede im Unternehmen anfallende Transaktion eingetragen. Diese Vorgehensweise ist dann im Handelsgesetzbuch aufgegriffen worden und spiegelt sich u. a. in den Paragrafen 238 und 239 HGB wider, gemäß derer ein Kaufmann (im Sinne eines Unternehmers) verpflichtet ist, seine Bücher gemäß den Grundsätzen ordnungsgemäßer Buchführung zu führen.[26]

Überträgt man diesen buchhalterischen Ansatz in die Blockchain-Welt, dann ist es auf einmal nicht mehr ein Buchhalter, der die anfallenden Transaktionen ins Kassenbuch einträgt. In der Blockchain-Welt wird der Eintrag ans Netzwerk delegiert. Dieses Netzwerk prüft zunächst die Transaktion dahingehend, ob Sender und Empfänger tatsächlich vorhanden sind und ob der Sender diese Transaktion tatsächlich initiieren kann (zum Beispiel, ob der Sender über die entsprechend gewünschten digitalen Währungseinheiten verfügt, die er verschicken will). Ist das erfolgt, wird diese Transaktion zusammen mit anderen in einem Block zusammengefasst und an die vorherigen Blöcke/Transaktionen angefügt. Damit ist diese Transaktion im gesamten Netzwerk für alle Teilnehmer sichtbar. Es ist den Teilnehmern nicht möglich, zu sehen, wer sich hinter dieser getätigten Transaktion als natürliche beziehungsweise juristische Person verbirgt, aber das ist auch nicht notwendig.[27]

Die Blöcke sind über so genannte kryptografische Hashes miteinander in der Art verbunden, dass der aktuelle Block den Hash des Vorgängerblocks speichert. Wird nun an den aktuellen Block ein neuer angehängt, dann wird aus dem aktuellen Block zunächst ein Hashwert erzeugt, der dann den neuen Block „eröffnet". Durch diese Verkettung der Blöcke entsteht ein chronologisches Register.[28]

Um dieses Register zu erzeugen und zu pflegen, bedarf es sogenannter Knoten. Die Knoten sind unabhängige, gleichberechtigte Rechner, die innerhalb des Netzwerkes miteinander kommunizieren und synchronisieren.[29] Man spricht hierbei von Peer-to-Peer Netz-

---

[25] Ein verteiltes Kassenbuch wird als „Distributed Ledger" bezeichnet und der Begriff wird häufig synonym zur Blockchain genutzt. Der Unterschied der Konzepte besteht in der Art, wie die Transaktionen als Datensatz hinzugefügt werden: Während bei der Distributed Ledger Technologie (DLT) die Datensätze aufeinanderfolgend abgelegt werden, bündelt eine Blockchain die Datensätze zunächst in Blöcke, ehe sie an die vorherigen angehängt werden. Somit lässt sich festhalten, dass eine Blockchain als eine Sonderform von Distributed Ledgern verstanden werden kann.

[26] §§ 238, 239 HGB (2022).

[27] Fertig und Schütz (2019), S. 75.

[28] Sollte jemand versuchen, den Inhalt eines Blockes zu manipulieren, dann ist davon nicht nur der Hashwert des entsprechenden Blockes betroffen, sondern auch die nachfolgenden Block-Hashes. Diese müssten theoretisch alle neu berechnet und vom Netzwerk bestätigt werden. Das ist höchst unwahrscheinlich und daher gelten die Daten auf einer Blockchain als unveränderbar.

[29] Schlatt et al. (2016), S. 9.

werken und Prinzipien. In der Bitcoin-Blockchain-Logik werden diese Knoten auch Miner genannt und sie interagieren gemäß den vereinbarten Konsensregeln/Proof-of-Work Protokoll.[30, 31] Der u. a. von Bitcoin genutzte kryptografische Hash-Algorithmus wandelt eine Zeichenfolge von beliebiger Länge in eine von fixer Länge, den Hashwert, um.[32] Der Einsatz von Hash-Funktionen ermöglicht, dass jede Änderung sofort sichtbar ist, da Hash-Funktionen nach dem Prinzip funktionieren, dass derselbe Eingangswert immer denselben Ausgangswert hervorruft.

> **Merker** *Es reicht schon, bei einem Eingangswert ein Zeichen (z. B. Buchstaben) anders zu schreiben (z. B. Groß- vs. Kleinschreibung), um den Eingangswert so zu verändern, dass ein völlig neuer Ausgangswert erzeugt werden muss. Dies kann man mit einem einfachen Hash-Generator, der im Internet aufrufbar ist, prüfen. Beispielhaft kann man dies an folgendem Satz belegen:*
>
> *„Ich telefoniere mit meiner Mutter." erzeugt folgenden Hash-Wert nach dem Hash-Algorithmus SHA 256:*[33] *71296ef7df54cc9692a1ca8ea35be032e471f985094baf2543990e7e41db1fc8.*
>
> *Ändert man nun den Satz vom Präsens ins Präteritum wie folgt um „Ich telefonierte mit meiner Mutter.", dann lautet der Hashwert 66a0325dcf2fcf10a6036901b5982e56e2fdd08a8fcdf68ad92214ac9c74cce1.*

Der Charme von kryptografischen Hash-Funktionen beruht genau darauf: Änderungen sind umgehend sichtbar. Außerdem ist es mit einem vertretbaren Aufwand nicht zu rechtfertigen, aus dem Hashwert den Eingangswert abzuleiten. Jede Transaktion in dem Blockchain-basierten Peer-to-Peer-Netzwerk wird demnach als Hashwert auf der Blockchain gespeichert.

Jeder Knoten speichert die Kopie des sich stets aktualisierenden Status redundant.[34] Dies ermöglicht, dass ein Ausfall einzelner Rechner in dem System nicht zum Zusammenbruch des Systems mitsamt dem Datenverlust führt.[35]

---

[30] Bonneau et al. (2015), S. 107.

[31] Blockchain-Netzwerke können nach unterschiedlichen Protokollen festlegen, wie die einzelne Transaktion innerhalb des Netzwerkes verifiziert und validiert werden soll. Beim Bitcoin werden Transaktionen gemäß dem sogenannten Proof-of-Work validiert. Zunächst muss jeder im Netzwerk tätige Miner sowohl eine Mining-Software laufen lassen als auch Rechenleistung zur Verfügung stellen. Zusätzlich muss sich ein Miner mit den anderen vernetzen, um mit ihnen kommunizieren zu können. Dann kann der Aufgabe des Minings nachgegangen werden, indem zuerst Transaktionen für den Memory-Pool verifiziert und anschließend Transaktionen aus dem Memory-Pool zu einem Block gebündelt werden. Die Hardware übernimmt u. a. das Lösen des mathematischen Rätsels, um einen Block an die Blockchain heften zu können.

[32] Franco (2015), S. 95.

[33] Zum Ausprobieren kann man beispielsweise diesen Hash-Generator nutzen: https://www.hashgenerator.de.

[34] De Filippi und Wright (2018), S. 2.

[35] Alt und Huch (2022), S. 54, 55.

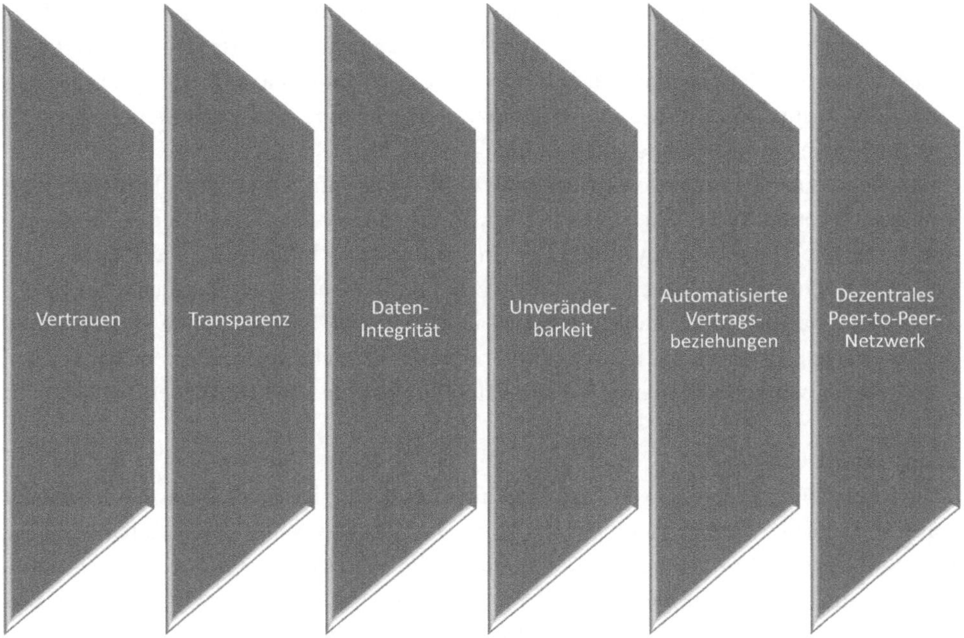

Abb. 1.3 Blockchain-Technologie Attribute

Eine Blockchain kann daher als sicherer, öffentlicher Speicher verstanden werden, die Zeitstempel nutzt und kryptografische Hashes signiert, um eine Transaktion von Vermögenswerten oder an einem Dokument darzustellen, und das Eigentum an Vermögenswerten und die Gültigkeit von Dokumenten zu bezeugen. Dies geschieht nachvollziehbar für die Teilnehmer eines Blockchain-Netzwerkes.

Zusammenfassend sind hier noch einmal die charakteristischen Merkmale der Blockchain-Technologie aufgeführt, die sich aus den vorherigen Teilabschnitten dieses Kapitels ableiten lassen (vgl. Abb. 1.3):

Die Blockchain-Technologie verspricht, Vertrauen (1), Transparenz (2), Datenintegrität (3), Unveränderbarkeit (4) automatisierte Vertragsbeziehungen (5) in einem dezentralen Peer-to-Peer-Netzwerk (6) zu ermöglichen.

Vertrauen (1)
Der Ausdruck „Vertrauen“ bedarf einer Klärung. Schließlich vertrauen wir nicht nur in Menschen, sondern auch in übergeordnete Systeme und Technologien. Das Vertrauen, das über die Blockchain-Technologie geschaffen werden kann, basiert auf Konsens-Mechanismen/Protokollen unter Nutzung von technischen Möglichkeiten.[36] Dieses Vertrauen setzt voraus, dass alle notwendigen Informationen vorliegen, um entsprechende

[36] Nakamoto (2008), S. 2.; S. 8.

Handlungen auszulösen. Alle Transaktionen werden nachvollziehbar gespeichert. Dies soll ermöglichen, dass Parteien, die sich nur bedingt kennen oder vertrauen, eine Vertragsbeziehung zueinander eingehen können, ohne auf einen Mittelsmann (Intermediär) zurückzugreifen. Technologie übernimmt die präzise Abwicklung und stellt sicher, dass getroffene Vereinbarungen eingehalten werden.

Im Gegensatz dazu funktioniert unser zwischen- und mitmenschliches Vertrauen trotz fehlender Informationen. Wir haben gelernt, in der einen oder anderen Situation zu vertrauen, basierend auf unseren bisherigen Erfahrungen und Prägungen. Die Psychologie-Forschung kennt beispielsweise über Ur-Vertrauen, welches wir typischerweise in der Kindheit aufbauen.[37] Auch kann Vertrauen aus Situationen bzw. Verhalten entstehen und positiv besetzte Erfahrungen münden in Vertrauen, vielleicht sogar in einem Vertrauensvorschuss, da wir von der einen positiven Erfahrung auf eine neue schließen.[38]

Transparenz (2)[39]

Transparenz unter Einbezug von Pseudonymität[40] bedeutet, dass jede Transaktion und der damit verbundene Wert für jeden innerhalb des Blockchain-Ökosystems sichtbar ist. Jeder Knoten und/oder Nutzer wird über eine einzigartige Adresse identifiziert und die Transaktionen finden zwischen den Blockchain-Adressen statt. Daraus ergibt sich, dass alle Transaktionen nachvollziehbar und öffentlich (zumindest innerhalb des Netzwerkes) sind, auch wenn bei privaten Blockchain-Lösungen die Transparenz abweichen kann, von der einer öffentlichen Blockchain.

Datenintegrität (3)

Die Gewährleistung der Datenintegrität beschreibt die Voraussetzung, dass die im Unternehmen generierten bzw. erhaltenen Daten korrekt, vollständig und konsistent[41] sind. Dies ist wichtig, um Daten im Falle eines Angriffs z. B. wiederherzustellen, aber auch um Datenbanken mit ihren Datensätzen durchsuchen und die Rückverfolgbarkeit und Nachvollziehbarkeit ermöglichen zu können. Daher ist es durch den Einsatz von Blockchain-Technologie möglich, die gespeicherten Daten vor Änderungen zu schützen.[42]

---

[37] Petermann (1996), S. 13.

[38] Z. B. Koller (1990), S. 2.

[39] Nakamoto (2008), S. 3 ff.

[40] Pseudonymität bedeutet, dass nicht der Klarname eines Absenders ersichtlich ist; es kann unter Nutzung eines Algorithmus ein Bezug zwischen den Daten und einer bestimmten Person hergestellt werden. Außerdem verlangen z. B. Kryptobörsen eine Identitätsprüfung – daher ist keine vollständige Anonymität gegeben.

[41] Als konsistente Daten werden solche beschrieben, die sich widerspruchsfrei und logisch korrekt zueinander verhalten.

[42] Peters und Panayi (2015), S. 10.

Unveränderbarkeit (4)
Die Speicherung der Transaktionen auf einer Blockchain Datenbank sind dauerhaft, chronologisch geordnet, für alle im Netzwerk verfügbar und sie sind unveränderbar. Sowie die Daten auf der Blockchain-Datenbank eingegeben sind und die Konten der Knoten (Peer-Teilnehmer) aktualisiert und synchronisiert worden sind, können diese Datensätze nicht mehr verändert werden. Der Hashwert des Vorgängerblocks ist verknüpft mit dem aktuellen Block und eine Veränderung ruft einen anderen Ausgangswert hervor, als den erzeugten. Damit fällt jede Änderung auf. Eine unveränderliche Transaktionshistorie kann damit einen Besitznachweis in z. B. Lieferketten liefern und einen eindeutigen Hinweis auf die Herkunft geben bzw. die Rückverfolgung der gehandelten Produkte (d. h. die Kette des Besitzes) ermöglichen.[43]

Automatisierte Vertragsbeziehungen (5)
Mithilfe von Smart Contracts können Vertragsbeziehungen automatisiert werden. Nach Buterin sind Smart Contracts kryptografische Boxen, die einen Wert enthalten, der nur dann freigeschaltet wird, wenn vorab definierte Voraussetzungen erfüllt sind.[44] Die in dem Vertrag festgelegten Bedingungen werden automatisch geprüft und ausgeführt.[45] Somit können unternehmerische Handlungen vom „Ballast" der Routinearbeiten befreit werden, da einmal klug durchdachte „Wenn-Dann"-Bedingungen als programmierte Anweisung diese Routineaufgaben erledigen (z. B. das Prüfen von Fälligkeitsterminen [bei Lieferterminen ebenso wie bei Wartungsterminen; Zinszahlungen, Rückzahlungen des Nennwertes etc.]). Der vertrauensbildende Nachweis wird über die Blockchain-Lösung geliefert, da diese die Ereignisse chronologisch und unveränderbar auflistet und daher Gegenparteirisiken in Handelsbeziehungen verringern oder beseitigen kann.

Dezentrales Peer-to-Peer-Network (6)
Der Datentransfer und die Validierung von Transaktionen findet zwischen den beteiligten Knoten/Rechnern des Blockchain-Netzwerkes direkt und gleichberechtigt statt. Das bedeutet, alle Knoten haben eine sich ständig aktualisierende Datenbank und es gibt keine zentrale Instanz, die die Daten bzw. Informationen kontrolliert.[46] Der Zugang steht theoretisch jedem offen (zumindest bei einer öffentlichen Blockchain wie der Bitcoin-Blockchain).

---

[43] Bogart und Rice (2015), S. 10.

[44] Buterin (2014), S. 8.

[45] Adam (2022), S. 57.

[46] Dhillon et al. (2017), S. 184.

1.4 Decentralized Finance (ein kurzer Überblick)

Die unter Abschn. 1.3 aufgeführten Eigenschaften der Blockchain-Technologie ermöglichen einen Einsatz, der weit über das Gebiet der digitalen Währungen und Finanzdienstleistungen hinausgeht. Dennoch ist es immer wieder der Finanzsektor, der als Vorläufer innovative Ansätze und Initiativen entwickelt, die auf andere Branchen und Prozesse „abfärben".

Wie fast schon immer aber gibt die Finanzindustrie den Takt vor. Ein wichtiger Bestandteil dieser sich neu entwickelnden Finanzwelt lässt sich unter dem Begriff „DeFi" (Decentralized Finance) zusammenfassen. Im Gegensatz zum „traditional Finance" (gern auch als TradFi oder „CeFi" [Centralised Finance] abgekürzt)[47] wird der Begriff DeFi im Zusammenhang mit dezentralen, offenen und Peer-to-Peer (P2P) Finanzprodukten und -dienstleistungen unter Zuhilfenahme von Smart Contracts[48] innerhalb des dezentralen P2P-Netzwerks genutzt.

„Peer-to-Peer"-Netzwerke erscheinen demnach als das Mittel der Wahl, weil sie offensichtlich diese neue Welt ermöglichen. Dazu sei an dieser Stelle anzumerken, dass dies technisch stimmt – diese Voraussetzungen können technisch geschaffen werden. In der Realität aber darf man sich auch den „Peer-to-Peer"-Netzwerken kritisch nähern, da die direkte Kommunikation nicht allen Teilnehmern eines Netzwerkes *einfach* möglich ist. Um als vollwertiger Peer im Netzwerk interagieren zu können, bedarf es neben dem technischen Wissen der notwendigen Soft- und Hardware. Auch ist die Vernetzung in einem existierenden Netzwerk nicht alltäglich.[49] Daraus folgt, dass auch in dieser neuen, digitalen Kryptowelt Mittelsmänner involviert sind, und sei es auch nur, um die kompliziert anmutenden Prozesse für den eigentlichen Nutzer bequemer zu gestalten.

Abb. 1.4 verdeutlicht die Effizienz von dezentralen Systemen.

---

[47] TradFi bezieht sich auf die traditionellen Bankdienstleistungen, wie wir sie heute kennen (z. B. Bereitstellung von Bankkonten, Überweisungen von Geldern, Kreditvergabe, Vermögensverwaltung usw.) und wie sie uns von der Bankenindustrie zur Verfügung gestellt werden. Hierbei interagieren Banken und ähnliche Institutionen als Intermediär und der Zugang zu den angebotenen Dienstleistungen ist nur überprüften Personen und Organisationen möglich. Diese Gate-Keeping-Position der Finanzinstitutionen sorgt einerseits für ein gewisses Maß an Sicherheit. Andererseits aber werden Prozesse dadurch verlangsamt und teurer. Außerdem haben weltweit über 1,7 Mrd. Menschen keinen Zugang zum Bankensystem, weil sie den Anforderungen der Institutionen nicht entsprechen und sind somit von wirtschaftlichen Aktivitäten ausgeschlossen (Statista 2019). Banken bzw. Zentralbanken verfügen zentral über die Macht, Geld zu drucken – das bedeutet erneut eine Sicherheit und Stabilisierung der Finanzwelt, andererseits aber ist die Kontrolle in den Händen von wenigen, was in demokratisch orientierten Ländern missbräuchlich genutzt werden kann. Da dieses Geschäftsmodell zentralistisch ausgerichtet ist, ist die Gefahr eines Hackerangriffs deutlich höher als bei dezentral organisierten Systemen.

[48] Smart Contracts sind sich selbst ausführende Computerprogramme, die auf der „Wenn-Dann"-Logik basieren.

[49] Fertig und Schütz (2019), S. 93 ff.

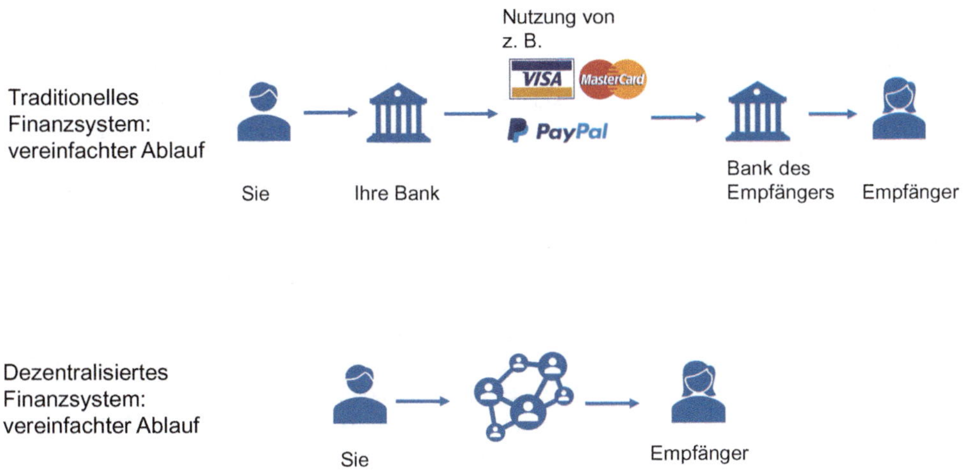

Abb. 1.4 Gegenüberstellung der Prozessschritte im traditionellen und dezentralen Finanzsystem

Auch wenn Abb. 1.4 die Prozessschritte in beiden Systemen stark vereinfacht und vielleicht idealisiert, so ist doch auf den ersten Blick die Komplexität im traditionellen Finanzsystem ersichtlich. Das hat vielfach auch gute Gründe, weil diese Komplexität den Nutzern des Systems zumindest ansatzweise Sicherheit verspricht. Jedoch ist dies nur eine vermeintliche, evtl. sogar bequeme Sicherheit. Banken können als sogenannter Single-Point-of-Failure betrachtet werden, da eine Bank typischerweise nicht auf einem dezentralen, sondern einem zentralen Netzwerk basiert. Sicherheitskopien der getätigten Transaktionen existieren innerhalb des zentralen Netzwerkes und nicht wie in einem dezentralen Peer-to-Peer-Netzwerk (P2P-Netzwerk) redundante Speicherung der Transaktionen bei allen Knoten/Rechnern, die das Netzwerk bilden. Vorsorglich sei aber auch an dieser Stelle erneut darauf verwiesen, dass auch die quasi direkte Peer-to-Peer-Verbindung innerhalb eines dezentralen Netzwerkes zwar technisch P2P sein kann, in der zumindest derzeit existierenden Realität auch hier Mittelsmänner, z. B. Kryptobörsen, eingeschaltet sind. Unbestritten ist jedoch, dass die Blockchain-Technologie als notwendige Grundlage für Decentralized Finance verstanden werden kann. Im Gegensatz zum Traditional Finance ist es möglich, die Interessen der Teilnehmer synchronisiert über Angebot und Nachfrage direkt(er) zu orchestrieren. Wie später dem Hauptkapitel zu dem Thema DeFi zu entnehmen ist, bedarf es aber auch hier des tieferen Wissens, um zu verstehen, dass derzeit auch viele DeFi-Angebote über zentrale (und nicht dezentrale) Strukturen laufen (Näheres siehe Kap. 6).

Literatur

Adam, K. 2022. *Blockchain-Technologie für Unternehmensprozesse, Sinnvolle Anwendungen der neuen Technologie in Unternehmen*, 2. Aufl. Wiesbaden: Springer Gabler.

Alt, Rainer, und Stefan Huch. 2022. *Fintech-Lexikon, Begriffe für die digitalisierte Finanzwelt.* Wiesbaden: Springer Gabler.

Antonopoulus, Andreas M. 2017. *Mastering Bitcoin, programming the open blockchain*, 2. Aufl. Sebastol, CA: O'Reilly.

Bogart, Spencer, und Kerry Rice. 2015. The Blockchain Report: Welcome to the Internet of Value. https://needham.bluematrix.com/sellside/EmailDocViewer?encrypt=4aaafaf1-d76e-4ee3-9406-7d0ad3c0d019&mime=pdf&co=needham&id=sbogart@needhamco.com&source. Zugegriffen am 31.08.2022.

Böhme, Rainer, Nicolas Christin, Benjamin Edelman, und Tyler Moore. 2015. Bitcoin: Economics, technology, and governance. *The Journal of Economic Perspectives* 29(2): 213–238.

Bonneau, J., A. Miller, J. Clark, A. Narayanan, J.A. Kroll, und E.W. Felten. 2015. *SoK: Research perspectives and challenges for bitcoin and cryptocurrencies, 2015*. San Jose: IEEE Symposium on Security and Privacy, May 17–21.

Bundesfinanzministerium: EMIR 2. 2018. https://www.bundesfinanzministerium.de/Monatsberichte/2018/12/Inhalte/Kapitel-3-Analysen/3-1-reform-zur-regulierung-von-clearingstellen-EU_pdf.pdf?__blob=publicationFile&v=3. Zugegriffen am 14.08.2022.

Buterin, Vitalik. 2014. A next generation smart contract & decentralized application platform, ethereum white paper. https://blockchainlab.com/pdf/Ethereum_white_paper-a_next_generation_smart_contract_and_decentralized_application_platform-vitalik-buterin.pdf. Zugegriffen am 16.08.2022.

Chaum, David. 1981. Untraceable electronic mail, return addresses, and digital pseudonyms. *Commun ACM* 24(2): 84–88. oder https://dl.acm.org/doi/10.1145/358549.358563. Zugegriffen am 20.03.2022.

———. 1982. Blind signatures for untraceable payments. In *Advances in cryptology. Proceedings of the international conference. CRYPTO'82, Santa Barbara, CA, USA, August 23–25, 1982*, Hrsg. D. Chaum, R.L. Rivest, und A.T. Sherman, 199–203. New York: Plenum Press. oder http://www.hit.bme.hu/~buttyan/courses/BMEVIHIM219/2009/Chaum.BlindSigForPayment.1982.PDF. Zugegriffen am 20.03.2022.

De Figueiredo Novo, Isac Daniel. 2021. Networks of ethereum non-fungible tokens: A graph-based analysis of the ERC-721 ecosystem. In 2021IEEE International Conference on Blockchain, online. https://www.dcc.fc.up.pt/%7Eedrdo/supervision/inovo_erc721_pbt.pdf. Zugegriffen am 20.08.2022.

De Filippi, Primavera, und Aaron Wright. 2018. *Blockchain and the law; The rule of code*. Cambridge/London: Harvard University Press.

Deutsche Bundesbank, Hrsg. 2022. Zahlungsverhalten in Deutschland 2021. https://www.bundesbank.de/resource/blob/894078/aebb75f424c02846677ba50b0501ec5e/mL/zahlungsverhaltenin-deutschland-2021-data.pdf. zugegriffen am 29.10.2024.

Dhillon, Vikram, David Metcalf, und Max Hooper. 2017. *Blockchain Enabled Applications, Understand the Blockchain Ecosystem and How to Make it Work for You*. New York: Apress in Zusammenarbeit mit Springer Science + Business Media.

Europäische Zentralbank. 2022. https://www.ecb.europa.eu/ecb/educational/explainers/tell-me-more/html/what_is_money.de.html. Zugegriffen am 14.08.2022.

Fertig, Tobias, und Andreas Schütz. 2019. *Blockchain für Entwickler, Grundlagen, Programmierung, Anwendung*. Bonn: Rheinwerk Verlag.

Franco, Pedro. 2015. *Understanding bitcoin: Cryptography, engineering, and economics*. Chichester: Wiley.

Haber, Stuart, und W. Scott Stornetta. 1991. How to timestamp a digital document. *J. Cryptol* 3(2): 99–111.

Handelsgesetzbuch (HGB). 2022. *Handelsgesetzbuch mit Einführungsgesetz, Publizitätsgesetz und Handelsregisterverordnung*, 67. Aufl. München: Beck im dtv Verlag.

Holtemöller, Oliver. 2008. *Geldtheorie und Geldpolitik*. Tübingen: Mohr Siebeck.

Koller, Michael. 1990. *Sozialpsychologie des Vertrauens*, Bielefelder Arbeiten zur Sozialpsychologie, 153. Bielefeld: Univ. Bielefeld, Fakultät für Soziologie.

Nakamoto, Satoshi. 2008. Bitcoin: A peer-to-peer electronic cash system. https://bitcoin.org/bitcoin.pdf. Zugegriffen am 20.03.2022.

Petermann, Franz. 1996. *Psychologie des Vertrauens*, 4., überarb. Aufl. Göttingen: Hogrefe.

Peters, Garret W, und Efstathios Panayi. 2015. Understanding modern banking ledgers through blockchain technologies: Future of transaction processing and smart contracts on the internet of money. http://papers.ssrn.com/sol3/papers.cfm?abstract_id=2692487. Zugegriffen am 31.08.2022.

Schlatt, V., A. Schweizer, N. Urbach, und G. Fridgen. 2016. Blockchain: Grundlagen, Anwendungen und Potenziale. Projektgruppe Wirtschaftsinformatik des Fraunhofer- Instituts für Angewandte Informationstechnik (FIT).

Szabo, Nick. 1997. Formalizing and securing relationships on public networks. *First Monday* 2(9). https://doi.org/10.5210/fm.v2i9.548.

Grundlagen: Gemeinsamkeiten und Unterschiede der traditionellen und digitalen Kapitalmärkte

2

Zusammenfassung

Zunächst wird darauf hingewiesen, dass mit dem Begriff „digitaler Kapitalmarkt" *der* Kryptomarkt mit all seinen vielfältigen Facetten verstanden werden soll. Selbstverständlich wird auf den traditionellen Finanzmärkten ebenfalls Informationstechnik eingesetzt und genutzt.

Grundsätzlich erfüllen traditionelle und digitale Kapitalmärkte den gleichen Zweck. Sie unterscheiden sich jedoch in Hinblick auf Geschwindigkeit, Zugänglichkeit, Effizienz, Innovationspotenzial und Marktinformationen erheblich. Das kann als das Werteversprechen von digitalen Finanzmärkten verstanden werden. Daher weicht das Verständnis über die Gestaltung des allgemeinen Finanzsystems voneinander ab. Wohin sich dieses Verständnis im Laufe der Zeit entwickelt, wird sich mit der fortschreitenden Regulierung und der Weiterentwicklung der Technologie zeigen.

Nachrichten ohne Informationen über den Finanzmarkt und seine Entwicklung sind heutzutage nicht mehr vorstellbar.[1] Ob es sich um die nächste Zinserhöhung auf dem amerikanischen Markt handelt und wie darauf die europäische Zentralbank reagieren wird oder die Sorge um die Inflationshöhe – all dieses hat Auswirkungen auf die Kapitalbeschaffung und Investitionsbereitschaft von Unternehmen und Individuen gleichermaßen.

Volkswirtschaftlich gesehen besteht ein Finanzmarkt aus zwei Teilmärkten: Finanzmarkt und Geldmarkt.[2] Während auf den Geldmärkten eher kurzfristige Titel mit Lauf-

[1] Vgl. z. B. Nachrichten über die Stabilität des Finanzmarktes im Allgemeinen (siehe Economist, „What's wrong with the banks",16.03.2023).

[2] Blanchard und Illing (2006), S. 106.

K. Krüger, *Tokenisierung als Finanzierungsform*, https://doi.org/10.1007/978-3-658-46340-3_2

zeiten von bis zu einem Jahr gehandelt werden, ist der Kapitalmarkt langfristig orientiert. Unabhängig davon, welcher Teilmarkt heutzutage betrachtet wird, die digitale Transformation hat Einzug gehalten, wenngleich es in den verschiedenen Volkswirtschaften mit unterschiedlicher Geschwindigkeit, beeinflusst von nationalen Kontexten, geschehen ist.[3]

In der global verflochtenen Wirtschaft sind Finanzmärkte außerordentlich bedeutsam, da sie die Informations-, Allokations- und Tauschfunktion übernehmen, ohne die wirtschaftliches Handeln und Wachsen kaum stattfinden kann.[4] Voraussetzung für einen (weltweit) funktionierenden Finanzmarkt ist Transparenz. Idealtypischerweise sollten die Informationen über einen Finanztitel jedem zugänglich sein. Diese Transparenz ermöglicht einen bestmöglichen Ausgleich zwischen Angebot und Nachfrage und erfüllt daher die Allokationsfunktion. Dieses Polypol von Angebot und Nachfrage mit unterschiedlichen Zeit- und Mengenpräferenzen wird über die Tauschfunktion in Einklang gebracht.[5]

Die Möglichkeiten, zu investieren bzw. sich zu finanzieren sind schier unendlich: neue Finanzprodukte und neue Marktteilnehmer sowie der Einsatz moderner Technologien fördern einerseits die Funktionen des Finanzmarktes. Andererseits werden diese Funktionen durch die fast schon unübersehbare Anzahl an Möglichkeiten konterkariert und die Nachfrage nach kompetenten Beratern wächst, um die sich bietenden Möglichkeiten gut bewerten zu können.

Großunternehmen haben es in dieser Hinsicht leichter, weil sie über mehr finanzielle Ressourcen verfügen, um sich inhouse eigene Berater aufzubauen und ggfs. auf externe zurückzugreifen, wenn es um große Projekte geht. Klein- und mittelständische Unternehmen (KMU), die nicht über diese finanziellen Mittel verfügen, müssen Mittel und Wege finden, den passenden Berater zu den entsprechenden Projekten zu finden. Damit KMUs leichter die eigenen Bedürfnisse für diese Beratung definieren können, dient dieses Buch als Grundlage für evtl. derartige Gespräche.

Zur Abgrenzung ist es sinnvoll, zunächst auf die Definition der Europäischen Kommission zu verweisen, die kleine und mittelständische Unternehmen mittels der Anzahl der Beschäftigten, des Jahresumsatzes sowie der Bilanzsumme kategorisiert (vgl. Abb. 2.1).[6]

Sinnverwandt zur Definition der EU werden auch Begriffe wie Mittelstand, Familienunternehmen, Eigentümerunternehmen und familiengeführte Unternehmen verstanden. Der Ordnung halber sei darauf verwiesen, dass sich diese Begriffe noch weiter von der EU-Definition abgrenzen lassen. Im weiteren Verlauf dieses Buches reicht es jedoch, die oben genannte Definition zu verwenden, um die Zielgruppe zu definieren.

---

[3] Heckel und Waldenberger (2022), S. 1.

[4] Hungenberg und Wulf (2006), S. 61.

[5] Kleinsparer finanzieren Großprojekte ebenso mit ihren Kleinstbeträgen wie beispielsweise institutionelle Anleger; die Intermediärbank sorgt üblicherweise für die Verteilung der Zahlungsströme in die entsprechenden Richtungen gemäß Angebot und Nachfrage.

[6] EU-Empfehlung 2003/361/EG.

Unternehmens-größe	Zahl der Beschäftigten	und	Umsatz € / Jahr	oder	Bilanzsumme € / Jahr
kleinst	bis 9		bis 2 Millionen		bis 2 Millionen
klein	bis 49		bis 10 Millionen		bis 10 Millionen
mittel	bis 249		bis 50 Millionen		bis 43 Millionen
(KMU) zusammen	Unter 250		bis zu 50 Millionen		bis zu 43 Millionen

Abb. 2.1 KMU Schwellenwerte gemäß der Europäischen Kommission. (https://single-market-economy.ec.europa.eu/smes/sme-definition_en?prefLang=de, erneut eingesehen am 19.05.2024)

Nach einer Publikation des deutschen Bundestages ist der deutsche Mittelstand nicht nur Rückgrat der deutschen Wirtschaft, sondern auch Innovations- und Technologiemotor.[7] Daher ist es notwendig, dass sich diese Unternehmen mit den erweiterten digitalen Möglichkeiten der Investition und Finanzierung auseinandersetzen, um weiterhin die Schlüsselfunktion aufrechtzuerhalten, die sie innehaben.

Disclaimer
Finanzmärkte sind ohne Regulatorik nicht denkbar. Recht hingegen ist immer lokal begrenzt. Das ist eine der großen Herausforderungen im Rahmen der digitalen Transformation, da die digitale Welt nicht vor Staatsgrenzen Halt macht. In diesem Kapitel als auch in den nachfolgenden können nur bedingt rechtliche Aspekte berücksichtigt beziehungsweise hinreichend gewürdigt werden. Diese notwendige Würdigung wird entsprechenden Fachleuten vorbehalten – in diesem Werk geht es darum, den gedanklichen Anstoß zu vermitteln, inwieweit die neue digitale Welt zu den existierenden „analogen“[8] Finanzmärkten und den Finanzierungsmöglichkeiten von KMUs passen.

2.1 Kapitalmärkte

Die Finanzindustrie und die Aktienkurse spielen eine entscheidende Rolle beim Aufbau und der Gestaltung des Kapitalmarktes. Laut Copeland et al. ermöglichen Finanzmärkte den Austausch von Kapital zwischen Marktteilnehmern, die einerseits Geld verleihen

[7] Deutscher Bundestag (2021), S. 7, 8.

[8] Es mag verwirrend sein, wenn man eher von „analogen“ Finanzmärkten spricht, wo heutzutage jeder Online-Banking ausüben kann, Trading über das Internet stattfindet etc. Digitales, z. T. auf sich selbst ausführenden Software-Verträgen und -Codes basierendes Banking geht über die bisher vorhandenen Möglichkeiten hinaus.

(wollen und können) und andererseits denen, die sich Geld leihen (wollen oder müssen), beides zu vorab definierten Konditionen.[9] Ein Kapitalmarkt bezieht sich auf einen Finanzmarkt, auf dem langfristige Schuldtitel und Aktien zwischen Anlegern und Institutionen gehandelt werden.

Kapitalmärkte sind somit Teilmärkte des Finanzmarktes, auf denen das notwendige Kapital für Investitionen eingesammelt werden kann. Sie können als (nicht nur physische) Orte verstanden werden, an denen Angebot und Nachfrage nach Finanzmitteln in großem Umfang organisiert werden. Darüber hinaus tragen Finanzmärkte dazu bei, finanzielle Risiken zu erkennen und abzusichern.[10] Grundsätzlich stellen Finanzmärkte Instrumente zur Inanspruchnahme finanztypischer Dienstleistungen zur Verfügung, die von institutionellen Einrichtungen, Unternehmen und auch Individuen genutzt werden können.

Freiheitliche Prinzipien in der Wirtschaft ermöglichen die Teilhabe am wirtschaftlichen Wachstum. Innovationen werden durch Investitionen und ein entsprechendes Umfeld, sei es durch rechtliche und/oder steuerrechtliche oder gesellschaftspolitische gewollte Rahmenbedingungen gefördert, um u. a. das Funktionieren der Märkte zu ermöglichen.[11, 12]

Klassischerweise wird der Finanzmarkt gern wie in Abb. 2.2 dargestellt kategorisiert, wenngleich festzuhalten ist, dass es keine einheitliche Definition „Finanzmarkt" gibt.

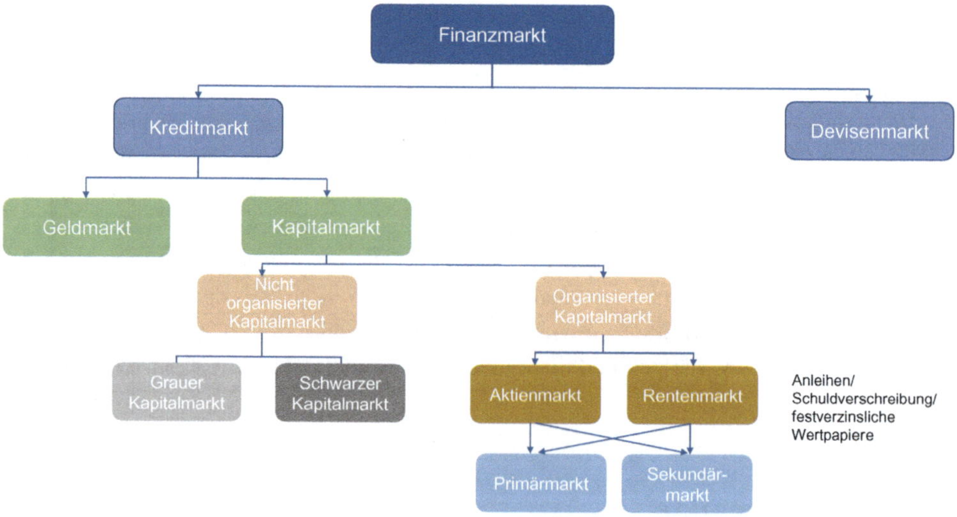

Abb. 2.2 Finanzmarkt (in Anlehnung an Holtemöller)

[9] Copeland et al. (2008), S. 40.

[10] Becker und Peppmeier (2018), S. 126.

[11] Vgl. z. B. Deutsche Digitalstrategie: https://www.bundesregierung.de/breg-de/themen/digitaler-aufbruch/digitalstrategie-2072884, eingesehen am 01.10.2022.

[12] Früh in Kümpel et al. (2022), 1.3; 1.4.

Die Funktionen des Finanzmarktes werden gemäß Thießen folgendermaßen beschrieben:[13]

- Kurzfristiger Liquiditätsausgleich
- Langfristiges Sparen und Investieren
- Verändern von Risikostrukturen.

Der Finanzmarkt ist demnach ein konkreter Ort zur Begegnung von Marktteilnehmern.[14] Finanzmärkte des organisierten Kapitalmarktes (auch weißer Kapitalmarkt genannt) werden dabei in zwei Kategorien eingeteilt: börslich und außerbörsliche (Over-the-Counter; OTC) Finanzmarktplätze, wobei durch die zunehmende Digitalisierung diese Einteilung zu verschmelzen beginnt.[15]

Der Aktienhandel und -bestand ist ein wichtiger Faktor innerhalb der Finanzmärkte und des weißen Kapitalmarktes, sowohl für Unternehmen als auch für Investoren. Die an Börsen gehandelten Produkte sind standardisiert, d. h. sie sind in der Quantität, Qualität und ihren Eigenschaften genau definiert und verändern sich nicht durch den Handel.[16] Kauf- und Verkaufsaufträge sowie die Ausführungskurse stehen miteinander in Verbindung. Emittenten unterstehen der Aufsicht der BaFin (Bundesanstalt für Finanzdienstleistungsaufsicht).[17]

Die Aktienkurse sind einer der wichtigsten Indikatoren für die Entwicklung des Marktes und werden durch Angebot und Nachfrage bestimmt. Wenn die Nachfrage nach einer bestimmten Aktie steigt, steigt der Aktienkurs, und wenn die Nachfrage sinkt, fällt der Aktienkurs. Diese Schwankungen der Aktienkurse wirken sich auf den gesamten Markt aus, und die Anleger müssen sie beobachten, um fundierte Anlageentscheidungen treffen zu können.

Die Kapitalmärkte versorgen die Unternehmen auch mit dem notwendigen Kapital für Wachstum und Expansion. Börsengelistete Unternehmen können sich Finanzmittel beschaffen, indem sie Aktien oder Anleihen auf dem Kapitalmarkt ausgeben. Die Anleger wiederum kaufen diese Wertpapiere und versorgen die Unternehmen mit den erforderlichen Mitteln zur Finanzierung ihrer Geschäftstätigkeit und ihres Wachstums.

---

[13] Thießen (2011), S. 166.

[14] Schwickert und Pfeiffer(2000), S. 4.

[15] https://www.imf.org/external/pubs/ft/fandd/basics/markets.htm, eingesehen am 26.02.2023.

[16] Eine Aktie stellt den Wertanteil an einem Unternehmen sowie damit einhergehende Rechte und Pflichten dar. Dies ist gesetzlich geregelt und die Unternehmen, die Aktien begeben, legen schon bei der Gründung fest, in wie viele Aktien das Grundkapital aufgeteilt wird. Hierbei lässt sich unterscheiden zwischen Nennwert- und Stückaktien. Bei Nennwertaktien entspricht der Wert der Aktie einem festgelegten Betrag des Grundkapitals. Stückaktien weisen dagegen keinen fixen Nennwert auf. Ihr Wert wird immer durch ihren Anteil an der gesamten Aktienanzahl bemessen. Werden Aktien an der Börse gehandelt, so verändern sich diese Eigenschaften nicht. Vielmehr erwirbt der Käufer all diese von dem Verkäufer – lediglich der Preis der Aktie verändert sich, je nachdem, was der Markt im Sinne von Angebot und Nachfrage bereit ist, dafür zu zahlen.

[17] Z. B. durch Informationspflichten durch Emittenten, WpHG, https://www.bafin.de/DE/Aufsicht/BoersenMaerkte/Emittentenleitfaden/Modul2/Kapitel2/Kapitel2_2/Kapitel2_2_2/kapitel2_2_2_node.html, eingesehen am 26.02.2023.

Insgesamt sind die Finanzindustrie und die Aktienkurse entscheidende Komponenten für den Aufbau und die Gestaltung des Kapitalmarktes, die den Unternehmen das notwendige Kapital für ihr Wachstum zur Verfügung stellen und das Wirtschaftswachstum fördern.

Der außerbörsliche Markt (OTC-Markt) hingegen ist ein dezentraler Markt, auf dem Finanzinstrumente wie Aktien, Anleihen, Währungen und Derivate direkt zwischen zwei Parteien ohne Beteiligung einer Börse gehandelt werden, ohne sich nach festen Handelszeiten zu richten.[18] Gehandelt werden können nahezu alle Vermögensgegenstände: Rohstoffe, Finanzinstrumente einschließlich Aktien sowie Derivate (synthetische Finanzinstrumente, deren Preis mittelbar oder unmittelbar vom Preis des zugrunde liegenden Basiswert abhängt).[19]

Der außerbörsliche Markt hat ein geschätztes Handelsvolumen von mehr als 632 Billionen. US Dollar[20] und ist damit vergleichsweise um das 3,4-fach größer als der weltweite Aktienmarkt, der zum Jahresende 2020 auf gut 186 Billionen geschätzt worden ist.[21] In der Folge davon können Erschütterungen auf diesem Marktplatz weitaus größere Auswirkungen auf den Finanzmarkt im Allgemeinen haben.[22, 23]

Die Gegenüberstellung in Tab. 2.1 zeigt die Hauptunterschiede zwischen den beiden Märkten auf.

In diesem Kontext muss die Krypto-Welt verortet werden. Dies wird in Abschn. 2.7 aufgegriffen und die Tab. 2.1 um die Krypto-Märkte erweitert.

Der Zugang zu Finanzierungsmöglichkeiten sowie die wesentlichen Einflussfaktoren auf die Finanzierung sind für kleine und mittelständische Unternehmen in diesem Umfeld von herausragender Bedeutung. Zwar hat sich im letzten Jahrzehnt und nach der Finanzkrise 2008 die Eigenkapitalquote deutlich verbessert (2002 lag die Eigenkapitalquote im Durchschnitt bei ca. 18 % und ist auf ca. 32 % im Jahr 2021 gestiegen),[24] jedoch zehren vielfältige Krisen am Eigenkapital. Laut dem KFW-Mittelstandsreport 2022 weist der Mittelstand ein hohes Bewusstsein für die Eigenkapitalausstattung aus.[25]

---

[18] Vgl. https://deutsche-boerse.com/dbg-de/unternehmen/wissen/boersenlexikon/boersenlexikon-article/Over-the-Counter-Markt-OTC-Markt%2D%2D249874, eingesehen am 26.02.2023.

[19] Becker (2012), S. 277.

[20] Vgl. https://www.bis.org/publ/otc_hy2211.htm, eingesehen am 02.05.2023.

[21] Vgl. Statista: https://de.statista.com/statistik/daten/studie/239389/umfrage/volumen-des-weltweiten-aktienhandels/#:~:text=Im%20Jahr%202020%20lag%20das,Anstieg%20des%20globalen%20Aktienhandels%20erkennbar., eingesehen am 02.05.2023.

[22] Da der OTC-Markt weniger reguliert ist als der börsengehandelte Markt, besteht ein größeres Risiko des Ausfalls der Gegenpartei, was sich auf das gesamte Finanzsystem auswirken kann.

[23] Vgl. https://www.imf.org/en/Publications/fandd/issues/Series/Back-to-Basics/Financial-Markets, eingesehen am 03.05.2023.

[24] Vgl. KFW-Mittelstandpanel (2022), S. 15.

[25] Vgl. KFW-Mittelstandsreport (2022), S. 17.

Tab. 2.1 Gegenüberstellung OTC vs. Börsenplattformen

Eigenschaften	Over-the-Counter (OTC)	Börsen
Definition	Ein Markt, auf dem Wertpapiere direkt zwischen zwei Parteien gehandelt werden, ohne dass eine Börse eingeschaltet wird.	Eine zentralisierte Plattform, auf der Käufer und Verkäufer Wertpapiere wie Aktien und Derivate nach vorher festgelegten Regeln und Vorschriften handeln können.
Marktteilnehmer	In der Regel Finanzinstitute, Hedgefonds und Großanleger.	Private und institutionelle Anleger, Market Maker und autorisierte Teilnehmer.
Handelszeiten	Ständig; 24/7	Begrenzt auf bestimmte Öffnungszeiten der Börsen
Preisfindung	Basierend auf direkten Verhandlungen zwischen Käufer und Verkäufer.	Auf der Grundlage von Angebot und Nachfrage, die durch die Geld- und Briefkurse mehrerer Marktteilnehmer bestimmt werden.
Transparenz	Niedrig, da die Preise nur den beiden an der Transaktion beteiligten Parteien bekannt sind.	Hoch, da alle Abschlüsse öffentlich bekannt gegeben werden und in Echtzeit überwacht werden können.
Liquidität	Hängt vom Umfang und der Häufigkeit des Handels zwischen den Parteien ab.	Im Allgemeinen höher, aufgrund der großen Anzahl von Marktteilnehmern.
Regulation	Minimal, da es keine zentrale Behörde gibt, die den Markt beaufsichtigt.	Wird von staatlichen Behörden wie der SEC oder der BaFin reguliert.
Geschwindigkeit der Durchführung	Schnell, da die Transaktionen direkt zwischen den Parteien abgewickelt werden können.	Kann langsamer sein, da ein Preisabgleich erforderlich ist und es zu Verzögerungen im Netz kommen kann.
Kosten	In der Regel höher, da es keinen Preiswettbewerb gibt.	Geringer, weil es einen Preiswettbewerb gibt und die Möglichkeit, Mengenrabatte in Anspruch zu nehmen.
Zugänglichkeit	Beschränkt auf große Finanzinstitute und vermögende Privatpersonen.	Generell leichter zugänglich, da viele Online-Broker den Kleinanlegern die Möglichkeit bieten, an den großen Börsen zu handeln.
Standardisierung	Außerbörslich gehandelte Wertpapiere können sehr individuell gestaltet und auf die Bedürfnisse der Teilnehmer abgestimmt sein.	Börsengehandelte Wertpapiere sind häufig standardisiert.
Berichterstattung	OTC-Geschäfte müssen nicht öffentlich gemeldet werden.	Börsengeschäfte werden öffentlich gemeldet.

Die wirtschaftlichen Herausforderungen sind vielfältig: neben dem Zwang zur Digitalisierung (u. a. Hervorgerufen durch den Fachkräftemangel sowie die allgemeine Dynamik in den Märkten[26]) stehen 2022 zeitgleich und parallel diverse Krisen im Fokus der Aufmerksamkeiten: Energie-Krise, Klimawandel und Klimaschutz, eine abklingende Pandemie samt ermatteter Belegschaften, Inflation,[27] Zinswende,[28] Deglobalisierung und nicht mehr reibungslos funktionierende, weltweite Lieferketten müssen bewältigt werden.

Gemäß Abb. 2.2 sind neben dem beschriebenen weißen Kapitalmarkt auch noch der sogenannte graue und schwarze Kapitalmarkt erwähnt. Auf dem schwarzen Kapitalmarkt werden erlaubnispflichtige Geschäfte und Produkte angeboten, ohne dass die Akteure über die entsprechende (staatliche) Erlaubnis verfügen.

Beim grauen Kapitalmarkt handelt es sich um Produkte und Geschäfte, die keine Erlaubnis der BaFin benötigen und daher auch nicht unter ihre Aufsicht fallen. Der Handel mit Kryptowährungen zählt beispielsweise (noch) zum grauen Kapitalmarkt.[29] Es gibt eine Vielzahl an Bestrebungen, den Krypto-Markt mit all seinen Facetten entsprechend dem weißen Kapitalmarkt zu regulieren (vgl. auch Abschn. 2.3), um u. a. die Anleger besser als bisher zu schützen.

Sofern man den Begriff in diesem Zusammenhang nutzen kann, lässt sich der Kryptomarkt als digitaler Zwilling verstehen, da er die traditionelle Welt, obschon digital, noch weiter digitalisiert. Die in der traditionellen Bankenwelt vorhandene Vermittlerrolle wird übersprungen und die Marktteilnehmer interagieren direkt miteinander. Und eigentlich kann man diesen Markt als eine evolutionäre Weiterentwicklung der bisherigen Finanzmärkte verstehen, zumal diese ebenfalls nicht mehr mit dem sogenannten Warengeld (commodity money) handeln, dessen Wert auf dem inneren Wert der Ware selbst basiert, sondern Kreditgeld[30] verwenden. Wie weit das traditionelle Geldverständnis von dem der Kryptowährungen abweicht, wird nachfolgend erörtert.

---

[26] Bundesministerium für Digitales und Verkehr [Hrsg.](2022): Digitaler Aufbruch, Digitalstrategie der Bundesregierung, https://www.bundesregierung.de/breg-de/themen/digitaleraufbruch/digitalstrategie-2072884, S. 3, 5, 12.

[27] Statista prognostiziert, dass die durchschnittliche Inflationshöhe für das Jahr 2022 bei 8,4 % liegen wird (einzusehen unter https://de.statista.com/statistik/daten/studie/5851/umfrage/prognose-zur-entwicklung-der-inflationsrate-in-deutschland/, zuletzt abgerufen am 16.11.2022).

[28] Die Europäische Zentralbank hat im Laufe des Jahres 2022 in mehreren Schritten die Leitzinsen (Hauptrefinanzierungssatz) auf mittlerweile 2 % angehoben. Dieser Zinssatz wird fällig, wenn sich Banken Geld bei der Zentralbank leihen. Obschon dies als Instrument zur Eindämmung der Inflation dient, sind die Auswirkungen für Kreditnachfrager umgehend spürbar, Kredite haben sich 2022 deutlich verteuert.

[29] https://www.bafin.de/DE/Verbraucher/GeldanlageWertpapiere/GrauerKapitalmarkt/grauer_kapitalmarkt_node.html, eingesehen am 26.02.2023.

[30] Kreditgeld wird auch als „fiat money" bezeichnet: Dieses Kreditgeld wird geschaffen, indem durch die Vergabe eines Kredites neues Geld geschaffen wird. Fiat Money bezieht sich darauf, das „es werde" – in diesem Fall neues Geld, geschaffen durch die Kreditvergabe. Der Wert des Kreditgeldes basiert auf dem Vertrauen in die Banken bzw. die Zentralbank und dem Versprechen, für den aufgedruckten Wert einen tatsächlichen Gegenwert zu erhalten.

2.2 Die Funktionen des Geldes vs. Kryptowährungen

Die Bundesbank weist darauf hin, dass Geld den Austausch von Waren und Dienstleistungen in modernen Volkswirtschaften ermöglicht.[31] Geld, so wie wir es kennen und nutzen, werden folgende Funktionen unterstellt, die ihren Ursprung in der Arbeit des österreichischen Ökonomen Carl Menger finden:[32]

- Geld als Recheneinheit
- Geld als Tauschmittel
- Geld als Wertaufbewahrungsmittel

Um moderne Volkswirtschaften effizient zu steuern, muss es möglich sein, Güter und Dienstleistung vergleichen zu können. Einheitliche Wertangaben als Maßstab, ausgedrückt in Geldwerten, ermöglichen diese Vergleichbarkeit und damit eine effiziente Form der direkten Deckung des Bedarfs. Zum Vergleich: Wie viel Zeit müsste man in einer Tauschwirtschaft aufwenden, um den passenden Handelspartner für seine eigenen Waren zu finden, um den erhofften Gegenwert ansatzweise zu realisieren. In der arbeitsteiligen, modernen Welt von heute erscheint dies kaum möglich.

Daher kann Geld als „Vereinheitlicher" gesehen werden. Wird Geld als Tauschmittel akzeptiert, dann reduzieren sich die Informations- und Synchronisierungskosten.[33] Voraussetzung dafür, dass Geld als Tauschmittel akzeptiert wird, liegt in dem Vertrauen auf die zukünftige Einsatzfähigkeit des Geldes.

Geld bekommt in diesem Zusammenhang die Funktion der Wertaufbewahrung zugeschrieben. Erfüllt Geld diesen Aspekt, dann ermöglicht dies eine Trennung von Kauf und Verkauf. Beispielsweise kann man sein Geld nach dem Verkauf aufbewahren (sprich sparen), um sich später für einen teureren Vermögensgegenstand zu entscheiden, da man über entsprechend genügend Geld verfügt und dieses seinen Wert behalten hat.[34]

Um dieser Funktion zu entsprechen, sollte das Geld im Zeitverlauf nur unwesentlich an Wert verlieren – eine hohe Inflation hingegen trägt dazu bei, dass Geld seinen Wert und am Ende auch das Vertrauen der Nutzer verliert.

Um die Geldwertstabilität kümmern sich die Zentralbanken der Welt, da die Bedeutung für die einzelnen Volkswirtschaften viel zu groß ist.

Die hier erläuterten Funktionen werden Kryptowährungen nicht zugeschrieben. Rein technisch gesehen erfüllen jedoch auch Kryptowährungen diese Funktionen. Kryptowährungen können als Wertmaßstab genutzt werden, die einzelne Einheit ist teilbar und somit ist der Waren- und Dienstleistungstausch erleichtert. Kryptowährungen stellen eben-

---

[31] Bundesbank: https://www.bundesbank.de/resource/blob/892588/1ed17ced10198b8e9027c43765c1aea9/mL/geld-und-geldpolitik-kapitel1-data.pdf, eingesehen am 05.03.2023.

[32] Menger (1871), S. 250 ff.

[33] Holtemöller (2008), S. 25.

[34] Schmölders (1966), S. 32.

falls eine Recheneinheit dar. Bis zu einem gewissen Grad können Kryptowährungen auch die Wertaufbewahrungsfunktion erfüllen. Jedoch unterliegen Kryptowährungen hohen Schwankungen und somit ist keine Stabilität nach bisherigem Verständnis gegeben. Erneut sei darauf verwiesen, dass die BaFin eindringlich vor den Risiken in diesem Markt warnt.[35] Dennoch lohnt es sich, sich noch einmal die oben aufgeführten Funktionen unter dem Blickwinkel von Kryptowährungen anzusehen:

Kryptowährungen **als Recheneinheit**: Diese Funktion können Kryptowährungen erfüllen, da sie sich theoretisch noch kleinteiliger teilen lassen, als beispielsweise der Euro oder der Dollar in Cent-Beträge. Die kleinste Recheneinheit beim Bitcoin heißt Satoshi und dieser wird als 1e-8 Bitcoin ausgegeben. Diese Schreibweise bedeutet 10^{-8} bzw. 0,000 000 01.[36] Somit besteht auch durch Kryptowährungen die Möglichkeiten, den Wert von Gütern und Dienstleistungen zu vergleichen.

Kryptowährungen **als Tauschmittel:** In diesem Zusammenhang sei noch einmal auf die Arbeit von Menger hingewiesen. Er fragte sich zurecht, warum Menschen den Besitz eines Gutes aufgeben, um Münzen oder Banknoten zu erhalten, die zunächst keinen direkten Nutzen haben. Überträgt man diese Fragestellung auf die Kryptowährungen, so kann man sich fragen, warum jemand z. B. Euros gegen Kryptowährungen tauscht. Vielfach wird Kryptowährungshaltern Spekulationsabsicht unterstellt, zumal die Kurse sehr volatil sind. Das allein aber wäre zu kurz argumentiert. Kryptowährungen sind auch heute schon als Tauschmittel im Einsatz. So ist es beispielsweise möglich, auf einem Berliner Wochenmarkt seinen Kaffee in Bitcoin-Anteilen zu bezahlen. Die bedingt durch die Volatilität entstehenden Transaktionsrisiken werden explizit im Kapitel sechs beleuchtet. Festzuhalten ist, dass auch Kryptowährungen die wichtige Funktion des Tauschmittels erfüllen.

Kryptowährungen **als Wertaufbewahrungsmittel:** Diese Funktion ist sicherlich diejenige, die am schlechtesten von Kryptowährungen erfüllt wird. Für 2022 und zumindest noch im ersten Quartal 2023 spricht man häufig von dem sogenannten „Krypto-Winter" und versteht darunter einen Abschwung der Kryptowährungspreise, der über die „normale" Volatilität hinausgeht.[37] Von diesem zu beobachtenden Abwärtssog sind Kryptowährungen ebenso erfasst worden wie beispielsweise Non-Fungible-Token (NFT). Lag der Kurs des Bitcoins am 15. Januar 2022 noch bei 37.824 €, so hat sich dieser im Laufe des Jahres 2022 auf 15.427 € mehr als halbiert.[38,39] Wertverluste dieser Größenordnung in

[35] https://www.bafin.de/DE/Verbraucher/GeldanlageWertpapiere/verbraucher_kryptowerte.html, eingesehen am 05.03.2023.

[36] Antonopoulus (2017), S. 216.

[37] https://www.dasinvestment.com/analyse-dz-bank-bitcoin-und-co-ende-des-krypto-winters/, eingesehen am 06.03.2023.

[38] https://de.finance.yahoo.com/quote/BTC-EUR/history?period1=1642204800&period2=1678320000&interval=1d&filter=history&frequency=1d&includeAdjustedClose=true, erneut eingesehen am 09.03.2023.

[39] Anfang September 2023 hat sich der Bitcoin-Kurs zwar wieder stabilisiert, aber nur auf einem relativ niedrigen Niveau von durchschnittlich knapp 24.000 €. Im Spätherbst und Winter ist der Kurs stark angestiegen und hat sich seit dem sogenannten Halving im April 2024 auf einem deutlich höheren Niveau von knapp 60.000 € eingependelt.

einem relativ kurzen Zeitintervall tragen dazu bei, Kryptowährungen den Ruf der Spekulation anzuheften – Vertrauen bildet sich so bestenfalls langsam in der breiten Masse potenzieller Nutzer.

Die Europäische Zentralbank (EZB) und die Deutsche Bundesbank verweisen darauf, das Geld nur dann akzeptiert wird, wenn man darauf vertrauen kann, dass das Geld seinen Wert behält.[40] Die Zentralbank gewährt die Geldwertstabilität, indem sie den Geldumlauf kontrolliert.[41]

Die Europäische Geldpolitik setzt dazu verschiedene Instrumente und Verfahren ein, um die Volkswirtschaften der Europäischen Union (EU) zu beeinflussen. Als Instrumente im traditionellen Sinne werden dabei a) Offenmarktgeschäft,[42] b) ständige Fazilitäten[43] und c) die Unterhaltung von Mindestreserven[44] verstanden. Darüber hinaus können geldpolitische Sondermaßen, auch als Krisenantwort, veranlasst werden. Dazu gehören Instrumente wie a) „geldpolitische Outright-Geschäfte", um für eine „angemessene geldpolitische Transmission" zu sorgen und zur Stützung der Einheitlichkeit der Geldpolitik zu ermöglichen. B) „Forward Guidance" beinhaltet Hinweise zur zukünftigen Geldpolitik der EZB, um im Rahmen der Kommunikationspolitik das Erwartungsmanagement an die EZB zu kanalisieren. C) „Längerfristige Refinanzierungsgeschäfte" unterstützen die Kreditvergabe an Banken, während die „Programme zum Ankauf von Vermögenswerten" dazu dienen, das Wachstum in der Euro-Zone zu stützen.[45]

Es ist unschwer zu erkennen, dass die EZB als unabhängige, hoheitliche Einrichtungen die zentrale Schnittstelle ist, um den europäischen Finanzmarkt zu gestalten und um im Krisenfall geldpolitisch einzugreifen. Die notwendigen Instrumente sind vorhanden. Derartige Strukturen sind im Kryptomarkt weder vorhanden noch so gedacht.

Jedoch durchlaufen Wert- und Geldverständnis im Zuge der Kulturgeschichte eine Entwicklung zu einer immer höheren Abstraktion. So muss das Geld auf früheren Stufen sichtbar und greifbar sein. Später, im Zeitalter der Metallwährungen genügt es, wenn das Geldzeichen greifbar vorhanden ist. Der Wert des Geldes bemisst sich entweder nach

---

[40] https://www.europarl.europa.eu/ftu/pdf/de/FTU_2.6.3.pdf, eingesehen am 15.03.2023.

[41] Holtemöller, S. 111.

[42] Offenmarktgeschäfte bezeichnet den An- und Verkauf von Wertpapieren am Geld- und Kapitalmarkt und haben Auswirkungen auf die Geldmenge und die Kosten für Kredite.

[43] Unter „Ständige Fazilitäten" versteht man Initiativen, die von den Geschäftspartnern der Zentralbank ausgehen (im Gegensatz zu Offenmarktgeschäften, die die EZB initiiert) und man unterscheidet dabei zwischen zwei Fazilitäten: a) die Spitzenrefinanzierungsfazilität und b) die Einlagefazilität. Die Spitzenrefinanzierungsfazilität bietet Geschäftsbanken die Möglichkeit, von sich aus jederzeit Liquidität beschaffen zu können, um Liquiditätsengpässe zu vermeiden. Die Einlagefazilität hingegen ermöglicht es Geschäftsbanken, ihr kurzfristig nicht benötigtes Geld bei der Zentralbank anzulegen.

[44] Die Deutsche Bundesbank erklärt, dass die Europäische Zentralbank (EZB) von Kreditinstituten verlangt, auf Girokonten bei den nationalen Zentralbanken Pflichteinlagen zu unterhalten. Die Höhe der von jedem Kreditinstitut zu unterhaltenden Mindestreserven wird ermittelt, indem die Mindestreservebasis mit einem Mindestreservesatz multipliziert wird.

[45] Deutsche Bundesbank, Monatsbericht September 2021.

Metallwert der Münze (Banknoten sind an ein bestimmtes Währungsmetall gebunden).[46] Mit dem heute genutzten Buchgeld ist die Stufe des unsichtbaren Geldes erklommen – warum nur nehmen wir an, dass es danach keine weitere Entwicklung mehr gibt? Kryptowährungen stellen eine neue, nächste Stufe dar, die sicherlich noch einmal neue Abstraktionsfähigkeiten von uns Menschen fordert. Kryptowährungen sind staatenlose Währungen, die ohne eine politisch und gesellschaftlich legitimierte zentrale Instanz auskommen.

Daher ist die Auseinandersetzung mit diesen neuen Möglichkeiten notwendig, um ein erweitertes Geldverständnis zu entwickeln und im (unternehmens-)eigenen Sinne nutzen zu können.

2.3 Kapitalkosten

Unabhängig davon, ob man sein Unternehmen über die traditionellen Finanzmärkte oder die sich neu gebildeten Kryptomärkte finanzieren möchte, fallen z. T. nicht unerhebliche Kosten an. Diese Kosten müssen in der allgemeinen Bewertung der Finanzierungswege berücksichtigt werden. Bevor dieses weiter aufgegriffen wird, erfolgt zunächst eine allgemeine Definition der Kapitalkosten, gefolgt von einigen ergänzenden Begriffen.

Die Kapitalkosten sind die Mindestrendite, die ein Unternehmen auf seine Investitionen erzielen muss, um seine Investoren – sowohl Fremd- als auch Eigenkapitalgeber – zufriedenzustellen. Sie sind die Kosten für die Mittel, die ein Unternehmen zur Finanzierung seiner Geschäftstätigkeit und seines Wachstums aufnimmt und setzen sich aus Eigenkapitalkosten und/oder Fremdkapitalkosten zusammen.[47]

Die Kapitalkosten werden von einer Reihe von Faktoren beeinflusst, darunter die risikofreie Rendite, die Fremd- und Eigenkapitalkosten des Unternehmens und das Gesamtniveau des Marktrisikos.[48] Unternehmen verwenden die Kapitalkosten als Maßstab für die Bewertung potenzieller Investitionen oder Projekte und können so feststellen, ob ein Projekt oder eine Investition genügend Rendite abwirft, um das Risiko zu rechtfertigen.[49]

Die Zuweisung der Kapitalart ist aus der Bilanz ersichtlich. Der sich aus der Zuweisung ergebenden Rechtsstellung soll hier nur wenig Raum gewährt werden. Zu unterscheiden ist dabei zwischen Beteiligungs- und Kreditfinanzierung.[50]

Beide Kapitalquellen, Eigen- als auch Fremdkapital, kosten unterschiedlich viel in der Beschaffung. Um diese Kosten zu ermitteln, werden nachfolgend die beiden Kapitalquellen näher betrachtet. Vorab noch soviel: Die Kapitalkosten sind ein Schlüsselbegriff in der

[46] https://www.gabler-banklexikon.de/definition/metallwaehrung-59825, eingesehen am 09.03.2023.

[47] Berk und DeMarzo (2016) [a], S. 349.

[48] Müller (2019), S. 326.

[49] Becker (2012), S. 60 ff.

[50] Becker (2012), S. 129.

Unternehmensfinanzierung und werden zur Ermittlung der gewichteten durchschnittlichen Kapitalkosten (im Englischen als WACC – **W**eighted **A**verage **C**ost of **C**apital – bezeichnet) des Unternehmens verwendet, d. h. der durchschnittlichen Kosten für das gesamte von einem Unternehmen aufgenommene Kapital. Ziel ist es, zur Bewertung von möglichen Investitionen den WACC zur Bestimmung des Abzinsungssatzes für künftige Cashflows und zur Berechnung des Kapitalwerts eines Projekts oder einer Investition zu verwenden.[51]

2.3.1 Fremdkapital

Fremdkapital wird dem Unternehmen befristet als Kredit zur Verfügung gestellt. Einhergehend mit dem Kreditvertrag sind die Laufzeiten ebenso festgelegt wie der zu zahlende Zins sowie die Tilgung des gewährten Kredits. Es gibt verschiedene Arten von Fremdkapital, deren Unterscheidung auf den Laufzeiten der Verbindlichkeit basiert: Unter langfristigen Verbindlichkeiten sind Schulden zu verstehen, die eine Laufzeit > 5 Jahre aufweisen, mittelfristige Laufzeiten umfassen einen Zeitraum von einem bis fünf Jahren und die kurzfristigen Verbindlichkeiten haben eine Laufzeit, die unter einem Jahr liegt. In die letztgenannte Kategorie fallen typischerweise Lieferantenkredite.[52] Diese werden nur dann in die Kapitalkosten einbezogen, wenn für die kurzfristigen Verbindlichkeiten auch tatsächlich Zinsen fällig werden.[53]

Weiterhin zählen auch Rückstellungen zum Fremdkapital, da sie als Schulden, die im Geschäftsjahr verursacht werden und zugleich deren exakte Höhe und Fälligkeit nicht bekannt sind, verstanden. Auch diese können nur in die Berechnung der Fremdkapitalkosten einbezogen werden, wenn Rückstellungen diese auch tatsächlich verursachen – zumeist aber handelt es sich hierbei um sogenannte kalkulatorische (Zins-)Kosten, die nicht zur Berechnung der Fremdkapitalkosten herangezogen werden.

Fremdkapital bedeutet demnach für das Unternehmen, für eine bestimmte Laufzeit einen entsprechend vereinbarten Geldbetrag von Gläubigern zu erhalten, der mit vertraglichen Verpflichtungen einhergeht. So hat der Kreditnehmer für das Fremdkapital nicht nur die Laufzeit vereinbart, sondern muss auch den Kreditbetrag nebst Zinsen zurückzahlen. Dies kann jährlich, unterjährig aber auch erst zum Ende der Laufzeit stattfinden.

In Abhängigkeit von den oben genannten Laufzeiten lassen sich folgende Fremdkapitalarten feststellen:

Kurzfristiges Fremdkapital: Lieferantenkredite, Kontokorrentkredit,

[51] Becker und Peppmeier (2018), S. 88 ff.

[52] Bardmann (2019), S. 200.

[53] Pape (2011), S. 403.

Der Lombardkredit[54] und der Avalkredit[55] können sowohl als kurzfristiges als auch als mittelfristiges Fremdkapital eingesetzt werden.

Mittelfristiges bis langfristiges Fremdkapital: Anleihen, klassische Bankkredite.[56]

Mischformen, auch Mezzanine-Kapital genannt, werden hier nicht weiter betrachtet.

Die Kosten aus diesen unterschiedlichen Arten lassen sich i. d. R. sehr gut bestimmen, da sie Bestandteil der Vereinbarungen/Verträge zwischen dem Gläubiger und Kreditnehmer sind.

Die Kosten für das Eigenkapital lassen sich hingegen nicht so einfach bestimmen.

2.3.2 Eigenkapital

Eigenkapital wird von den Eigentümern eines Unternehmens zur Verfügung gestellt.[57] Gemäß § 266 Handelsgesetzbuch (HGB) setzt sich die Position Eigenkapital aus Kapitaleinlagen, gezeichnetem Kapital, Gewinnrücklagen, Gewinnvortrag/Verlustvortrag sowie dem Jahresüberschuss/Jahresfehlbetrag zusammen.[58]

Eigenkapitalgeber erwarten eine angemessene Verzinsung ihres eingesetzten Kapitals. Außerdem können Eigenkapitalgeber „anonym" sein (siehe Aktionäre), d. h. ihre Motivation, sich am Unternehmen zu beteiligen, orientiert sich eher an einer Maximierungsstrategie in Bezug auf das eingesetzte Kapital.[59] Argumentiert wird mit den so genannten Opportunitätskosten, nachdem der Anleger/Aktionär sein Geld auch woanders und ggfs. sicherer als in einem Unternehmen, das latent insolvent gehen kann, investieren könnte. Um aus Unternehmenssicht attraktiv für Anleger zu sein, bedarf es demnach eine hinreichend angemessene Verzinsung des Eigenkapitals, die üblicherweise höher ist als die des Fremdkapitals. Begründet wird dies mit dem Risiko, das sich aus der unternehmerischen Tätigkeit per se ableiten lässt.[60] Daraus folgt, dass Eigenkapitalkosten im Gegensatz zu Fremdkapitalkosten nicht einfach und direkt erfassbar sind.

Zumindest in Deutschland tritt der Eigenkapitalmarkt, namentlich die Börse, erst seit den 1990er-Jahren vermehrt in Erscheinung, während US-Unternehmen diese Kapitalquelle seit mehr als 100 Jahren für die Beschaffung von Eigenkapital nutzen.[61]

---

[54] Der Lombardkredit ist ein Kredit, der Wertpapiere, bewegliche Sachen oder Bankguthaben als Sicherheit pfändet.

[55] Garantie- und Bürgschaftserklärungen, die Kreditinstitute zugunsten ihres Kunden (Unternehmen) abgeben, werden Avalkredite genannt.

[56] Weitere Arten wären noch Schuldscheindarlehen, Mitarbeiterbeteiligungen und auch Außenhandelskredite.

[57] Pape (2011), S. 36.

[58] HGB, § 266.

[59] Gordon und Shapiro (1956), S. 104.

[60] Pape (2011), S. 403.

[61] Quill (2016), S. 56.

Je nach Rechtsform gestaltet sich die Aufnahme von Eigenkapital mehr oder weniger aufwändig. Für börsennotierte Kapitalgesellschaften erscheint es einfacher, sich am Kapitalmarkt frisches Eigenkapital zu beschaffen – es müssen „lediglich“ neue Aktien emittiert werden.[62] Für Personengesellschaften und Einzelunternehmen ist dieser Weg nicht möglich, weil die Unternehmensanteile nicht in Form von Aktien aufgeteilt sind. Die Einlage bei Personengesellschaften und Einzelunternehmen kann z. B. als Bargeldeinlage und wird in der Bilanz im Eigenkapital ausgewiesen.

Eigentümer haften – im Gegensatz zu Fremdkapitalgebern – zumindest in Höhe ihrer getätigten Einlage für das Kapital. Das Eigenkapital trägt somit das unternehmerische Risiko. Im Gegenzug sind die Aktionäre als Eigenkapitalgeber dafür auch am Erfolg des Unternehmens beteiligt. Dies kann in Form der Dividendenzahlung erfolgen und/oder über die Steigerung des Aktienwertes.

Tab. 2.2 stellt die beiden Finanzquellen zusammenfassend gegenüber.

Tab. 2.2 Gegenüberstellung der bilanziellen Finanzquellen

Kriterien	Eigenkapital	Fremdkapital
Haftung	Haftet grundsätzlich; mindestens in der Höhe der Einlage	Gläubigerstellung;Gläubiger haftet generell nicht
Erfolg; Teilhabe am Gewinn und Verlust	grundsätzlich erfolgsbeteiligt;Anspruch auf Residuum	i. d. R. fester Zinsanspruch;erfolgsunabhängig
Vermögensanspruch	Anteil am Liquidationserlös nach Abzug von Schulden	Nomineller Rückzahlungsanspruch
Besicherung	keine	Persönliche und/oder dingliche Sicherheiten
Leitungsbefugnis	i. d. R. berechtigt	grundsätzlich ausgeschlossen;faktisch aber möglich
Fristigkeit	i. d. R. unbegrenzt	i. d. R. befristet
steuerliche Belastung	Ertragsteuern: Kosten des EK nicht abzugsfähig (EStG, KStG)	Ertragsteuern: Zinsen abzugsfähig
finanzielle Kapazität	begrenzt durch die Bereitschaft der EK-Geber zur Verfügungstellung von Kapital	abhängig von den gestellten Sicherheiten

[62] Auch die Emittierung neuer Aktien ist kein Selbstgänger und dieser Eindruck soll hier nicht vermittelt werden. Bei der Emission werden Aktien Investoren über Börsenplattformen zum Kauf angeboten. Der erzielte Kaufpreis wird in der Bilanz als Eigenkapital ausgewiesen. Der bisher sogenannte innere Wert der bestehenden Aktien kann durch die Vergrößerung der Aktienmenge verringert werden, was insgesamt zu einem geringeren Aktienwert führen kann. Daher ist auch die Emission weiterer Wertpapiere für Kapitalgesellschaften nicht trivial.

Im Laufe der letzten Jahrzehnte hat sich die Kapitalmarkttheorie entwickelt und unterschiedliche Ansätze beleuchten, warum Börsen als Marktplatz so effizient funktionieren. Gemäß diesen Regeln wird der Wert der Aktie dadurch bestimmt, „für was man sie verkaufen kann".[63] Dieses Werturteil wird durch eine Vielzahl verschiedener Faktoren begründet (z. B. Zinsniveau, Inflationserwartungen, Produktportfolio des Unternehmens, Innovationskraft etc.) und in diesem Zusammenspiel von Angebot und Nachfrage als quasi unfehlbar angesehen.

Die sich stellende Frage ist, wie Kryptowährungen als neue Finanzquelle in diesen Kontext passen.

2.3.3 Gewichteter durchschnittlicher Kapitalkostensatz (WACC)

Mit dem gewichteten durchschnittlichen Kapitalkostensatz (WACC) können die Verzinsungsansprüche aller Kapitalgeber hinreichend berücksichtigt und daher die Kapitalkosten hinreichend akkurat bestimmt werden.

Sowohl der mathematische als auch der Kapitalmarkt-theoretische Hintergrund wird hier nur kurz erläutert, da es für die Vertiefung ausreichend Fachliteratur gibt.[64] Im Kern basiert die Berechnung auf den Grundlagen des Capital Asset Pricing Model (CAPM) von William F. Sharpe.[65,66] In diesem Modell wird eine lineare Beziehung zwischen der gewünschten Rendite und dem Risiko hergestellt.[67] Dabei wird darauf abgezielt, die (erwartete) Rendite eines beliebigen Vermögenswerts durch seine Abhängigkeit vom Marktportfolio (das auch als β bezeichnet wird) zu erklären (vgl. Abb. 2.3).[68]

---

[63] Quill (2016), S. 57.

[64] Beispielhaft werden folgende Autoren genannt: Krause (2016), S. 129; Becker (2012), S. 91 ff; Quill (2016), S. 75; Berk und DeMarzo (2019) [b] S. 300; Becker und Peppmeier (2018), S. 88 ff., um einige neuere Veröffentlichungen zu nennen.

[65] Sharpe, William F. (1964). Capital Asset Prices: A Theory of Market Equilibrium under Conditions of Risk.

[66] Das Capital Asset Pricing Model (CAPM) und andere Modelle haben ihre Wurzeln in der von Markowitz (1952, 1959) eingeführten Mean-Variance-Optimierung, die zur Konstruktion effizienter Portfolios führt.

[67] Pape (2011), S. 397; Dabei unterscheidet Shape zwischen dem sogenannten systematischen Risiko, welches er auch als Marktrisiko beschreibt, dem alle Unternehmen ausgesetzt sind (z. B. Wirtschaftskrisen, Inflation, Konjunkturschwankungen etc). Das unsystematische Risiko wird dagegen als unternehmensindividuell kategorisiert (z. B. Managementfehler, strategische Unternehmensausrichtung etc.).

[68] Glas (2022) beschreibt in seiner Einführung ab S. 8 sehr gut zusammengetragen tieferführende Details, ebenso Guerard (2017) S. 42 ff.

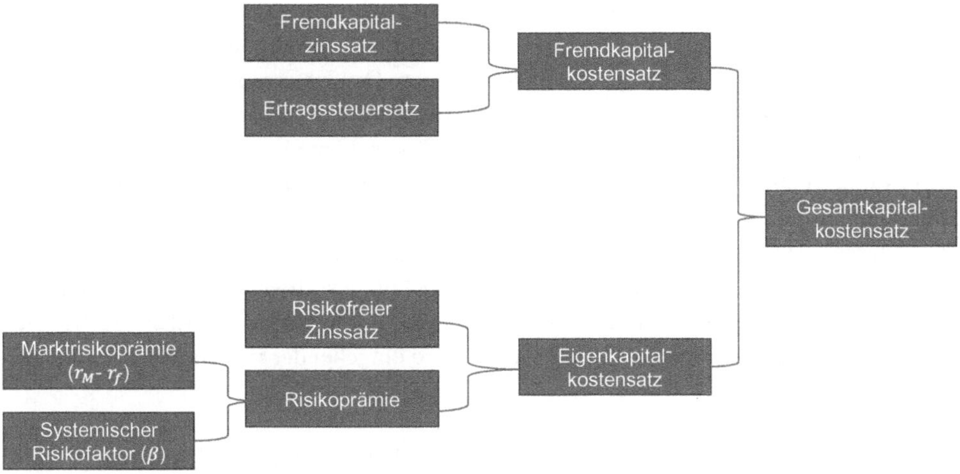

Abb. 2.3 Berechnung der gewichteten Gesamtkapitalkosten in Anlehnung an Pape

Mithilfe des risikoadjustierten Eigenkapitalkostensatzes gemäß dem CAPM lässt sich die Renditeforderung der Eigenkapitalgeber bestimmen.[69] Die durchschnittlichen Fremdkapitalkosten lassen sich aus den eingegangenen Kreditverpflichtungen ermitteln. Nun lässt sich der WACC formal wie beschreiben:

$$WACC = r_{EK} \cdot \frac{MEK}{MGK} + r_{FK} \cdot (1 - s) \cdot \frac{MFK}{MGK} \tag{2.1}$$

Mit

WACC = Weighted Average Cost of Capital
r_{EK} = Eigenkapitalkostensatz
r_{FK} = Fremdkapitalkostensatz
MEK = Marktwert des Eigenkapitals
MFK = Marktwert des Fremdkapitals
MGK = Marktwert des Gesamtkapitals
s = Ertragssteuersatz des Unternehmens.

Diese Finanzinformationen, gepaart mit der unternehmensspezifischen Gewichtung, helfen Entscheidern, zu den notwendigen Entscheidungen zu kommen – sei es als Investor, der sich auf Basis dieser Informationen an einem Unternehmen oder Projekt beteiligen möchte oder sei es aus der internen Finanzierungssicht des Unternehmens. Sinngemäß verhält es sich auf den Krypto-Märkten mit all ihren unterschiedlichen Facetten. Um insgesamt die Informationen einordnen zu können, folgt im nachfolgenden Kapitel ein Überblick über typische und wichtige Kennzahlen, die sowohl in der traditionellen Welt als auch auf Kryptomärkten von Bedeutung sind.

[69] Becker (2012), S. 93.

Zunächst können wir festhalten, dass auch Unternehmen in der Kryptowelt zwischen den beiden Positionen Eigenkapital und Fremdkapital innerhalb ihrer Bilanz unterscheiden. Und auch hier gelten die gleichen Definitionen. Der Unterschied besteht aber darin, dass Krypto- Unternehmen eine erweiterte Möglichkeit haben, Eigenkapital als auch Fremdkapital aufzunehmen. Die Ausgabe von Token könnte man als Äquivalent zum Eigenkapital betrachten. Und genau wie die eher traditionellen Industrien das WACC-Verfahren nutzen, um die Kapitalkosten zu bestimmen, so lässt sich dieses Verfahren auch für Unternehmen in der Kryptowelt anwenden, auch wenn hier die Bewertung der Token eine Herausforderung an sich darstellen. Wie im Detail diese Token zu bewerten sind, welche unterschiedlichen Zwecke mit der Ausgabe von Token verfolgt werden und wie sich der Zugang zu diesen Finanzquellen gestaltet, wird eingehender in Kapitel vier erläutert.

2.4 Analyse von Finanzberichten (Typische Kennzahlen und ihre Bedeutungen)

Unabhängig, durch welche Finanzierungsquellen sich ein Unternehmen finanziert, muss am Ende eine Bewertung erfolgen. Dies kann unterjährig erfolgen und/oder zum Ende des Wirtschafts- bzw. Kalenderjahres.

In diesem Zusammenhang sind KPIs (Key Performance Indicators) und Finanzberichte wichtige Instrumente zur Messung der Unternehmensleistung und für datengestützte Entscheidungen. Finanzberichte liefern eine Momentaufnahme der finanziellen Leistung eines Unternehmens über einen abgelaufenen Zeitraum. Diese Berichte enthalten in der Regel Informationen wie Einnahmen, Ausgaben, Gewinne, Cashflow und Bilanzdaten. Sie helfen Unternehmen, ihre finanzielle „Gesundheit" zu beurteilen, fundierte Finanzentscheidungen zu treffen und ihre finanzielle Leistung Stakeholdern wie Investoren und Kreditgebern zu vermitteln. Betriebswirtschaftliche Kennzahlen unterstützen diese Beurteilung und helfen, bestimmte Aspekte eines Unternehmens besser zu analysieren und zu verstehen. Kennzahlen können somit darlegen, wie gut ein Unternehmen seine Ziele im Rahmen einer abgelaufenen Periode erreicht hat, und wo, auch im Vergleich (Benchmark), Verbesserungspotenzial zu realisieren ist.

KPIs und Finanzberichte sind eng miteinander verbunden, da KPIs häufig als Input für Finanzberichte verwendet werden. So kann ein Unternehmen beispielsweise das Umsatzwachstum als KPI verwenden und diese Kennzahl in den Umsatzteil seines Finanzberichts aufnehmen. Durch die gemeinsame Verfolgung von KPIs und Finanzkennzahlen können Unternehmen ein umfassenderes Verständnis ihrer Leistung gewinnen und Bereiche mit Verbesserungspotenzial ermitteln.

Insgesamt sind sowohl KPIs als auch Finanzberichte wichtige Instrumente zur Messung der Unternehmensleistung und für datengestützte Entscheidungen. Durch den kombinierten Einsatz beider Instrumente können Unternehmen einen ganzheitlichen Überblick über ihre Leistung gewinnen und fundierte Entscheidungen treffen, die Wachstum und Erfolg fördern.

Nachfolgend werden die wichtigsten Kennzahlen aufgeführt, die sowohl in der traditionellen Unternehmenswelt als auch in der digitalen Unternehmenswelt von Bedeutung sind. Absolute Kennzahlen werden nicht betrachtet, weil hierbei die Aussagekraft wegen eines fehlenden Vergleichsmaßstabes als äußerst gering anzusehen ist. Durch das Verwenden von relativen Kennzahlen, bei denen das Verhältnis zwischen zwei Einflussgrößen gebildet wird, lässt sich eine weit höhere Aussagekraft abbilden, mit der sich Entscheidungen begründen lassen.[70]

Rentabilitätskennzahlen als Beziehungszahlen sind aussagekräftig, da sie als relative Größe Sachverhalte zueinander in Beziehung bringen. Dahinter steht die Annahme, dass es einen Ursache-Wirkung-Zusammenhang zwischen den Zahlen gibt. Wichtig in diesem Zusammenhang ist, dass man bei der Beurteilung von betriebswirtschaftlichen Sachverhalten üblicherweise nicht nur eine, sondern mehrere Kennzahlen heranzieht.[71]

Nachfolgend werden einige Kennzahlen näher betrachtet, die insbesondere die Finanzperspektive berücksichtigen. Diese Kennzahlen werden hinsichtlich ihrer Bedeutung sowohl für „klassische" Unternehmen als auch für Unternehmen aus dem Krypto-Umfeld eingeschätzt.

Earning before Interest and Taxes (EBIT):

Wie hoch ist das Ergebnis vor Zinsen und Steuern?

Berechnung:

Jahresüberschuss (oder Fehlbetrag)
+ Steuern (-Steuererstattung)
= EBT (Ergebnis vor Steuer)
+ Zinsaufwand
= EBIT (Ergebnis vor Zinsen und Steuern)

Ausdruck in Geldeinheiten (z. B. EURO)

Repräsentiert die operative Ertragskraft eines Unternehmens und eignet sich als Ergebnisvergleich von Unternehmen; es gibt keine absolute Höhe der Kennzahl; vielmehr muss sie im Zeitvergleich genutzt werden, um Aussagekraft zu haben.

Relevanz für klassische Unternehmen: hoch; Klassische Kennzahl, die insbesondere im Zusammenhang mit der IFRS Rechnungslegung entstanden ist

Relevanz für Krypto-Unternehmen: hoch, insbesondere dann, wenn Unternehmen aus dem Krypto-Umfeld sich mit klassischen Unternehmen vergleichen lassen müssen.

Net Operating Profit after Taxes (NOPAT):

Wie hoch ist der operative Nettogewinn nach Steuern (und vor Zinsen)?

---

[70] Hungenberg und Wolf (2006), S. 384.

[71] Berg und DeMarzo (2019) [b], S. 56.

Berechnung:

EBIT
./. Steuern vom Einkommen und Ertrag (+ Steuererstattung)
= NOPAT

Ausdruck in Geldeinheiten (z. B. EURO)

Diese Kennzahl repräsentiert den Gewinn, als ob das Unternehmen ausschließlich Eigenkapital-finanziert sei; ein Steuervorteil durch die Absetzbarkeit von Fremdkapitalzinsen wird nicht angenommen

Relevanz für klassische Unternehmen: Mittlere Relevanz

Relevanz für Kryptounternehmen: Interessante Kennzahl, da die Fremdkapitalquote in Tech-/Kryptounternehmen sehr gering gehalten werden kann

Umsatzrentabilität:

Wie viel Gewinn pro (Geld-)Einheit wird erwirtschaftet

Berechnung:

$$\frac{Jahresüberschuss\left(oder - fehlbetrag\right) \backslash \text{ nach } Steuern}{Umsatzerlöse \backslash \text{ netto}} * 100$$

Ausdruck in Prozent %

Die Kennzahl zeigt an, welcher Prozentsatz des Umsatzes nach Abzug aller Kosten einem Unternehmen als Gewinn bleibt.

Relevanz für klassische Unternehmen: sehr hoch; da man sich mit dieser Kennzahl über die Leistungsfähigkeit des Unternehmens informieren kann; Je höher die Umsatzrendite, desto besser hat ein Unternehmen gewirtschaftet

Relevanz für Krypto-Unternehmen: sehr hoch, aus den genannten Gründen

Eigenkapitalrentabilität:

Wie gut werden die Eigenkapital-Mittel innerhalb der Betrachtungsperiode verwendet?

Berechnung:

$$\frac{Jahresüberschuss\left(oder - fehlbetrag\right)}{durchschnittliches\ Eigenkapital} * 100$$

Ausdruck in Prozent %

Mit dieser Kennzahl wird die Verzinsung des eingesetzten Eigenkapitals betrachtet. Je höher diese Kennzahl – auch im Zeitvergleich – ist, desto besser wird das Unternehmen bewertet.

Relevanz für klassische Unternehmen: hoch; diese Zahl ist stark branchenabhängig, daher muss man diese Kennzahl im Kontext der Branche betrachten;

Relevanz für Krypto-Unternehmen: theoretisch ebenfalls hohe Bedeutung; das Eigenkapital kann durch die Ausgabe von Token hoch sein; sollte sich aus der Berechnung eine niedrige Eigenkapitalrentabilität ergeben, dann wäre das ein Hinweis auf unrentabel gebundenes Kapital; Benchmarking ist notwendig, um zu einer vernünftigen Aussage zu kommen.

Gesamtkapitalrentabilität:

Wie hoch ist die Verzinsung des Gesamtkapitals?

Berechnung:

$$\frac{Jahresüberschuss\left(oder - fehlbetrag\right) + Fremdkapitalzinsen}{durchschnittliches\ Gesamtkapital} * 100$$

Ausdruck in Prozent %

Diese Kennzahl gibt an, wie der gesamte Kapitaleinsatz im Unternehmen verzinst ist; hiermit wird die Effizienz des eingesetzten Kapitals unabhängig von der Finanzierung betrachtet.

Für diese Kennzahl existiert eine Zielvorgabe; sie sollte höher als der Zins für das Fremdkapital sein, als üblich wird ein Prozentsatz zwischen 10–15 % angesehen.

Relevanz für klassische Unternehmen: eine sehr wichtige Kennzahl zur Unternehmensbewertung, sie gibt an, wie effizient das Kapital vom Unternehmen eingesetzt wird.[72]

Relevanz für Krypto-Unternehmen: hoch bis sehr hoch, in Anhängigkeit von der Reife des Kryptounternehmens. Prinzipiell erwarten Investoren (mittlerweile) von Kryptounternehmen, dass auch sie sich wirtschaftlich effizient verhalten.

Return on Invest (ROI):

Wie gut hat das Management das eingesetzte Vermögen zur Gewinnerzielung genutzt?

Berechnung:

$$\frac{Gewinn}{Umsatz} * \frac{Umsatz}{Gesamtkapital} * 100$$

Ausdruck in Prozent %

Die Berechnung dieser Kennzahl ist nicht einheitlich in der Fachliteratur, in ihr steckt ein Kennzahlensystem, mit dem Teilbereiche (z. B. Umsatz, Deckungsbetrag, Bestände, Zusammensetzung des Anlage- und Umlaufvermögens) sichtbar gemacht werden können.

Diese Kennzahl gibt prozentual den Gewinn an, der durch das eingesetzte Kapital erzielt worden ist. Eine allgemeingültige Zielgröße existiert nicht, sondern wird zumeist im Vergleich mit anderen Unternehmen aus der Branche abgeleitet. Dennoch ist es nicht einfach, diese Kennzahl als Vergleichskennzahl mit anderen Unternehmen zu verwenden, weil Investitionen per se nicht einfach miteinander vergleichbar sind. (Beispielsweise können sich die Laufzeiten erheblich voneinander unterscheiden und führen somit zu einer Verzerrung.)

---

[72] Krause (2016), S. 39.

Relevanz für klassische Unternehmen: Der ROI wird, vereinfacht ausgedrückt, als sogenannte „Spitzenkennzahl" dargestellt. Damit ermöglicht er dem Management, einen schnellen Überblick über den erzielten Gewinn zu erhalten. Simulationen in Teilbereichen eines Unternehmens beziehungsweise für ein Unternehmen können dazu beitragen, diese Kennzahl zu analysieren und relevante Schraubstellen zur Optimierung zu identifizieren. Aus diesem Grund wird diese Kennzahl häufig zur Entscheidungsbildung herangezogen.

Relevanz für Krypto-Unternehmen: Der ROI kann nicht nur an der Vergangenheit orientiert genutzt werden, um zu prüfen, ob die vom Unternehmen getätigten Investitionen lohnenswert waren. Vielmehr kann man den ROI auch als Ausblick in die Zukunft nutzen. In diesem Falle unterstützt der ROI die von dem Unternehmen festgelegten Ziele. Positiv zu werten ist ein ROI, wenn er in einem vorab bestimmten Zeitraum größer als null ist.

Liquidität 1. Grades:

Wie hoch ist die sogenannte Barliquidität?

Berechnung:

$$\frac{Zahlungsmittel}{kurzfristige\ Verbindlichkeiten} * 100$$

Ausdruck in Prozent %

Diese Kennzahl ermöglicht eine Bewertung über die Zahlungsfähigkeit eines Unternehmens. Läge sie beispielsweise bei 100 %, dann ist das Unternehmen alleine aus den Zahlungsmitteln Bank und Bargeld in der Lage, die kurzfristigen Verbindlichkeiten zu decken. Üblicherweise wird dies in der Literatur als nicht notwendig angesehen, weil auch Forderungen und Vorräte zur Deckung der kurzfristigen Verbindlichkeiten herangezogen werden können. Aus diesem Grunde verwendet man diese Kennzahl nicht allein, sondern untersucht auch noch die Liquidität zweiten und dritten Grades. Dies wird nachfolgend nicht durchgeführt, sondern auf entsprechende Fachliteratur verwiesen.[73]

Relevanz für klassische Unternehmen: die Bedeutung dieser Kennzahl ist als sehr hoch einzuschätzen, da kein Unternehmen ohne hinreichende Liquidität am Markt existieren kann.

Relevanz für Krypto-Unternehmen: ebenfalls sehr hoch, da auch Kryptounternehmen ihren Zahlungsverpflichtungen rechtzeitig nachkommen müssen. Häufiger als diese Liquiditätskennzahlen ersten bis dritten Grades wird jedoch für junge Unternehmen aus der Kryptowelt (aber nicht nur) die sogenannte Cash Burn Rate und der Cash Runway zur Bewertung herangezogen.

Cash-Burn-Rate:

In welchem Zeitraum wird wie viel der vorhandenen Liquidität verbraucht?

[73] Z. B. Krause (2016), S. 56 ff.

Berechnung:

$$\frac{Liquide\ Mittel(+liquiditätsnahe\ Titel)}{negativer\ Cash\ Flow} * 100$$

Ausdruck in Jahren (oder in Monaten, sofern Faktor 12 im Zähler hinzugefügt wird)

Diese Liquiditätskennzahl schätzt ein, wann bei einem Unternehmen die vorhandene Liquidität aufgebraucht sein wird. Dies ist vor allem für junge, stark wachsende Unternehmen eine wichtige Kennzahl, um als Indikator für die Insolvenzprognose herangezogen zu werden. Je kürzer diese Zeitspanne ist, desto höher/größer ist die Wahrscheinlichkeit, dass das betrachtete Unternehmen seinen Zahlungsverpflichtungen nur noch sehr kurz nachkommen kann. Sollte keine vernünftige Business Strategie vorliegen, wird ein weiteres Einwerben von finanziellen Mitteln für so ein bewertetes Unternehmen sehr schwer.

Relevanz für klassische Unternehmen: niedrig, sofern kein akuter Zweifel an dem bestehenden Geschäftsmodell bestehen, wird bei etablierten Bestandsunternehmen das benötigte Liquiditätsvolumen pro Periode nicht Frage gestellt. Es greifen die Liquiditätskennzahlen 1. bis 3. Grades.

Relevanz für Krypto-Unternehmen: sehr hoch, da junge Unternehmen tendenziell noch nicht profitabel arbeiten und daher einen negativen Cash Flow, ausgelöst durch hohe Kosten und geringe Umsätze, aufweisen. In diesem Kontext ist es wichtig zu wissen, wie lange ein Unternehmen bei negativen Cash Flows ohne Liquiditätszufluss den Zahlungsverpflichtungen nachkommen kann, also Geld „verbrennen" kann. Da diese Kennzahl in Jahren (oder in Monaten) ausgedrückt wird, weiß das Unternehmen, wie lange diese Zeitspanne oder der sogenannte Cash Runway ist.

Free Cash Flow (FCF):

Wie hoch sind die frei verfügbaren Finanzmittel innerhalb einer Betrachtungsperiode?

Berechnung:

	Cash Flow aus laufender Geschäftstätigkeit
./.	Cash Flow aus der Investitionstätigkeit
=	Free Cash Flow

Ausdruck in Geldeinheiten

Diese Kennzahl zeigt an, über wie viel flüssige Mittel ein Unternehmen verfügt, nachdem die Kosten aus dem operativen Geschäft und den Investitionen abgezogen worden sind. Diese so ermittelten Finanzmittelüberschüsse können im Unternehmen für Investitionen, zur Schuldentilgung und/oder zur Gewinnausschüttung herangezogen werden.

Relevanz für klassische Unternehmen: hoch, da diese Kennzahl Auskunft darüber erteilt, welche unternehmerischen Handlungsspielräume das Unternehmen hat. Bei etablierten Unternehmen sollte der Free Cashflow über mehrere Betrachtungsperioden hinweg im Durchschnitt positiv sein, um einen finanziellen Mehrwert für das Unternehmen zu erzeugen.

Relevanz für Kryptounternehmen: mittel, da die jungen Unternehmen noch nicht über ein positives „Track Record" verfügen und tendenziell noch negative Cash Flows haben.

Economic Value Added (EVA):
Wie groß ist der tatsächliche ökonomische Gewinn eines Unternehmens?
Berechnung: (ist eine als Warenzeichen geschützte Kennzahl)
NOPAT (Net Operating Profit After Taxes)

./.	(WACC * Capital Employed)
=	EVA

(Capital Employed steht für das in das betriebsnotwendige Vermögen investierte verzinsliche Kapital)

Ausdruck in Geldeinheiten; diese Kennzahl orientiert sich am wertorientierten Management Konzept von Stern und Stewart[74] und basiert auf der allgemeinen Annahme, dass die Aufgabe von Managern darin besteht, das Vermögen der Aktionäre durch eine effiziente Ressourcenallokation zu maximieren.[75]

Relevanz für klassische Unternehmen: mittel (bis niedrig), insbesondere, wenn man sich das Segment der KMUs ansieht. Diese Kennzahl ist für börsennotierte Unternehmen weitaus relevanter, da diese Jahresabschlussinformationen von den Stakeholdern herangezogen werden, um die Unternehmensleistung sowohl rückblickend als auch um die Vorhersage der zukünftigen Leistung zu verwenden.

Relevanz für Kryptounternehmen: theoretisch hoch, weil junge Unternehmen nachweisen können, wie sie einen Wert für das Unternehmen schaffen. Die Crux für junge Unternehmen im Allgemeinen und für Unternehmen aus der Krypto-Welt kann aber darin liegen, dass allein die Berechnung des NOPAT (Net Operating Profit After Taxes; Nettogewinn nach Abzug der Ertragsteuern) negativ ausfällt und daher einen Wertverlust signalisieren. Aus diesem Grunde ist die Betrachtung einer Periode nicht aussagefähig.

Die Liste der hier aufgeführten Kennzahlen ist nur ein Auszug aus der Vielzahl von Finanz-, Liquiditäts- und Performance-Kennzahlen. Sie soll einen ersten Eindruck vermitteln, wie Kennzahlen dazu beitragen, verlässliche Aussagen über den Unternehmenszustand zu treffen. Dies wissend, kann man als KMU seine Unternehmensstrategie anpassen, wenn neue Kapitalrunden, sei es auf dem traditionellen Weg aber auch auf den Krypto-Märkten, anstehen. Die Verzahnung der Kennzahlen, die eher für traditionell ausgerichtete, etablierte Unternehmen gelten mit denen, die in der Start-up-Welt von Bedeutung sind, wird im Laufe der Jahre immer stärker werden, weil am Ende jede Unternehmensleitung Rechenschaft darüber abzulegen hat, wie erfolgreich sie gearbeitet hat.

2.5 Rechtsrahmen und Regulatorik

Dieses Kapitel soll lediglich einen vergleichenden Überblick schaffen, um zu verstehen, dass die Ausgabe von Token und Kryptowährungen im Vergleich zu traditionellen Finanzprodukten noch einen Spiel- und Interpretationsraum offen lässt. Zugleich aber darf man

[74] Krause (2016), S. 127.

[75] Worthington und West (2001), S. 68.

sich nicht der Illusion hingeben und glauben, man könnte für seinen Anwendungsfall „einfach" einen Token schaffen, ohne auf rechtliche Gegebenheiten achten zu müssen.

Im Zentrum dieser Betrachtung steht der deutsche Rechtsrahmen, der zusätzlich auch die Anforderungen des europäischen Rechtes zu berücksichtigen hat. Es ist aufgrund des Umfangs des Themas jedoch einschlägigen Experten vorbehalten, die rechtliche Würdigung des Sachverhaltes, insbesondere im Einzelfall, zu prüfen. Abb. 2.4 gibt einen Überblick über die Aufgaben der Finanzregulatorik.

Die Regulierung der Finanzmärkte und den dazugehörigen Finanzinstituten wird in Europa auf nationaler und auf europäischer Ebene durch unterschiedliche Behörden und Institutionen wahrgenommen und dient dazu, Rechtssicherheit für alle Beteiligten (von Banken über Herausgeber, von Investitionsmöglichkeiten bis hin zum professionellen Investor und sogar auch bis zum Endverbraucher) zu schaffen.

Auf nationaler (deutscher) Ebene erfolgt diese Regulierung u. a. durch das Bundesministerium für Finanzen. Die operative Überwachung erfolgt u. a. durch die Bundesanstalt für Finanzdienstleistungsaufsicht (BaFIN).

Die Liste der Gesetze und Verordnungen für den traditionellen Finanzmarkt ist, im Vergleich zu der des Kryptomarktes, lang. Allein die Bundesanstalt für Finanzdienstleistungsaufsicht verweist auf ihrer Website auf 41 Gesetze[76] und 76 Verordnungen,[77] die allesamt

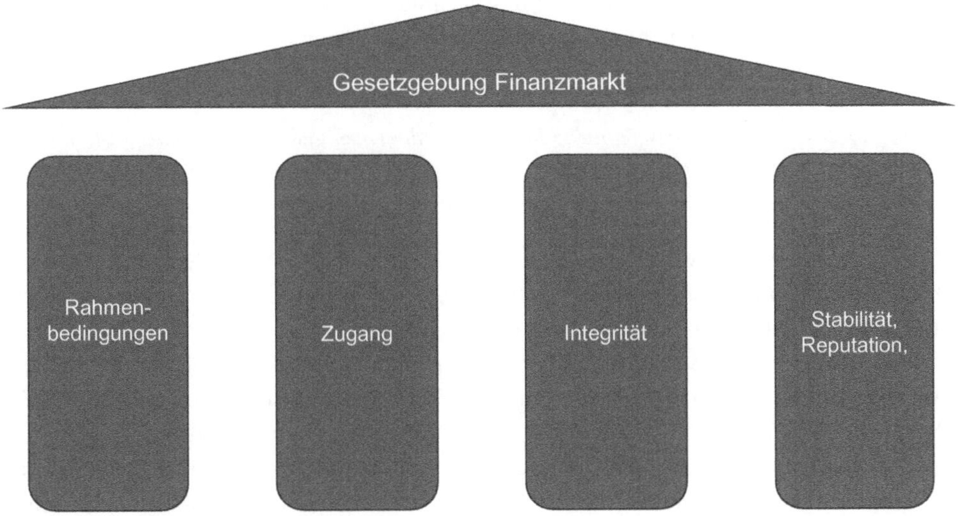

Abb. 2.4 Aufgaben der Finanzregulatorik

[76] https://www.bafin.de/DE/RechtRegelungen/Rechtsgrundlagen/Gesetze/gesetze_node.html, eingesehen am 04.03.2023.

[77] https://www.bafin.de/DE/RechtRegelungen/Rechtsgrundlagen/Verordnungen/verordnungen_node.html, eingesehen am 04.03.2023.

Einfluss auf den Finanzmarkt und dessen Akteure haben. Die Gesetze sichern u. a. die Stabilität des Finanzmarktes, Zugang zu und Teilhabe an den Finanzmärkten und tragen dem Verbraucherschutz Rechnung. Der Tradition des Gläubigerschutzes folgend (vgl. z. B. HGB, § 252) sollen Gläubiger vor falschen und unvollständigen Informationen geschützt sein, um sie vor Fehlentwicklungen und Fehleinschätzungen zu schützen. Gläubigern sollte nicht das Ausfallrisiko komplett abgenommen werden. Und ebenso verhält es sich mit den rechtlichen Rahmenbedingungen, die zum Schutz des Verbrauchers eingeführt wurden und von Unternehmen zu berücksichtigen sind. Darüber hinaus wird unterschieden in unterschiedliche Finanzintermediäre und damit einhergehend die unterschiedlichen Dienstleistungen, die diese Finanzintermediäre anbieten (siehe z. B. Kreditinstitute, Kreditvermittler, Kreditkartenunternehmen, Bausparkassen, Versicherungen, Kapitalanlagegesellschaften etc.). In diesem Kontext finden sich auch die Vorschriften zu „Know Your Customer" (KYC) und dem Geldwäschegesetz („Anti-Money-Laundering [AML]"). Die Bundesaufsicht für Finanzdienstleistungen schreibt in diesem Zusammenhang, dass „es zur ordnungsgemäßen Geschäftspolitik aller verpflichtenden Unternehmen im Finanzsektor gehört, den Missbrauch des Finanzsystems durch Verschleierung und Verschiebung von Vermögenswerten illegale Herkunft sowie Finanzierung von Terrorismus zu verhindern."[78] Ziel dieser Maßnahmen ist die Einschränkung krimineller Aktivitäten sowie die Aufrechterhaltung der Integrität und Stabilität des gesamten Finanzmarktes. Um dieses leisten zu können, bedarf es der Klassifizierung der Teilnehmer als auch der Produkte (im Sinne von Dienstleistungen und Vermögenswerten).

> *„Vermögenswerte sind wirtschaftliche Ressourcen, die einen gewissen Wert oder Nutzen besitzen (der in der Regel in Zahlungsmittel Beträge umgewandelt werden kann) und die sich im Besitz von Unternehmen oder Einzelpersonen befinden."*[79]

Die so qualifizierten Vermögensgegenstände können analog in der Realwelt erfasst sein (z. B. als Immobilie, Fahrzeug oder auch Aktie), oder als digitaler Vermögenswert definiert sein (z. B. als Coin oder Non-FungibleToken).

Die große Herausforderung der Gesetzgebungen vieler Länder besteht darin, die Regulierungen so zu gestalten, dass diese nicht von einer speziellen Technologie abhängen. Die Dynamik in der digitalen Transformation und den dabei genutzten Technologien ist zu groß, als dass die Gesetzgebung mit diesen Entwicklungen Schritt halten kann. Für die Gesetzgebung ist es zunächst unerheblich, ob ein Vermögenswert über eine Urkunde

---

[78] https://www.bafin.de/DE/Aufsicht/Geldwaeschepraevention/geldwaeschepraevention_node.html, eingesehen am 01.05.2023.

[79] https://ec.europa.eu/eurostat/statistics-explained/index.php?title=Glossary:Asset/de#:~:text=Vermögenswerte%20sind%20wirtschaftliche%20Ressourcen%2C%20die,eine%20Maschine%20oder%20ein%20Haus., eingesehen am 01.05.2023.

dargestellt wird oder ob der Besitz und das Eigentum[80] über die Blockchain nachgewiesen werden kann. Außerdem darf die Frage der Regulierung nicht von der genutzten Technologie abhängig sein.[81]

In der Folge hat sich folgende Vorgehensweisen herauskristallisiert:

Das Heranziehen/die Anwendung von existierenden Gesetzen, häufig unter Anpassung, um den spezifischen Eigenschaften digitaler Vermögenswerte gerecht werden zu können oder die Einführung neuer Gesetze, um der Transformation hin zu digitalen Finanzmärkten gerecht werden zu können. Am 3. Januar 2018 ist die zweite Finanzmarktrichtlinie „Market in Financial Instrument Directive", kurz MiFID II,[82] sowie die Finanzmarktverordnung MIFIR (Markets in Financial Instruments Regulation)[83] in Kraft getreten. Mit diesen beiden Verordnungen sind weitreichende Veränderungen im europäischen Finanzmarkt einhergegangen, da sie den Wertpapierhandel und die Organisation der Marktstruktur in der EU regulieren und den Markt harmonisieren. Der Gesetzgeber weist darauf hin, dass sich der Einsatz von Technologie für den Handel erheblich weiterentwickelt hat und unter den Marktteilnehmern weit verbreitet ist.[84]

In der MiFID II wird u. a. die Einordnung von „Token bzw. Kryptowährungen" als Finanzinstrumente im Bereich der Wertpapieraufsicht vorgenommen. Demnach unterliegt ein herauszugebender Token dann der Finanzaufsicht (mit all den dazugehörigen Konsequenzen), wenn es sich entweder um ein Wertpapier (i. S. d. Wertpapierprospektes) oder um eine Vermögensanlage (i. S. d. Vermögensanlagengesetzes) handelt. Es gilt die Pflicht zur Einhaltung der gesetzlichen Vorgaben und die rechtliche Einordnung eines Tokens basiert auf einer genauen Einzelfallprüfung.[85] Hierbei handelt es sich um nationales Recht.

Großes Aufsehen hat hingegen die sogenannte MiCA-Verordnung (Markets in Crypto Asset Regulation) erzeugt, die voraussichtlich ab 2024 europaweit gelten wird. Mit dieser Verordnung hat sich das Europäische Parlament der Herausforderung angenommen, die Digitalisierung des *Finanzsektors mitsamt dem Innovations- und Wettbewerbspotenzial zu fördern und weiter zu erschließen und gleichzeitig mögliche Risiken zu mindern.*[86] Die am 20. April 2023 vom Europäischen Parlament verabschiedete MiCA ist das erste und einzige Gesetz ihrer Art weltweit und es ist anzunehmen, dass sie für andere Rechtsordnungen

[80] Die Unterscheidung von Besitz und Eigentum ist von hoher Bedeutung: das Eigentum stellt das voll umfassende Verfügungsrecht da, während der Besitz lediglich das Benutzen eines Gegenstandes ermöglicht, d. h. der Besitzer hat Einfluss auf die Sache.

[81] Kurt und Kurt (2022), S. 215.

[82] MiFid II: https://eur-lex.europa.eu/legal-content/DE/TXT/PDF/?uri=CELEX:32014L0065&from=DE, eingesehen am 01.05.2023.

[83] MIFIR: https://eur-lex.europa.eu/legal-content/DE/TXT/PDF/?uri=CELEX:32014R0600&from=DE, Eingesehen am 01.05.2023.

[84] MiFid II, (59) ffg.

[85] Hinweisschreiben der BaFIN (WA) GZ: WA 11-QB 4100-2017/0010.

[86] MiCAR: https://eur-lex.europa.eu/legal-content/DE/TXT/?uri=CELEX%3A52020PC0593, eingesehen am 22.01.2023.

wegweisend sein wird. Durch die Einführung von MiCA wird das erste Mal einheitlich in Europa Rechtssicherheit in Bezug auf Kryptowerte geschaffen. Die MiCA-Verordnung gilt für Emittenten und Dienstleister mit dem Ziel, Verbraucher und Anleger zu schützen und gleichzeitig die Finanzstabilität zu gewährleisten und Innovationen zu fördern.

Unter die MiCA-Verordnung fallen digitale Vermögenswerte, die auf der Distributed-Ledger-Technologie, der Blockchain-Technologie oder einer ähnlichen Technologie basieren. Gemäß der Verordnung wird ein Krypto-Vermögenswert als „eine digitale Darstellung von Werten oder Rechten definiert, die elektronisch übertragen und gespeichert werden können“

Hierbei wird in zwei Kategorien unterschieden: Kryptowährungen und Token.

Kryptowährungen sind demnach digitale Vermögenswerte, die als alternatives Zahlungsmittel fungieren können und in der Regel keine weiteren Rechte oder Ansprüche darstellen. Tokens hingegen stellen einen Anspruch auf einen Vermögenswert, ein Recht oder eine Dienstleistung dar, die über die Distributed-Leger-Technologie/Blockchain-Technologie verifiziert und übertragen werden kann. Token können als Wertpapiere, Vermögenswerte oder andere Arten von Anlageinstrumenten fungieren.

MiCA legt auch Anforderungen für Krypto-Asset-Emittenten und Kryptoasset-Dienstleister (CASPs) fest. Krypto-Asset-Emittenten sind Personen oder Unternehmen, die Krypto-Assets ausgeben oder anbieten. Mit der Verordnung sind sie verpflichtet, vollständige und transparente Informationen über die von ihnen ausgegebenen Krypto-Assets zur Verfügung zu stellen und die Offenlegungs- und Transparenzvorschriften einzuhalten. Krypto-Asset-Dienstleister müssen registriert sein und Sicherheitsmaßnahmen sowie Vorschriften zur Bekämpfung der Geldwäsche einhalten.

Grundsätzlich ist zu erkennen, dass die vorhandenen Gesetze zur Regulierung der Finanzmärkte um die neue Anlageklasse Kryptowerte erweitert werden. Diese Regulierung, die sich auch auf die Anbieter erstreckt, hilft, diese neue Anlageklasse zu etablieren und Unsicherheiten zu reduzieren.

2.6 Krypto-Kapitalmärkte

Wie aus der Gesetzgebung zu entnehmen ist, handelt es sich bei Kryptomärkten um eine relativ junge Erscheinung. Die Entstehung dezentraler Ökosysteme fördert neue Business Modelle und neue Wertschöpfungsketten. Daher ist es relevant, sich mit dieser Thematik auseinanderzusetzen, sei es, um Token-Modelle für das eigene Unternehmen zu initiieren, um nach geeigneten Anlagemöglichkeiten Ausschau zu halten oder um digitale Währungen als Zahlungsmittel im Austausch zur eigenen Dienstleistung (oder den eigenen Produkten) zu akzeptieren.

Die traditionellen Kapitalmärkte erfüllen ihre Aufgabe vom Zusammenbringen der Nachfrager und Anbieter von Kapital sehr gut. Mittlerweile jedoch haben Krypto-Kapitalmärkte in diesem Zusammenhang einiges an Aufsehen erregt, da diese Märkte anstreben, die bisherigen Transaktionen noch effizienter zu machen.

Bevor nachfolgend die Krypto-Kapitalmärkte eingehender beleuchtet werden, erscheint es angebracht, nach einer Definition für Krypto-Kapitalmärkte zu suchen. Schwickert und Pfeiffer verweisen auf „eine Vielzahl von Kriterien“, um Märkte zu gliedern. Sie sprechen dabei von „sachlichen, zutrittsbezogenen, organisatorischen, räumlichen und zeitlichen Kriterien“.[87] Diese Kriterien lassen sich auch für Krypto-Kapitalmärkte anwenden. Zusätzlich lässt sich festhalten, dass Kryptomärkte als „Börsen der digitalen Welt“[88] definiert werden mit dem Unterschied zu den traditionellen Börsen, dass es sich hierbei um ein dezentralisiertes digitales Netzwerk handelt.

Somit lässt sich folgende Definition ableiten:

Krypto-Kapitalmärkte sind digitale Börsen, die Transaktionen in einem dezentralen, sogenannten Peer-to-Peer-Netzwerk durchführen, das allen (auch potenziellen) Marktteilnehmern Zutritt gewährt, ohne diesen organisatorische oder räumliche Einschränkungen aufzuerlegen.

Die auf diesen Märkten angebotenen und gehandelten Produkte und Dienstleistungen basieren auf denen traditioneller Finanzmärkte und erweitern diese um ein Blockchain-Ökosystem, in dem digitale Vermögenswerte die Zahlungsfunktion ebenso zugesprochen wird wie eine Anlagenfunktion[89] und eine Nutzungsfunktion.[90]

Die Marktakteure an diesen digitalen Börsen sind vielfältig:

Neben den Betreibern von Handelsplattformen wie z. B. Coinbase,[91] Binance,[92] eToro[93] gibt es Wallet-Anbieter (zur sicheren Aufbewahrung von Kryptowährungen als auch von Non-Fungible-Token (NFT)) und die Emittenten von Kryptowerten.[94] Neben den Teilnehmern, die das Angebot zur Verfügung stellen, sind es die Nachfrager, die den Markt beeinflussen.

Traditionelle Kapitalmärkte funktionieren über Vermittler/Intermediäre. Dezentrale Kapitalmärkte und Kryptomärkte sind dezentral organisiert und benötigen demnach keinen Vermittler mehr. Ähnlich wie bei den OTC-Geschäften wird direkt zwischen Nachfrager und Anbieter verhandelt. Dies hat zur Folge, dass Anleger auf dezentralen Märkten eine höhere Rendite erzielen können. Im negativen Fall wird sich ein potenzieller Verlust ebenfalls stärker auswirken, da es keine „abpuffernde“ Instanz gibt. Es gibt keine zentrale Instanz, die im Notfall einspringen und beispielsweise Einlagen sichern könnte. Anlegerentschädigung und Einlagenschutz existieren in der digitalen Welt nicht.

[87] Schwickert und Pfeiffer (2000), S. 10.

[88] https://www.ig.com/de/kryptowaehrungshandel/wie-werden-kryptowaehrungen-gehandelt, eingesehen am 04.03.2023.

[89] Im Sinne von Aktien, Anleihen etc.

[90] Mit der Ausgabe von Token können Nutzungsrechte, wie z. B. Stimmrechte bei einer Decentralized Autonomous Organisation (DAO) einhergehen.

[91] https://www.coinbase.com/de/, eingesehen am 04.03.2023.

[92] https://www.binance.com/en, eingesehen am 04.03.2023.

[93] https://www.etoro.com/de/, eingesehen am 04.03.2023.

[94] Appel (2021), S. 15 ff.

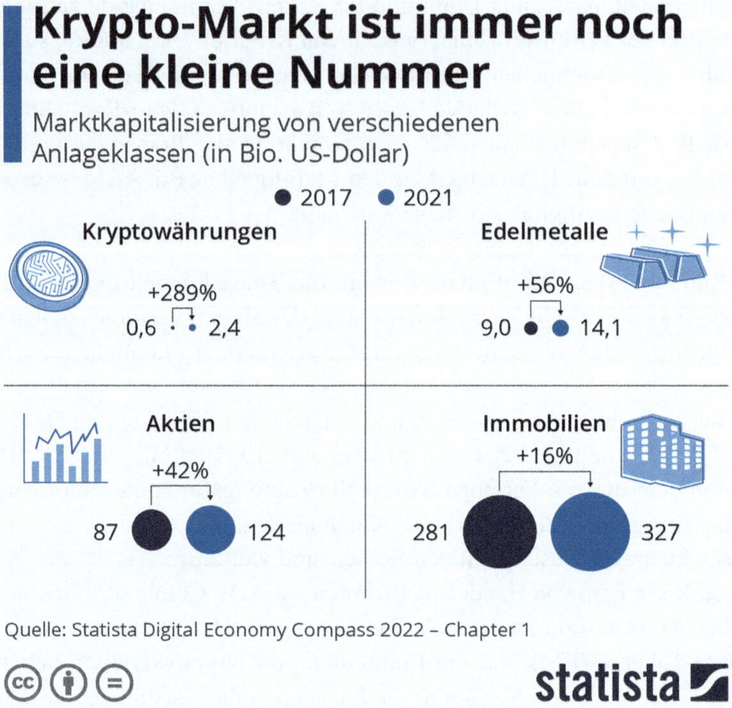

Abb. 2.5 Volumen Kryptowährungen im Vergleich zu anderen Anlagemöglichkeiten. (Quelle: zitiert nach de.statista.com)

Die BaFin weist daher zurecht auf die zwei Seiten der Medaille hin: hohe Renditen gehen mit hohen Risiken einher.[95]Aufgrund der hohen Volatilität sollten sich die Anleger und Investoren auch immer die Risiken vor Augen führen. Die Volatilität ist sehr hoch und deutlich stärker ausgeprägt als an den traditionellen Finanzmärkten.

Zur Einordnung und zum Vergleich, wie groß der Kryptomarkt ist, hilft Abb. 2.5 von Statista.

Es ist unumstritten, dass der Markt für Kryptowährungen in den letzten Jahren stark gewachsen ist. Mit steigendem Wachstum wächst auch die Aufmerksamkeit, unabhängig davon, in welche Richtung das Pendel ausschlägt. Der Zuwachs, wenn auch auf kleinem Niveau, ist beeindruckend und wird so von keiner anderen Assetklasse erreicht. Die Informationen beziehen sich auf das Jahr 2021 und es ist davon auszugehen, dass dieser Trend ungebrochen ist.

---

[95] https://www.bafin.de/DE/Verbraucher/GeldanlageWertpapiere/verbraucher_kryptowerte.html Eingesehen am 26.02.2023.

Indirekt wird dieses durch Crypto-Crime-Report 2023 von Chainalysis bestätigt:[96] Dieser Bericht beschäftigt sich jedes Jahr mit der Analyse der illegal verwendeten Kryptowährungen und den dazugehörigen Aktivitäten. Das Vorurteil, dass Kryptowährungen hauptsächlich für verbotene Aktivitäten genutzt werden, kann laut Report nicht aufrechterhalten werden. Gemäß der Studie haben sich diese verbotenen Aktivitäten beim Nutzen von Kryptowährungen von 0,12 % im Jahr 2021 verdoppelt auf nunmehr 0,24 %.[97] Diese Zunahme wird unter anderem auch den gegenüber dem Iran erteilten Sanktionen zugesprochen. Aber insgesamt kann festgehalten werden, dass nur ein kleiner Anteil des Gesamtvolumens an Kryptowährungen für illegale Aktivitäten genutzt wird.

Genau wie bei herkömmlichem Geld wird auch Kryptogeld für kriminelle Machenschaften eingesetzt, aber proportional schwindet der Anteil, je attraktiver diese digitalen Werte im Allgemeinen werden.[98] In diesem Zusammenhang ist es nicht erheblich, dass der sogenannte „Krypto-Winter“[99] mit schweren Wertverlusten bei allen Kryptowährungen und einem bärischen[100] Marktumfeld einen Einfluss auf diese Entwicklung gehabt zu haben scheint.

2.7 Gegenüberstellung von traditionellen Kapitalmärkten vs. Krypto-Kapitalmärkten

Traditionelle Kapitalmärkte und Kryptomärkte sind zwei verschiedene Arten von Finanzmärkten mit einigen wesentlichen Unterschieden. Beide Märkte sind getrieben von dem „Wunsch“, die Allokations- und Verteilungsfunktionen in die Wirtschaft zu ermöglichen. Bei den traditionellen Geldmärkten spielt die zentral organisierte Geldpolitik mit all ihren Facetten eine maßgebliche Rolle.[101]

Dezentrale Kryptomärkte verfolgen den Ansatz der direkten Verteilung und Allokation. Die Werbeversprechen der entsprechenden Marktteilnehmer sind groß. Leider verkennt man sehr gern bei all dem „Buzzwording“, dass die Position des Mittlers nicht komplett wegfällt, sondern teilweise verschoben wird – von der Bank zum entsprechenden Kryptounternehmen.

[96] Chainalysis: The 2023 Cryto Crime Report.

[97] Chainalysis: The 2023 Cryto Crime Report, S. 6.

[98] Chainalysis: The 2023 Crypto Crime Report, S. 52.

[99] Dieser Begriff hat sich insbesondere seit 2022 in der Finanz-Szene etabliert und gemeint ist, dass dem Krypto-Finanzmarkt harte Zeiten bevorstehen, da die Finanzwerte im Wert sinken. Ab einem Wertverlust von mehr als 20 % von den jüngsten Höchstständen kann man von einem Krypto-Winter sprechen.

[100] Von einem „bärischen“ Markt sprechen Börsianer, wenn sie annehmen, dass der Markt an Wert verliert und die z. B. an der Börse gelisteten Werte im Wert verlieren. Sie legen eine pessimistische Annahme der Wertentwicklung zu Grunde.

[101] EZB: https://www.ecb.europa.eu/home/search/review/html/monetary-policy-instruments.de.html eingesehen am 04.03.2023.

Dennoch gibt es zurecht diese Anbieter, weil diese die typischen Finanzprodukte verändert und neu ausgestaltet haben (mehr dazu im Kapitel sechs).

Wie bereits im Abschn. 2.1 erwähnt, wird in der nachfolgenden Tabelle die bisherige Gegenüberstellung um den Krypto-Markt erweitert. Somit lassen sich die Übereinstimmungen und Unterschiede leicht erfassen (vgl. Tab. 2.3).

Tab. 2.3 Gegenüberstellung OTC vs. Börsenplattformen vs- Krypto-Plattformen

Eigenschaften	Over-the-Counter (OTC)	Börsen	Krypto-Börsen
Definition	Ein Markt, auf dem Wertpapiere direkt zwischen zwei Parteien gehandelt werden, ohne dass eine Börse eingeschaltet wird.	Eine zentralisierte Plattform, auf der Käufer und Verkäufer Wertpapiere wie Aktien und Derivate nach vorher festgelegten Regeln und Vorschriften handeln können.	Krypto-Börsen sind zentrale Plattformen, die den Handel mit digitalen Werten in einem dezentralem Netzwerk organisieren.
Markt-Teilnehmer	In der Regel Finanzinstitute. Hedgefonds und Großanleger.	Private und institutionelle Anleger, Market Maker und autorisierte Teilnehmer.	nach wie vor ein Markt für Spekulanten bedingt durch die hohe Votatiiät; langsam jedoch steigt die Akzeptanz sowohl bei privaten als auch bei institutionellen Anlegern
Handelszeiten	Ständig; 24/7	Begrenzt auf bestimmte Öffnungszeiten der Börsen	Ständig; 24/7
Preisfindung	Basierend auf direkten Verhandlungen zwischen Käufer und Verkäufer.	Auf der Grundlage von Angebot und Nachfrage, die durch die Geld- und Briefkurse mehrerer Marktteilnehmer bestimmt werden.	Auf der Grundlage von Angebot und Nachfrage, Besonderheit ist, dass man als Anleger auch Bruchteile an Krypto-Werten erwerben kann
Transparenz	Niedrig, da die Preise nur den beiden an der Transaktion beteigten Parteien bekannt sind.	Hoch, da ale Abschlüsse öffentlich bekannt gegeben werden und in Echtzeit überwacht werden können.	Theoretisch hoch, bedingt durch den Einsatz der Blockchain-Technoiogie
Liquidität	Hängt vom Umfang und der Häufigkeit des Handels zwischen den Parteien ab.	Im Allgemeinen höher, aufgrund der großen Anzahl von Marktteilnehmern.	z. T. geringer als wünschenswert; daher auch große Volatilität
Regulation	Minimal, da es keine zentrale Behörde gibt, die den Markt beaufsichtigt.	Wird von staatlichen Behörden wie der SEC oder der BaFin reguliert.	teilweise noch zu unreguliert aus Sicht des Verbraucherschutzes;

(Fortsetzung)

Tab. 2.3 (Fortsetzung)

Eigenschaften	Over-the-Counter (OTC)	Börsen	Krypto-Börsen
Geschwindigkeit der Durchführung	Schnell, da die Transaktionen direkt zwischen den Parteien abgewickelt werden können.	Kann langsamer sein, da ein Preisabgleich erforderlich ist und es zu Verzögerungen im Netz kommen kann.	in Abhängigkeit von der
Kosten	In der Regel höher, da es keinen Preiswettbewerb gibt.	Geringer, well es einen Preiswettbewerb gibt und die Möglichkeit. Mengenrabatte in Anspruch zu nehmen.	Kosten entstehen bei Börsenplattformen sowohl für die Order als auch für die Verwahrung und sind abhängig vom Anbieter;
Zugänglichkeit	Beschränkt auf große Finanzinstitute und vermögende Privatpersonen.	Generel leichter zugänglich, da viele Onäne-Broker den Kleinanlegern die Möglichkeit bieten, an den großen Börsen zu handeln.	vergleichsweise ähnlich leicht zugänglich wie traditionale Börsen-Marktplätze
Standardisierung	Außerbörslich gehandelte Wertpapiere können sehr individuell gestaltet und auf die Bedürfnisse der Teilnehmer abgestimmt sein.	Börsengehandelte Wertpapiere sind häufig standardisiert.	Standardisierung bestenfalls nach Token (ERC-Standards), hoher Grad an individueller Ausgestaltung
Berichterstattung	OTC-Geschäfte müssen nicht öffentlich gemeldet werden.	Börsengeschäfte werden öffentlich gemeldet.	nicht im klassischen Sinne, Transparenz entsteht durch den Einsatz von der Blockchain-Technoiogie, mit Einführung der MiCA Meldepflichten

Zusammengefasst sind nachfolgend einige der wichtigsten Unterschiede zwischen traditionellen Kapitalmärkten und Kryptomärkten:

1. Regulierung: Traditionelle Kapitalmärkte werden von staatlichen Stellen wie z. B. der Securities and Exchange Commission (SEC) stark reguliert, während Kryptomärkte derzeit noch nicht so stark reguliert sind.[102] Das bedeutet, dass die traditionellen Kapitalmärkte einen etablierteren Rechtsrahmen haben und strengeren Regeln für Dinge wie Insiderhandel und Marktmanipulation unterliegen.

[102] In diesem Zusammenhang sprechen einige gern von einem unregulierten Markt. Dies entspricht jedoch nicht mehr der Realität. Die Einführung von der MiCA wird als eine weltweit richtungsweisende Verordnung verstanden, die den Markt nachhaltig beeinflussen und auch den Verbraucherschutz nachhaltig vorantreiben wird.

2. Vermögenswerte: Traditionelle Kapitalmärkte handeln mit Wertpapieren wie Aktien und Anleihen, während Kryptomärkte mit digitalen Vermögenswerten wie Bitcoin, Non-Fungible-Token etc. handeln. Diese digitalen Vermögenswerte sind nicht durch physische Vermögenswerte oder staatliche Garantien abgesichert, was sie volatiler und riskanter macht als traditionelle Vermögenswerte.
3. Transparenz: Traditionelle Kapitalmärkte sind in der Regel transparenter als Kryptomärkte und verfügen über öffentlich zugängliche Jahresabschlüsse und Berichte. Im Gegensatz dazu arbeiten Kryptomärkte oft anonym und intransparent, sodass es schwierig ist, herauszufinden, wer hinter einer bestimmten Transaktion steht.
4. Zugänglichkeit: Traditionelle Kapitalmärkte sind in der Regel eher institutionellen Anlegern zugänglich, während Kryptomärkte jedem offenstehen, der über einen Internetanschluss und eine digitale Brieftasche verfügt. Dies hat zu einer Demokratisierung des Finanzwesens geführt und ermöglicht es Kleinanlegern, sich an Märkten zu beteiligen, die zuvor unerreichbar waren.
5. Die Marktstruktur: Traditionelle Kapitalmärkte sind in der Regel zentralisiert, wobei der Handel über Börsen abgewickelt wird, die sich im Besitz einer zentralen Behörde befinden und von dieser betrieben werden. Kryptomärkte hingegen sind dezentralisiert und funktionieren auf Peer-to-Peer-Basis, wobei der Handel direkt zwischen Käufern und Verkäufern stattfindet.

Insgesamt bieten sowohl die traditionellen Kapitalmärkte als auch die Kryptomärkte zwar Möglichkeiten für Investitionen und Spekulationen, sie funktionieren jedoch nach unterschiedlichen Regeln und haben unterschiedliche Risikoprofile. Für Anleger ist es wichtig, diese Unterschiede zu verstehen und fundierte Entscheidungen auf der Grundlage ihrer eigenen Risikotoleranz und Anlageziele zu treffen.

2.8 Zwischenfazit

Die digitale Transformation wirkt auf Prozesse, Produkte und Dienstleistungen gleichermaßen. In der Konsequenz hat dies Auswirkungen auf die Geschäftsmodelle und auf die Wertschöpfungsprozesse der Unternehmen. Viele dieser Veränderungen lassen sich nicht ohne nötige finanzielle Mittel realisieren. Kleine und mittelständische Unternehmen vertrauen auch heute noch auf ihre Beziehungen zur eigenen Hausbank. Jedoch sollte bei der Allokation von frischen Finanzmitteln der neue und zum Teil noch nicht ausreichende digitale Finanzmarkt berücksichtigt werden.

Die Auseinandersetzung mit digitalen Vermögenswerten sollte nach den gleichen Prinzipien erfolgen, wie die der traditionellen Herangehensweise. Damit gehört die Beschaffungsanalyse von digitalen Finanzmitteln ebenso zum Handwerkszeug eines Managers wie auch der Einsatz und das Wissen um die daraus folgende Auswirkung auf die finanzielle Darstellung eines Unternehmens. In diesem Kontext gilt es, die digitalen Vermögenswerte richtig für das eigene Unternehmen bewerten zu können. Kennzahlen aus der traditionellen Betriebswirtschaftslehre helfen dabei ebenso wie ein Verständnis über digitale Märkte und ihre Mechanismen.

Literatur

Antonopoulus, Andreas M. 2017. *Mastering Bitcoin, Programming the open Blockchain*, 2. Aufl. Sebastopol: O'Reilly.

Appel, Hannah. 2021. *Kryptowerte, Wie eine Einordnung in das Finanzmarktrecht gelingt, Quick Guide*. Wiesbaden: Springer Gabler.

Bardmann, Manfred. 2019. *Grundlagen der Allgemeinen Betriebswirtschaftslehre, Geschichte – Konzepte – Digitalisierung*, 3. Aufl. Wiesbaden: Springer Gabler.

Becker, Hans Paul. 2012. *Investition und Finanzierung, Grundlagen der betrieblichen Finanzwirtschaft*, 5. Aufl. Wiesbaden: Springer Gabler.

Becker, Hans Paul, und Arno Peppmeier. 2018. *Investition und Finanzierung, Grundlagen der betrieblichen Finanzwirtschaft*, 8., überarb. Aufl. Wiesbaden: Springer Gabler.

Berk, Jonathan, und Peter DeMarzo. 2016. *Grundlagen der Finanzwirtschaft, Analyse, Entscheidung und Umsetzung*, 3., überarb. Aufl. Hallbergmoos: Person Deutschland GmbH.

———. 2019. *Grundlagen der Finanzwirtschaft, Analyse, Entscheidung und Umsetzung*, 4., akt. Aufl. Hallbergmoos: Person Deutschland GmbH.

Blanchard, Olivier, und Gerhard Illing. 2006. *Makroökonomie*, 4., Akt. u. erw. Aufl. München: Pearson Studium.

Bundesministerium für Digitales und Verkehr, Hrsg. 2022. Digitaler Aufbruch, Digitalstrategie der Bundesregierung. https://www.bundesregierung.de/breg-de/themen/digitaler-aufbruch/digitalstrategie-2072884.

Copeland, Thomas E., J. Fred Weston, und Kuldeep Shastri. 2008. *Finanzierungstheorie und Unternehmenspolitik, Konzepte der kapitalmarktorientierten Unternehmensfinanzierung*, 4., akt. Aufl. München: Pearson Studium.

Deutsche Bundesbank, Monatsbericht September. 2021. *Früh*. In Kümpel/Mülbert/Früh/Seyfried, Bankrecht und Kapitalmarktrecht, 6. Aufl. 2022, Einführung.

Deutscher Bundestag. 2021. Finanzierung von kleinen und mittleren Unternehmen (KMU) in Deutschland; WD 5 – 3000 – 057/21.

Glas, Tobias. 2022. *Asset pricing and investment styles in digital asset; a comparison with traditional asset classes*. Cham: Springer Nature.

Gordon, Myron J., und Eli Shapiro. 1956. Capital Equipment Analsysis: The Required Rate if Profit. *Management Science* 3(1): 102–110. https://doi.org/10.1287/mnsc.3.1.102.

Guerard, John B., Jr., Hrsg. 2017. *Portfolio construction, measurement, and efficiency, essays in Honor of Jack Treynor*. Switzerland: Springer Nature.

Handelsgesetzbuch. 2023. *Handelsgesetzbuch mit Einführungsgesetz Publizitätsgesetz und Handelsregisterverordnung*, 68 Aufl, München: Beck im dtv Verlag.

Heckel, Markus, und Franz Waldenberger, Hrsg. 2022. *The future of financial systems in the digital age, perspectives from Europe and Japan, (Perspectives in Law, Business and Innovation)*. Singapore: Springer Nature.

Holtemöller, Oliver. 2008. *Geldtheorie und Geldpolitik*. Tübingen: Mohr Siebeck.

Hungenberg, Harald, und Torsten Wulf. 2006. *Grundlagen der Unternehmensführung*, 2. Aufl. Berlin: Springer.

KFW Bankengruppe, Abteilung Volkswirtschaft. 2022. KFW-Mittelstandspanel 2022. Frankfurt a. M.: KFW Research.

Krause, Hans-Ulrich. 2016. *Controlling-Kennzahlen für ein nachhaltiges Management*. Berlin: De Gruyter Oldenbourg.

Kümpel, Siegfried, Peter O. Mülbert, Andreas Früh, und Thorsten Seyfried, Hrsg. 2022. *Bankenrecht und Kapitalmarktrecht*, 6. Aufl. Köln: Otto Schmidt.

Kurt, Lidia, und Domenic Kurt. 2022. *Digitale Assets & Tokenisierung, Grundlagen umfassend verstehen*. Wiesbaden: SpringerGabler.

Menger, Carl. 1871. *Grundsätze der Volkswirtschaftslehre*. Wien: Wilhelm Braumüller.

Müller, David. 2019. *Investitionsrechnung und Investitionscontrolling*, 2. Aufl. Berlin: Springer Gabler.
Pape, Ulrich. 2011. *Grundlagen der Finanzierung und Investition, Mit Fallbeispielen und Übungen*, 2. Aufl. München: Oldenbourg.
Quill, Tobias. 2016. *Interessengeleitete Unternehmensbewertung, Ein ökonomisch-soziologischer Zugang zu einem neuen Objektivismusstreit*. Wiesbaden: Springer Gabler.
Schmölders, Günter. 1966. *Psychologie des Geldes*. Reinbeck: Rowohlt.
Schwickert, Axel C., und Ellen Pfeiffer. 2000. Elekronische Marktplätze – Formen, Beteiligte, Zutrittsbarrieren, Arbeitspapiere WI Nr. 5/2000.
Sharpe, William F. 1964. Capital asset prices: A theory of market equilibrium under conditions of risk. *The Journal of Finance* 19(3): 425–442. https://doi.org/10.2307/2977928.
Thießen, Friedrich. 2011. *Opportunismus und Finanzmärkte, Ursachen und Konsequenzen*. Wiesbaden: Gaber.
Worthington, Andrew, und Tracey West. 2001. Economic value-added: A review of the theoretical and emprical literature. *Asian Review of Accounting* 9(1): 67–86.

Online-Quellen

Amtsblatt der Europäischen Union. 2014. Verordnung (EU) Nr. 600/2014 des Europäischen Parlaments und des Rates. https://eur-lex.europa.eu/legal-content/DE/TXT/PDF/?uri=CELEX:32014R0600&from=DE. Zugegriffen am 09.05.2024.
Bafin. 2018a. *Geldwäschebekämpfung*. https://www.bafin.de/DE/Aufsicht/Geldwaeschepraevention/geldwaeschepraevention_node.html. Zugegriffen am 09.05.2024.
———. 2018b. *Initial Coin Offerings: Hinweisschreiben zur Einordnung als Finanzinstrument*. Hinweisschreiben der BaFIN (WA) GZ: WA 11-QB 4100-2017/0010. Zugegriffen am 09.05.2024.
———. 2021. *Grauer Kapitalmarkt*. https://www.bafin.de/DE/Verbraucher/GeldanlageWertpapiere/GrauerKapitalmarkt/grauer_kapitalmarkt_node.html. Zugegriffen am 18.01.2024.
———. 2023a. *Verordnungen*. https://www.bafin.de/DE/RechtRegelungen/Rechtsgrundlagen/Verordnungen/verordnungen_node.html. Zugegriffen am 09.05.2024.
———. 2023b. *Verbraucherschutz*. https://www.bafin.de/DE/Verbraucher/GeldanlageWertpapiere/verbraucher_kryptowerte.html. Zugegriffen am 09.05.2024.
BIS. 2019. Derivatives trading in OTC market sour. https://www.bis.org/publ/qtrpdf/r_qt1909y.htm#:~:text=In%20OTC%20markets%2C%20the%20daily,%2C%20right%2Dhand%20panel)
Bundesbank. Funktionen und Formen des Geldes. https://www.bundesbank.de/resource/blob/892588/1ed17ced10198b8e9027c43765c1aea9/mL/geld-und-geldpolitik-kapitel1-data.pdf. Zugegriffen am 09.05.2024.
Coinbase. 2024. Einfach und sicher Krypto handeln. https://www.coinbase.com/de/. Zugegriffen am 09.05.2024.
Deutsche Börse. Over-the-Counter-Markt (OTC-Markt). https://deutsche-boerse.com/dbg-de/unternehmen/wissen/boersenlexikon/boersenlexikon-article/Over-the-Counter-Markt-OTC-Markt%2D%2D249874. Zugegriffen am 09.05.2024.
Die Bundesregierung. 2024. Deutsche Digitalstrategie. https://www.bundesregierung.de/breg-de/themen/digitaler-aufbruch/digitalstrategie-2072884. Zugegriffen am 09.05.2024.
EToro. 2024. Die beste Trading-Plattform. https://www.etoro.com/de/. Zugegriffen am 09.05.2024.
Europäische Kommission. 2024. SME Definition. https://single-market-economy.ec.europa.eu/smes/sme-definition_en?prefLang=de. Zugegriffen am 19.05.2024.
Europäische Zentralbank. 2024. Unsere geldpolitischen Intrumente und die Strategieüberprüfung. https://www.ecb.europa.eu/home/search/review/html/monetary-policy-instruments.de.html. Zugegriffen am 09.05.2024.

Europäisches Parlament. 2024. Europäische Geldpolitik. https://www.europarl.europa.eu/ftu/pdf/de/FTU_2.6.3.pdf. Zugegriffen am 09.05.2024.

Eurostat. 2020. Glossar Vermögenswert. https://ec.europa.eu/eurostat/statistics-explained/index.php?title=Glossary:Asset/de#:~:text=Vermögenswerte%20sind%20wirtschaftliche%20Ressourcen%2C%20die,eine%20Maschine%20oder%20ein%20Haus. Zugegriffen am 09.05.2024.

Gabler Banklexikon. Metallwährung. https://www.gabler-banklexikon.de/definition/metallwaehrung-59825. Zugegriffen am 09.05.2024.

IG. 2024. Wie werden Kryptowährungen gehandelt. https://www.ig.com/de/kryptowaehrungshandel/wie-werden-kryptowaehrungen-gehandelt. Zugegriffen am 09.05.2024.

International Monetary Fund (IMF). Financial Markets: Exchange or over the Counter. https://www.imf.org/en/Publications/fandd/issues/Series/Back-to-Basics/Financial-Markets. Zugegriffen am 09.05.2024.

Investing.com. 2024. Marktkapitalisierung Kryptowährungen. https://de.investing.com/crypto/charts?utm_source=google&utm_medium=cpc&utm_campaign=19321586150&utm_content=642087958738&utm_term=dsa-1456167871416_&GL_Ad_ID=642087958738&GL_Campaign_ID=19321586150 https://de.investing.com/crypto/charts?utm_source=google&utm_medium=cpc&utm_campaign=19321586150&utm_content=642087958738&utm_term=dsa-1456167871416_&GL_Ad_ID=642087958738&GL_Campaign_ID=19321586150&ISP=1&gclid=EAIaIQobChMIkei-zNy1_QIVlI9oCR2s3wCIEAMYASAAEgJwHvD_BwE. Zugegriffen am 09.05.2024.

Statista. 2022. Der Kryptomarkt ist immer noch eine kleine Nummer. https://de.statista.com/infografik/27567/marktkapitalisierung-von-verschiedenen-anlageklassen/. Zugegriffen am 09.05.2024.

———. 2024. Volumen des weltweiten Aktienhandels von 1980 bis 2022. https://de.statista.com/statistik/daten/studie/239389/umfrage/volumen-des-weltweiten-aktienhandels/#:~:text=Im%20Jahr%202020%20lag%20das,Anstieg%20des%20globalen%20Aktienhandels%20erkennbar. Zugegriffen am 09.05.2024.

Klassische Investitions- und Finanzierungsmethoden

3

Zusammenfassung

Ein gesichertes Wissen über klassische Investitions- und Finanzierungsmethoden ist auch für Akteure auf dem Kryptomarkt von Bedeutung. Diese traditionellen Ansätze bieten ein fundamentales Wissen über die Prinzipien der Finanzwelt, welche auch für den Kryptomarkt relevant sind. Die Auseinandersetzung mit diesen klassischen Methoden hilft, Entscheidungen auf für den Kryptomarkt abzuleiten.

Beispielsweise lassen sich Kenntnisse über ein Initial Public Offering (IPO) auf den Kryptomarkt übertragen. Unternehmen können sich über einen IPO neue Kapitalmittel beschaffen und werden zu diesem Zwecke bewertet. Im Rahmen dieser Bewertung wird die sogenannte Due Diligence z. B. in Bezug auf das Marktpotenzial, die Risikostruktur, die finanzielle Gesundheit etc. analysiert. Vergleichbares findet sich auch auf den Kryptomärkten. Hier spricht man dann von einem Initial Coin Offering (ICO), der ebenfalls dazu dient, dem meist jungen Unternehmen finanzielle Mittel zu beschaffen.

Finanzierung und Investitionen sind zwei Seiten einer Medaille. Die Finanzierung, sichtbar in der Bilanz auf der Passivseite, stellt die Mittelherkunft dar, während Investitionen, sichtbar auf der Aktivseite der Bilanz, die Mittelverwendung darstellen. Daher wird unter einer Investition die Verwendung von finanziellen Mitteln verstanden, die eingesetzt werden, um Zahlungsströme als bilanzwirksame Rückflüsse zu generieren.[1] Nachdem in Kapitel zwei Finanzierung und die dazugehörigen Märkte erläutert worden sind, folgt nun eine Annäherung an die Mittelverwendung/Investition.

[1] Becker (2012), S. 38.

K. Krüger, *Tokenisierung als Finanzierungsform*, https://doi.org/10.1007/978-3-658-46340-3_3

Ohne Investitionen in die Zukunft ist der Fortbestand eines Unternehmens gefährdet.[2] Als Gründe können genannt werden:

1. Wettbewerbsfähigkeit: Investitionen in Technologie, Menschen und Anlagen sowie in Forschung und Entwicklung stärken und steigern die Wettbewerbsfähigkeit des Unternehmens. Wenn ein Unternehmen nicht in der Lage ist, mit seinen Konkurrenten Schritt zu halten, verliert es Marktanteile.
2. Verbesserung der Effizienz: Investitionen in neue Technologien und Maschinen verbessern die Effizienz des Unternehmens und können dadurch die Kosten senken. Dies kann dazu beitragen, die Gewinnmarge zu erhöhen und das Unternehmen insgesamt rentabler zu machen.
3. Erweiterung des Geschäfts: Investitionen in neue Produkte oder Dienstleistungen, die Expansion in neue Märkte oder die Übernahme von anderen Unternehmen tragen dazu bei, das Geschäft des Unternehmens zu erweitern und Umsatzwachstum zu generieren.
4. Skaleneffekte: Skaleneffekte treten auf, wenn die Produktionskosten pro Einheit sinken und gleichzeitig die Menge der produzierten Einheiten steigt. Durch Investitionen in Technologie, Maschinen und Anlagen ist es möglich, die Produktivität zu steigern und die damit einhergehenden Skaleneffekte zu erzielen.
5. Zukunftssicherheit: Investitionen in die Ausbildung der Mitarbeiter, die Entwicklung von innovativen Produkten und die Erweiterung der Geschäftstätigkeit helfen, die Zukunft für das Unternehmen zu sichern. Ohne Investitionen in diese Bereiche besteht die Gefahr, dass das Unternehmen den Anschluss verliert.

Insgesamt sind Investitionen für den Fortbestand eines Unternehmens unerlässlich. Aus der Theorie sind viele Methoden bekannt, um die Vorteilhaftigkeit einer Investition individuell für das einzelne Unternehmen zu bewerten. In diesem Buch soll geklärt werden, wie im Zuge der digitalen Transformation Investitionsentscheidungen in Klein- und Mittelstandsunternehmen getroffen werden können. Dazu wird zunächst die klassische Herangehensweise dargelegt und analysiert, ehe im nachfolgenden Kapitel vier auf die Möglichkeiten der neuen Märkte speziell eingegangen wird.

3.1 Investitionsplanung und Investitionsentscheidungen

Bevor eine Investition ausgelöst werden kann, muss geprüft werden, welche Alternativen es gibt. Für jeden Investor gilt es, die Investitionen auf ihre Vorteilhaftigkeit zu prüfen. Aus diesem Grunde hilft es, Investitionsalternativen zu identifizieren und zu bewerten, um letztlich eine Entscheidung treffen zu können. Dies ist eine sehr individualisierte Entscheidung, da die zur Entscheidung führenden Parameter auf den Bedürfnissen und Notwendigkeiten des Investors/Unternehmens basieren.[3]

---

[2] Meisner (2021), S. 99.

[3] Wöhe (2002), S. 603.

Die traditionelle Finanztheorie verweist auf folgende Investitionsarten:[4]

- Sachinvestitionen (z. B. Anlagevermögen wie Gebäude, Maschinen etc.)
- Finanzinvestitionen (z. B. Beteiligungen an anderen Unternehmen)
- Immaterielle Investitionen (z. B. Patente, Lizenzen)

Diese Kategorisierung lässt sich auch dem Handelsgesetzbuch, § 266 HGB entnehmen.[5] Meissner weist zurecht darauf hin, dass die Internetökonomie die Märkte verändert.[6] Unabhängig jedoch von der Schnelligkeit der Märkte und der Komplexität der Kundenbeziehungen bleibt es notwendig zu planen, welche der potenziellen Investitionen sich vorteilhaft für das eigene Unternehmen auswirken und welche nicht. Aus diesem Grunde kann ein Investitionsvorhaben entlang der vier Phasen identifiziert und bewertet werden (vgl. Abb. 3.1). Dies ist eine Absicherung des Unternehmens gegen Fehlinvestitionen, die die finanzielle Stabilität gefährden. Als Fehlinvestitionen werden Investitionen identifiziert, die mit ihren Kapitalrückflüssen[7] weit hinter den Erwartungen liegen. In der Folge wäre eine Nichtdurchführung der Investitionen lukrativer für das Unternehmen gewesen.[8]

Die Beurteilung, ob ein Investitionsvorhaben vorteilhaft für das Unternehmen ist, wird sehr stark durch die Finanzierungskosten bestimmt: nur wenn die Investitionsrendite oberhalb der investitionsspezifischen Finanzierungskosten liegt, dann ist es eine sinnvolle Investition. Daher sind die Phasen, im Sinne eines Prozesses, zu durchlaufen, um zu einer adäquaten Bewertung zu gelangen.

Planung: Auslöser der Planung ist die Anregung. Diese erfolgt aufgrund von unterschiedlichen Impulsen, sei es aus den Bedürfnissen des Unternehmens (z. B. eine Produktionsmaschine muss ersetzt werden, der Umstellung von einem Software-System auf ein neues oder die Suche nach einer lukrativen Finanzinvestition, um Liquiditätsüberschüsse gut anzulegen) oder der Impuls erfolgt von außen. Hierbei kann eine Umwelt- und Markt- und Trendanalyse der Auslöser sein.[9]

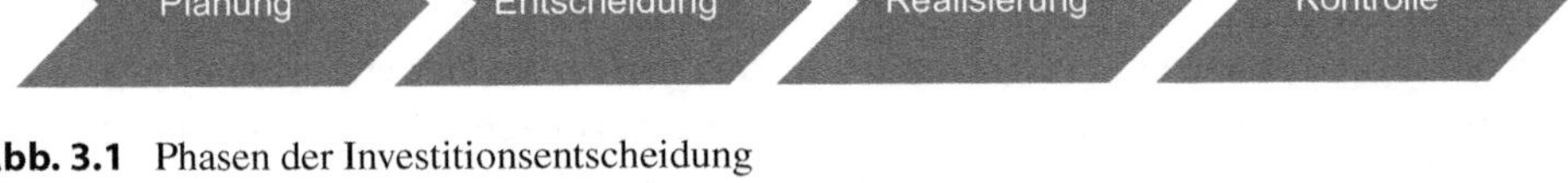

Abb. 3.1 Phasen der Investitionsentscheidung

[4] Becker (2012), S. 37; Wöhe (2002), S. 602; Pape (2011), S. 291, um nur einige zu nennen.

[5] Handelsgesetzbuch, § 266, Gliederung der Bilanz.

[6] Meissner (2021), S. 9 ff. in Verbindung mit S. 99.

[7] Definition Kapitalrückfluss: die durch Investitionen verursachten Rückflüsse R ergeben sich aus der Differenz zwischen Einzahlungen und Auszahlungen. (Perridon und Steiner 1991, S. 58).

[8] Z. B. Wöhe (2002), S. 604.

[9] Z. B. Vahs und Schäfer-Kunz (2012), S. 549.

Nachdem der Impuls gesetzt ist und erste Informationen und Daten zu dem Investitionsobjekt gesammelt worden sind, werden zusätzlich mögliche Alternativen ermittelt. Sowohl für das Investitionsobjekt als auch für Alternativen wird nun mittels Prognose- und Schätzverfahren die Vorteilhaftigkeit berechnet.

Entscheidung: Diesen gewinnmäßigen Wirkungen der einzelnen Investitionsobjekte nähert man sich durch mathematische Prognoseverfahren (siehe Abschn. 3.2).

Diejenige potenzielle Investition, die in diesem Vergleich am erfolgversprechendsten ist, sollte dann realisiert werden. In diesem Kontext werden die Ziele des Investors/Unternehmens bewertet. Aus welchem Grund sollen die Investitionen getätigt werden? Die Begriffe „vorteilhaft" bzw. „erfolgsversprechend" sind an sich zu schwammig. Es bedarf also einer klar definierten Zielsetzung.[10]

Realisierung: Nachdem das entsprechende Investitionsobjekt identifiziert und bewertet worden ist, kann der Beschluss, diese Investitionen zu tätigen, umgesetzt werden.

Kontrolle: In dieser Phase können die prognostizierten Werte mit den Istwerten verglichen und Abweichungen analysiert werden. Dies ist wichtig, um bei zukünftigen Investitionen auf die gemachten Erfahrungen zurückgreifen zu können.[11]

Bei der Betrachtung dieser einzelnen Phasen wird deutlich, wie wichtig die Eingangsdaten zur Beurteilung einer Investition sind. Zu diesen Daten gehören Informationen über die Höhe der Investitionen (Anfangsauszahlung), die Nutzungsdauer, ob ein Liquidationserlös erwartbar ist und die aus der Investition zu erwirtschaftenden Rückflüsse. Das Zusammenspiel all dieser Informationen wird in Abschn. 3.2 aufgegriffen und beispielhaft erläutert.

Investitionen wirken in der Gegenwart, da der potenzielle Vermögensgegenstand einen direkten und sofortigen Abfluss von finanziellen Mitteln erfordert und sie wirken in die Zukunft. Ihr Wirken in der Zukunft basiert auf den jährlichen Rückflüssen aus der Investition, jedoch unterliegen diese Zahlungsströme Unsicherheiten. Um diesen Umständen hinreichend Rechnung zu tragen, bedient man sich verschiedener Verfahren, die nachfolgend näher erläutert werden. Diese Betrachtung beschränkt sich auf die so genannten dynamischen Verfahren.

3.2 Dynamische Investitionsrechenverfahren

Die nachfolgend genutzten Rechenverfahren ermöglichen die Bewertung einer Investition und ihrer möglichen Alternativen. Auch wenn diese Verfahren suggerieren, sehr genau zu sein, ist darauf hinzuweisen, dass es sich hierbei um Schätzwerte handelt. In der Praxis werden die Unzulänglichkeiten dieser hier aufgeführten Verfahren jedoch akzeptiert, da mathematisch genauere Verfahren mit einem viel größeren Aufwand einhergehen, ohne dass die Präzision im gleichen Maße steigt.[12]

[10] Z. B. Kruschwitz (2000), S. 9.

[11] Z. B. Wöhe (2002), S. 607.

[12] Schuster und Rüdt von Collenberg (2017), S. 15.

Gemäß den traditionellen Finanzmarktmodellen ergeben sich folgende Zielvorstellungen von Investoren: Gewinnmaximierung, Kostenminimierung sowie Renditestreben.[13] Mit den nachfolgend aufgeführten Verfahren besteht die Möglichkeit, diesen Zielsetzungen annähernd gerecht zu werden.

Zu den klassischen dynamischen Verfahren der Investitionsrechnung zählen[14]

- die Kapitalwertmethode,
- die Methode des internen Zinssatzes sowie
- die Annuitätenmethode.

Es geht darum, mit den zur Verfügung stehenden finanziellen Mitteln einen optimalen Effekt zu erzielen. Die diesen Verfahren zugrunde liegenden Annahmen basieren unter anderem auf denen des so genannten „vollkommenen Kapitalmarktes". Dieser wird beschrieben, als ein Markt, in dem ein Investor davon ausgehen kann, dass er zu jedem Zeitpunkt in jeder Höhe Kredite aufnehmen und liquide Mittel anlegen kann, es keine Informationsasymmetrien gibt und es für die Geldanlage als auch -aufnahme einen identischen Zinssatz gibt.[15]

Die nachfolgende Betrachtung basiert zur Vereinfachung auf der Prämisse des vollkommenen Kapitalmarktes.

Weitere Bestandteile werden im Rahmen dieser Berechnungen vorausgesetzt: Neben der Anschaffungsinvestition werden die Ein- und Auszahlungen entsprechend der jeweiligen Zeitpunkte berücksichtigt. Die Nutzungsdauer wird ebenso benötigt wie der so genannte Kalkulationszinssatz. Dieser Kalkulationszinssatz repräsentiert die gewünschte Mindestverzinsung eines Investors. Außerdem kann im Zuge der Berechnung ein Liquidationserlös berücksichtigt werden. Dieser fällt zum Ende der Nutzungsdauer an, wenn der Investor/das Unternehmen diese getätigte Investition (zum Beispiel eine Maschine, oder ein Patent) nach Ablauf der Nutzung auf dem freien Markt weiter veräußert.[16]

Der Kalkulationszinssatz, der die gewünschte Mindestverzinsung des Investors repräsentiert, entspricht den Kapitalkosten (vgl. Abschn. 2.3).

Der Nutzungsdauer fällt eine besondere Bedeutung zu. Die Bestimmung dieser Nutzungsdauer hängt nicht nur von den eigenen Präferenzen, sondern auch von den technischen Weiterentwicklungen ab.[17]

---

[13] Kruschwitz, (2000), S. 42.

[14] Z. B. Wöhe (2002), S. 619 ff.; Becker (2012), S. 60 ff.; Schierenbeck und Wöhle (2008), S. 389 ff., etc.

[15] Bitz et al. (2018), S. 22.

[16] Z. B. Wöhe (2002), S. 618; Meissner (2021), S. 101.

[17] Hering (2003), S. 51/52.

[18] Es ist jedoch auch ganz einfach möglich, diese Zahlungsströme auf den Zeitpunkt am Ende der Investitionsdauer aufzuzinsen.

Die Ein- und Auszahlungen, erfasst als Zahlungsströme, fallen zu unterschiedlichen Zeitpunkten an und müssen vergleichbar gemacht werden. Typischerweise werden bei den genutzten Verfahren die Zahlungsströme auf den Zeitpunkt null abgezinst.[18] Man spricht bei diesem Wert von dem sogenannten Barwert.[19] Diese Zahlungsströme werden prognostiziert, häufig basierend auf den bisher gemachten Erfahrungen.

Eine weitere Annahme bei der Verwendung dieser Verfahren basiert darauf, dass man von sicheren Erwartungen ausgeht. Das bedeutet, dass sowohl die prognostizierten Ein- und Auszahlungen während der geplanten Nutzungsdauer als auch der eingesetzte Zinssatz als sicher einzustufen sind und es innerhalb der Nutzungsdauer nicht zu unvorhergesehenen Schwankungen kommt.[20]

Disclaimer

Alle nachfolgenden Ausführungen basieren auf der Annahme von Sicherheit. Faktoren wie Unsicherheit, Ungewissheit, Risiko im engen Sinne, Objektive Wahrscheinlichkeiten, subjektive Wahrscheinlichkeiten und die Art und Weise, wie wir als Menschen die Zukunft beurteilen, bleiben den als Referenz aufgeführten Fachbüchern exemplarisch vorbehalten. Ebenso werden weitere finanzmathematische Grundlagen nicht näher erläutert, sondern es wird auf die entsprechende Fachliteratur verwiesen.

3.2.1 Kapitalwertmethode

Die Kapitalwertmethode, ebenso wie die nachfolgenden Methoden, nutzt die Diskontierung zukünftiger Einnahmen als Grundlage der Entscheidungsfindung.

Folgende Begrifflichkeiten sind nützlich bei der Verwendung dieser Methoden:[21]

Zeitwert oder Nominalwert: der Wert einer Zahlung im Zeitpunkt ihres Entstehens

Endwert: der Wert einer Zahlung, der den ursprünglichen Anlagebetrag zuzüglich Zinsen und Zinseszins umfasst.

Barwert: der heutige Wert einer zukünftigen Zahlung

Mathematisch lässt es sich folgendermaßen darstellen mit:

ZW_0 = Zeitwert der Zahlung zum Zeitpunkt 0
n = Nutzungsdauer
i = Kalkulationszinssatz

[19] Z. B. Becker (2012), S. 59.

[20] Aktuelle Entwicklungen wie derzeit, in der die Inflation in die Höhe schnellt, die Zentralbanken mit Zinserhöhungen gegensteuern und damit die Kapitalkosten verteuern, bleiben bei diesem Ansatz unberücksichtigt.

[21] Pape (2011), S. 46; Becker (2012), S. 58, Kruschwitz (2000), S. 84.

für den Endwert bei einer einmaligen Zahlung:

$$ZW_0 \cdot (1+i)^n = ZW_n$$

Beispiel: Ein Investor möchte für fünf Jahre 50.000 € in eine Unternehmensanleihe investieren, die ihm eine jährliche Verzinsung von 6 % bietet. Welchen Betrag erhält der Investor am Ende der Laufzeit?[22]

$$ZW_0 = 50.000\,€$$

n = 5 Jahre
i = 6 %

$$50.000 \cdot (1+0{,}06)^5 = 66.911{,}28\,€$$

Der Investor bekommt am Ende der Laufzeit seinen eingesetzten Betrag in Höhe von 50.000 € sowie Zinsen und Zinseszinsen in Höhe von 16.911,28 € ausgezahlt.

Beim Barwert hingegen wird berechnet, welchen Wert eine zukünftig zu erwartende Zahlung am Entscheidungsstichtag annimmt.

Beispiel: Eine Investorin hat das Ziel, mit einer einmaligen Spareinlage in fünf Jahren 55.000 € zu erhalten. Welchen Betrag muss sie heute investieren (Barwert), wenn dieser Betrag mit 3 % verzinst wird?

ZW_n = Zeitwert der Zahlung zum Zeitpunkt n
n = Nutzungsdauer
i = Kalkulationszinssatz

$$55.000 \cdot \frac{1}{(1+0{,}03)^5} = 47.443{,}48\,€$$

Die Investorin muss heute einen Betrag von 47.433,48 € investieren, wenn sie nach fünf Jahren und einer Verzinsung von 3 % 55.000 € halten möchte.

Diese beiden Beispiele beziehen sich auf einmalige Zahlungen, die entweder in der Zukunft entstehen werden oder die in der Zukunft angenommen werden und auf den heutigen Tag abgezinst werden sollen.

Abb. 3.2 zeigt noch einmal sehr deutlich den Zusammenhang zwischen den Auf- und Abzinsen. Ein Betrag in der Zukunft wird (unter der Voraussetzung einer einmaligen Zahlung) auf den Entscheidungszeitpunkt abgezinst. Nimmt man diesen Betrag und hält auch die anderen Parameter identisch, dann wird durch den Aufzinsungsfaktor wieder der Betrag zu errechnen sein, den wir in der Zukunft erhalten (gemäß Ausgangslage). Auf- und Abzinsen sind im Grunde genommen zwei Seiten einer Medaille.

[22] Erwerben Sie eine Anleihe, sind Sie Gläubiger des Unternehmens. Das Unternehmen legt bei der Emission der Anleihe fest, wie lange die Laufzeit ist, die Höhe und der Turnus der Verzinsung, das Recht auf Rückzahlung etc.

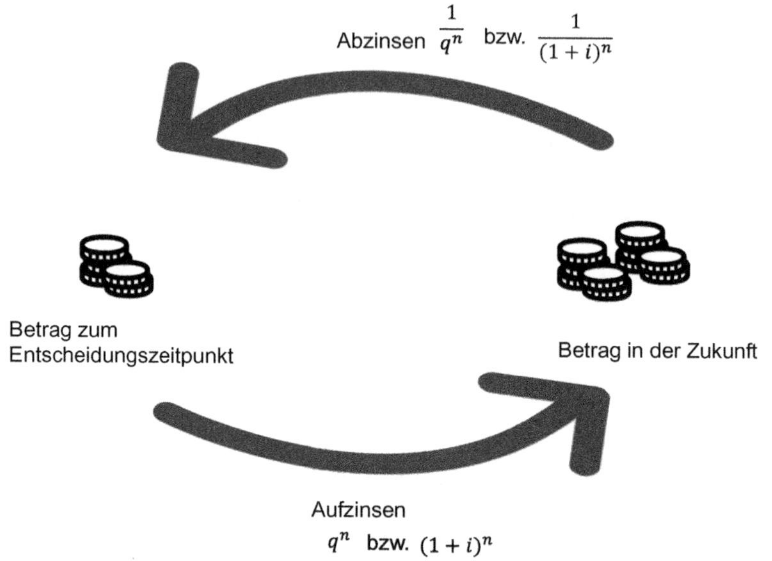

Abb. 3.2 Zusammenhang zwischen Auf- und Abzinsung

Bei mehreren gleich hohen Zahlungen nutzt man entweder den Kapitalwiedergewinnungsfaktor (Barwert) oder den Restwertverteilungsfaktor (Endwert), um nicht jedes Jahr einzeln berechnen zu müssen.

Jedoch fallen in der Praxis bei Investitionsvorhaben selten jedes Jahr gleich hohe Rückflüsse bzw. Überschüsse an.

Zur Berechnung des Kapitalwertes werden die dem Investitionsprojekt zuzuordnenden Einzahlungen abzüglich der Auszahlungen, definiert als Überschuss, pro Periode berechnet. Diese Überschüsse werden auf den Entscheidungszeitpunkt mit dem gewählten Zinssatz diskontiert. Sofern ein Liquidationserlös am Ende der Laufzeit angenommen wird, muss auch dieser abgezinst werden. Insgesamt sind das die Barwerte der einzelnen Rückflüsse. Anschließend summiert man diese Barwerte, die die abgezinsten Zeitwerte auf den Entscheidungszeitpunkt repräsentieren und subtrahiert von dieser Summe die geplante Investition.[23]

Das rechnerische Ergebnis der Kapitalwertmethode lässt nun drei Ausprägungen zu:[24]

- Der Kapitalwert K ist größer Null => dieses Investitionsvorhaben erwirtschaftet mehr als die notwendigen Kapitalkosten
- Der Kapitalwert K ist gleich Null => dieses Investitionsvorhaben erwirtschaftet die notwendigen Kapitalkosten
- Der Kapitalwert K ist kleiner Null => dieses Investitionsvorhaben erwirtschaftet nicht die notwendigen Kapitalkosten

[23] Z. B. Becker (2012), S. 60.

[24] Z. B. Schuster und Rüdt von Collenberg (2017), S. 54, 55.

Ist der Kapitalwert kleiner Null, dann wird dieses Investitionsvorhaben nicht weiterverfolgt, da es mehr kostet als erwirtschaftet. Ist der Kapitalwert jedoch gleich null, können diese Investitionen ausgeführt werden. In diesem Falle werden die Kapitalkosten gedeckt. Das sind die Kosten, die sich zusammensetzen aus den Kosten für Eigen- und Fremdkapital. In diesen Kosten sind auch die von den Eigentümern erwünschte Mindestverzinsung ihres eingesetzten Kapitals enthalten. Daher würde ein Kapitalwert gleich null ausreichen, um die Eigentümer als auch die Fremdkapitalgeber zufriedenzustellen.

Werden Investitionsalternativen miteinander verglichen, dann wird selbstverständlich die Investitionsmöglichkeit gewählt, die den größtmöglichen Kapitalwert verspricht.[25]

Sehr vereinfachtes Beispiel:

Ein Unternehmen plant die Investitionen in eine neue Maschine, um die Kosten der Produktion zu senken und um die Dekarbonierungsziele zu erfüllen, die sich das Unternehmen auferlegt hat.

Die Anschaffungskosten für die neue Anlage sind geplant mit 2.500.000 €. Die Nutzungsdauer wird auf 5 Jahre festgelegt. Durch den Einsatz dieser Maschine werden folgende Rückflüsse/Cashflows erwartet:

Jahr 1	Jahr 2	Jahr 3	Jahr 4	Jahr 5
300.000 €	400.000 €	730.000 €	810.000 €	530.000 €

Nach Ablauf der 5 Jahre wird angenommen, dass diese Maschine auf dem Markt zu veräußern ist und es wird ein Liquidationserlös von 500.000 €angenommen.

Das Unternehmen plant mit seinen durchschnittlichen Kapitalkosten in Höhe von 7,5 %.

Rechnerisch lässt sich der Kapitalwert wie folgt ermitteln:

Mit

Anschaffungsinvestition:	I_0	2.500.000 €
Nutzungsdauer:	n	5 Jahre
Liquidationserlös:	L_n	500.000 €
Kalkulationszinsfuß:	i	7,5 %
Cashflows in den verschiedenen Jahren	CF_t	
Kapitalwert (zum Entscheidungszeitpunkt)	KW_0	

$$KW_0 = -I_0 + \frac{CF_1}{(1+i)^1} + \frac{CF_2}{(1+i)^2} + \ldots + \frac{CF_5}{(1+i)^5} + \frac{L_5}{(1+i)^5}$$

$$KW_0 = -2.500.000 + \frac{300.000}{1{,}075^1} + \frac{400.000}{1{,}075^2} + \frac{730.000}{1{,}075^3} + \frac{810.000}{1{,}075^4} + \frac{530.000}{1{,}075^5} + \frac{500.000}{1{,}075^5} = 36.807{,}85\,€$$

Unter den gegebenen Parametern sind die Investitionen vorteilhaft. Jedoch gilt zu bedenken, dass ohne den Liquidationserlös am Ende der Laufzeit diese Investitionen einen negativen Kapitalwert aufweisen und damit als unrentabel abgelehnt werden würde.

[25] Z. B. Vahs und Schäfer-Kunz (2012), S. 569.

Abb. 3.3 Vereinfachte Ermittlung des Kapitalwertes

Abb. 3.3 veranschaulicht die Ermittlung des Kapitalwertes.

Auch wenn dies eine vereinfachte Darstellung zur Berechnung des Kapitalwertes ist, ist erkennbar, wie die Entscheidungsfindung durchgeführt werden kann. Selbstverständlich sind akkuratere Annahmen zu treffen, zum Beispiel in Hinblick auf den gewählten Zinsfuß. Nutzt man den „Weighted Cost of Capital" (WACC) (vgl. hierzu auch Abschn. 2.3.3), so kann man mit dem durchschnittlichen Kapitalkostensatz das Verhältnis zwischen Eigenkapital- und Fremdkapitalkosten einbinden, um eine größere Genauigkeit zu erzielen. Ebenso lässt sich die Berechnung des Cashflows optimieren, indem Abschreibungen und Steuern berücksichtigt werden.[26] Das ändert jedoch nichts an der hier angeführten grundsätzlichen Vorgehensweise.

3.2.2 Methode des internen Zinsfußes

Sofern ein Kapitalwert größer Null berechnet werden kann, stellt sich die Frage, wie hoch die interne Verzinsung tatsächlich ist. Um dies annäherungsweise zu berechnen, verwendet man die Methode des internen Zinsfußes. Es wird demnach der Zinsfuß ermittelt, mit dem sich das investierte Kapital verzinst hat.[27]

Dabei gilt, dass der interne Zinsfuß als (angenommener) Kalkulationszinsfuß zu einem Kapitalwert von Null führen soll. Ist der Kapitalwert gleich null, dann ist die Mindestrendite erwirtschaftet (siehe Ausführungen beim Kapitalwert). Nun müsste in der Regel

[26] Beispielhaft nachzuvollziehen bei z. B. Copeland et al. (2008), S. 588; Berk und DeMarzo (2019), S. 258 ff.

[27] Hering (2003), S. 97.

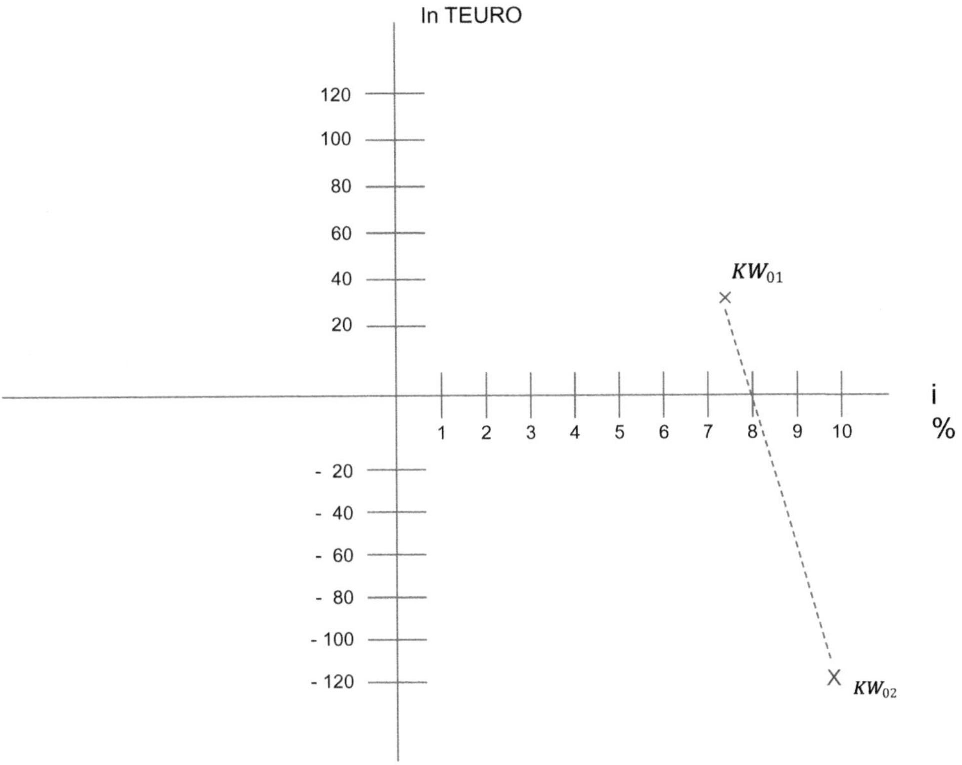

Abb. 3.4 Grafische Darstellung des im Näherungsverfahren bestimmten internen Zinsfußes

eine (Polynom-)Gleichung n-ten Grades gelöst werden.[28] Jedoch kann der Kapitalwert auch annäherungsweise bestimmt werden (vgl. Abb. 3.4). Mittels Interpolation wird zu dem ursprünglichen, aus der Kapitalwertmethode genommenen Zinsfuß nun ein weiterer Zins als Versuchszinssatz hinzugefügt.

$$r = i_1 - KW_{01} \cdot \frac{i_2 - i_1}{KW_{02} - KW_{01}}$$ (Formel für die Ermittlung des internen Zinsfußes)

Mit

r:	interner Zinsfuß
i_1, i_2:	Versuchszinssätze 1 und 2 (wobei der erste Zinssatz der ist, der bei der Kapitalwertmethode zum Einsatz gekommen ist; somit muss dieser lediglich um einen weiteren ergänzt werden)
KW_{01}, KW_{02}	Kapitalwerte, die sich nach Verwendung der Versuchszinssätze berechnen lassen

[28] Hering (2003), S. 99.

Um dieses beispielhaft zu berechnen, wird auf die Berechnung aus dem Kapitalwert (siehe Abschn. 3.2.1) als Ausgangsbasis zurückgegriffen.

Gemäß dieser Berechnung lag der positive Kapitalwert bei 36.807,85 € und er bringt somit mehr Rendite als die ursprünglich geplante mit 7,5 %. Dieser Logik folgend haben wir bereits i_1 mit 7,5 % sowie KW_{01} mit 36.807,85 €. Der zweite Versuchszinssatz, der gewählt wird, sollte einen negativen Kapitalwert erzeugen. Grafisch sind diese beiden Werte in ein Gitternetz abzutragen, um die Punkte mit einer Geraden zu verbinden. Dort, wo die Nullachse geschnitten wird, liegt der interne Zinsfuß. Rechnerisch nähert man sich diesem Nullpunkt, indem man den zweiten Versuchszinssatz um 2 % Punkte erhöht und damit die Cashflows diskontiert. Erneut werden die diskontierten Cashflows (entspricht dem Barwert) jedes Jahres addiert und von der Summe der Barwerte dann die Anschaffungsinvestition abgezogen.

Ausgangsdaten:

Anschaffungsinvestition:	I_0	2.500.000 €
Nutzungsdauer:	n	5 Jahre
Liquidationserlös:	L_n	500.000 €
Kalkulationszinsfuß:	i_1	7,5 %
Summe der Cashflows		2.536.807,85 €
Kapitalwert (zum Entscheidungszeitpunkt)	KW_0	36.807,85 €
Kalkulationszinsfuß:	i_2	9,5 %

Jahr 1	Jahr 2	Jahr 3	Jahr 4	Jahr 5
300.000 €	400.000 €	730.000 €	810.000 €	530.000 €

$$KW_{02} = -I_0 + \frac{CF_1}{(1+i)^1} + \frac{CF_2}{(1+i)^2} + \ldots + \frac{CF_5}{(1+i)^5} + \frac{L_5}{(1+i)^5}$$

$$KW_{02} = -2.500.000 + \frac{300.000}{1{,}095^1} + \frac{400.000}{1{,}095^2} + \frac{730.000}{1{,}095^3} + \frac{810.000}{1{,}095^4} + \frac{530.000}{1{,}095^5} + \frac{500.000}{1{,}095^5} = -118.716{,}03\,€$$

Jetzt lassen sich diese Werte in die Formel einbringen:

$$r = i_1 - KW_{01} \cdot \frac{i_2 - i_1}{KW_{02} - KW_{01}}$$

$$r = 7{,}5 - 36.807{,}85 \cdot \frac{9{,}5 - 7{,}5}{-118.716{,}03 - 36.807{,}85} = 7{,}97334017$$

oder grob gesagt 8 %.

Somit wird das investierte Kapital nicht mit den benötigten 7,5 % Zinsen, sondern mit fast 8 % verzinst. Setzt man diesen Zinssatz ein, um den Kapitalwert zu berechnen, dann landet man bei einem Kapitalwert gleich Null und somit existiert kein Zeitwert des Geldes.[29] Dann ist der Kapitalwert eines Investitionsvorhabens die Summe der diskontierten Cashflows.

Im Zuge einer Bewertung muss man den internen Zinsfuß r mit dem gewählten Mindestzinssatz i vergleichen.

Däumler und Grabe haben folgender Merksatz formuliert:[30]

„Wenn der interne Zinssatz r [...] einer Investition mindestens so groß ist wie die Mindestverzinsungsanforderung i, die der Investor an das Investitionsobjekt stellt, so ist die Investitionen vorteilhaft."[30]

Erneut ist darauf zu verweisen, dass hier vereinfachte Annahmen getroffen wurden. Dennoch ist ersichtlich, dass die diskontierten Einzahlungsüberschüsse eines Investitionsprojektes genau ausreichen, um das investierte Kapital zu tilgen und die Zinsen auf das in jeder Periode gebundene Kapital zu bedienen.

3.2.3 Annuitätenmethode

Bei der Annuitätenmethode steht die grundsätzlich mögliche jährliche Entnahme während der Projektlaufzeit im Vordergrund. Bei der Annuität handelt es sich um eine periodenbezogene, gleich hohe Zahlung, deren abgezinste Summe den Kapitalwert zum Entscheidungszeitpunkt wiedergibt.[31] Je höher diese Zahlungen sind, desto besser ist das entsprechende Investitionsvorhaben. Ermittelt die Kapitalwertmethode, welcher Überschuss die Investition über die gesamte Nutzungsdauer erwirtschaftet und gibt somit Auskunft über den totalen Erfolg der Investition, wird mit der Annuitätenmethode der rechnerische Periodenerfolg der Investition dargelegt.[32] Dieser Periodenerfolg, als Annuität oder auch Rente bezeichnet, ist eine Zahlung gleichbleibender Höhe.[33] Im nachfolgenden Beispiel betrachten wir Annuitäten, die zum Ende einer Periode auftreten.

Zur Berechnung der Annuität wird finanzmathematisch der sogenannte Kapitalwiedergewinnungsfaktor genutzt. Mit ihm lassen sich regelmäßige Zahlungen in gleicher Höhe berechnen, indem man den Kapitalwert einer Investition mit dem Kapitalwiedergewinnungsfaktor multipliziert.[34]

[29] Copeland et al. (2008), S. 63.

[30] Däumler und Grabe (2014), S. 87.

[31] Z. B. Wöhe (2002), S. 622.

[32] Kruschwitz (2000), S. 78 ff.

[33] Schuster und Rüdt von Collenberg (2017), S. 95.

[34] Olfert und Reichel (2003), S. 95.

Um dieses beispielhaft zu berechnen, wird erneut auf die Berechnung aus dem Kapitalwert (siehe Abschn. 3.2.1) als Ausgangsbasis zurückgegriffen.

Es sind noch immer folgende Ausgangsdaten:

Anschaffungsinvestition:	I_0	2.500.000 €
Nutzungsdauer:	n	5 Jahre
Liquidationserlös:	L_n	500.000 €
Kalkulationszinsfuß:	i_1	7,5 %
Summe der Cashflows		2.536.807,85 €
Kapitalwert (zum Entscheidungszeitpunkt)	KW_0	36.807,85 €
Annuität	a	

$\frac{q^n \cdot (q-1)}{q^n - 1}$ = Formel für den Kapitalwiedergewinnungsfaktor)

(Wobei $q = 1 + i$ gilt)

Daraus folgt folgende Berechnung:

$$a = KW_0 \cdot \frac{q^n \cdot (q-1)}{q^n - 1} = 36.807,85 \cdot \frac{1,075^5 \cdot (1,075-1)}{1,075^5 - 1} = 9097,60$$

Rechnerisch lässt sich eine Annuität von 9097,60 € pro Jahr nachschüssig ermitteln. Das ist der Betrag, den das Unternehmen jährlich aus dieser Investition erzielen könnte, wenn der Kapitalwert gleichmäßig auf die Laufzeit von 5 Jahren verteilt wird.

Als Entscheidungsgrundlage lässt sich festhalten, dass die Investition, die den höchsten Annuitätengewinn verspricht, ausgewählt wird. Genutzt wird diese Methode, wenn der Investor nicht nur analysieren will, ob die potenzielle Investition für ihn von Vorteil ist, sondern wenn der Investor an der Höhe Periodenüberschusses Interesse hat. Dieser Periodenüberschuss kann entweder für Konsumzwecke oder als Kapital für neue Projekte genutzt werden.[35]

3.3 Informationsasymmetrien und Investitionen

Das Phänomen asymmetrischer Informationen wird schon in der Neuen Institutionenökonomik unter dem Ansatz der Prinzipal Agent Theorie erfasst.[36] Ausgangspunkt ist die Vertragsgestaltung im Zuge des arbeitsteiligen Wirtschaftssystems. Es existiert somit ein Auftraggeber (Prinzipal) sowie ein Auftragnehmer (Agent). Der Prinzipal beauftragt den Agenten zur Wahrnehmung seiner Rechte und Pflichten (z. B. Eigentümer eines Unternehmens beauftragt als Prinzipal einen Manager, die Geschäftsführung zu übernehmen).[37]

[35] Becker (2012), S. 65.

[36] Göbel (2021), S. 72.

[37] Hungenberg und Wolf (2006), S. 84.

Außerdem kann die Theorie der Verfügungsrechte eine gewichtige Rolle bei Investitionsentscheidungen spielen. Gemäß diesem Theorieansatz wird geprüft, wie verschiedene Verfügungsrechtoptionen sich auf das Verhalten von Individuen auswirken. Die unterschiedlichen Ziele und Interessen von Vertragsparteien können auf Basis des Verfügungsrechts erläutert werden.[38]

Verbunden sind beide Theorien durch die Fragestellung nach einer definierten Gegenleistung: auf der einen Seite ist der Prinzipal, der seine Verfügungsrechte an den Agenten abgibt und im Gegenzug die vereinbarte Leistung erwartet.[39] Auf der anderen Seite erwartet der Agent eine adäquate Kompensation für die von ihm zu erbringende Leistung.[40] Innerhalb der Vertragsbeziehung wird es immer zu einem gewissen Spielraum kommen, denn beide Parteien verfolgen nicht zwingend einheitliche Ziele und Interessen. Zusätzlich wird dem Agenten unterstellt, dass er über weitaus fundiertere Kenntnisse verfügt als der Prinzipal, da er auf die Aufgabenausführung spezialisiert ist.[41] Dies führt zu einer Informationsasymmetrie, denn der Agent hat einen Informationsvorsprung.

Asymmetrisch verteilte Informationen können auch bei Emissionen von Bedeutung sein. In der Theorie wird angenommen, dass die Emissionsbanken einen Informationsvorteil gegenüber dem Emittenten haben, da Emissionsbanken in der Lage sind, sowohl die Nachfrage der Investoren als auch den potenziell erzielbaren Erlös aus dem Aktienverkauf einzuschätzen.[42] Cocca erklärt, dass ein Investor einer Emissionsbank eine hohe Reputation zuweist, und er implizit annimmt, dass die Emissionsbank „die bestmöglichen Bedingungen" mit dem Emittenten ausgehandelt hat.[43] Sofern der Emittent (Prinzipal) keine Eigenemission[44] durchführt, ist er ebenfalls überzeugt, dass die Emissionsbank zusammen mit dem Konsortialführer (Agent) bessere Preisverhandlungen gegenüber den Investoren durchsetzen kann.

Es handelt sich um ein Geflecht von drei Parteien: Prinzipal, Agent und Investor. Jede dieser drei Parteien verfolgt (auch) eigene Ziele und Interessen, was zu Konflikten führen kann.

Der Prinzipal muss sich u. a. bei der Wahl des Börsensegmentes auf die Empfehlung des Agenten verlassen. Für ihn als Emittenten ist das Ziel, einen erfolgreichen Börsengang zu schaffen. Erfolgreich bedeutet in diesem Zusammenhang, den bestmöglichen Preis für

[38] Göbel (2021), S. 102.

[39] Copeland et al. (2008), S. 494.

[40] Copeland et al. (2008), S. 547.

[41] Hungenberg und Wolf (2006), S. 84, Göbel (2021), S. 156.

[42] Cocca (2000), S. 2.

[43] Cocca (2000), S. 2.

[44] Von Eigen- oder Selbstemission spricht man, wenn das emittierende Unternehmen keinerlei Hilfe von Banken in Anspruch nimmt. In der Regel ist der gesamte Prozess zu komplex, als dass ein Unternehmen alle notwendigen Anforderungen erfüllen kann.

die einzelne Aktie zu erzielen, um die Eigenkapitalausstattung zu verbessern. Der Emittent ist bereit, u. a. Mitspracherechte abzutreten. Das Modell von Baron[45] hat diese Asymmetrie näher untersucht. Der Prinzipal kann nur bedingt die Preisbildungsmechanismen einschätzen. Um so bedeutsamer ist daher die vertragliche Gestaltung zwischen dem Prinzipal und dem Agenten, um ein Optimum als Erlös zu erhalten.

Für die Emissionsbank als Agent besteht die Hauptaufgabe in der Vermarktung und den Verkauf der zu platzierenden Aktien. Der Konsortialführer hat zudem noch weitere Beratungs-, Organisations- und Koordinationsaufgaben zu erfüllen. Die Vergütung erfolgt auf Basis von Provisionen, wobei die Größe des Emissionsvolumen (Anzahl der platzierten Aktien multipliziert mit dem entsprechenden Platzierungspreis pro Aktie) die Berechnungsgrundlage bildet, die jedoch verhandelbar ist. Somit ist das Dilemma erkennbar: Für den Emittenten ist es von hoher Bedeutung, so wenig Provision und Fixkosten wie möglich beim Börsengang zu zahlen, während es für den Agenten (die Emissionsbanken) die Geschäftsgrundlage bildet. Daher ist es im Interesse der Banken, die eigenen Leistungen sowie den Wissensvorsprung gegenüber dem Prinzipal zu monetarisieren. Die Informationsasymmetrie wird zu Gunsten des eigenen Geschäftsmodells genutzt.

Noch offensichtlicher ist die Informationsasymmetrie zwischen dem Investor und den Emissionsbanken. Selbstverständlich haben sich die Emissionsbanken an den rechtlichen Vorgaben zu orientieren und dürfen auch Haftungsfragen nicht ignorieren. Jedoch ist ihr Informationsvorsprung weit vor dem der Investoren. Diese müssen sich darauf verlassen können, dass die durch die Emissionsbanken aufbereiteten Unterlagen und Erfolgsaussichten bei dem angebotenen Investment korrekt sind.[46]

Diese Informationsasymmetrie lässt sich verringern beziehungsweise vermeiden, wenn eine umfassende, den Tatsachen entsprechende und zeitnahe Informationspolitik durch das Unternehmen mit allen am Börsengang beteiligten Stakeholdern stattfindet.[47] Der Prinzipal kann sich durch ein sogenanntes „Screening“[48] einen umfassenden Eindruck vom Agenten (Emissionsbanken und Konsortialführer) verschaffen, indem er sich vor der Beauftragung so viele Informationen wie möglich beschafft. Des „Signalling“ wird sich hingegen der Agent bedienen, um seine eigene Vertrauenswürdigkeit zu signalisieren. Es ist im Interesse des Agenten, sein Handeln transparent zu machen. Bezogen auf eine Aktienemission gibt es viele Faktoren, die der Agent nur bedingt oder auch gar nicht beeinflussen kann, und die zu einem schlechter als erwarteten Emissionserlös führen können. Ist der Agent in seinem Tun nicht transparent, wird das Auswirkungen auf seine Reputation haben.

[45] Baron (1982), S. 955 ff.

[46] Huchzermeier (2006), S. 231.

[47] Bommer und Schreck (2006), S. 363 in Deutsche Börse AG (Hrsg.).

[48] Das Konzept des „Screenings“ ist von Joseph E. Stiglitz eingeführt worden.

3.4 Initial Public Offering (IPO)

Bei einem Börsengang, der auch als außenfinanzierte Eigenfinanzierung (Beteiligungsfinanzierung) beschrieben wird, verschafft sich ein Unternehmen zusätzliches Eigenkapital durch von außen zufließende Mittel.[49] Die Dekade von 2010–2020 war eine eher durchschnittliche Dekade für Börsengänge in Deutschland.[50] Jedoch haben sich in der täglichen Berichterstattung kapitalmarktorientierte Nachrichten etabliert. Namhafte Börsengänge wie beispielsweise der von AirBnB 2020, Mister Spex 2021, Porsche 2022 haben viel Aufmerksamkeit erregt.[51]

Im Rahmen eines IPOs wird das erstmalige öffentliche Angebot von Teilhaberaktien einer bis dahin nicht börsennotierten Aktiengesellschaft (AG) oder Kommanditgesellschaft auf Aktien (KGaA) der Öffentlichkeit zugänglich gemacht.[52] Ziel dieses Vorgangs ist es, Aktien des Unternehmens am Kapitalmarkt zu platzieren und im Gegenzug vom Kapitalmarkt Liquidität zu erhalten, um beispielsweise neue Investitionen tätigen zu können. Das Gelingen eines IPOs hängt davon ab, ob private und/oder institutionelle Investoren von der Performance des Unternehmens überzeugt sind und diese neu emittierten Aktien zeichnen.

Der Börsengang dient auch der Festigung der Eigenkapitalbasis. Eine Stabilisierung der Eigenkapitalbasis führt zu einer verbesserten Bonität und nachfolgend zu erleichterten Konditionen bei der Fremdkapitalbeschaffung. Außerdem kann der Erlös aus dem Börsengang zumindest teilweise zur Refinanzierung und Ablösung bestehender Kredite eingesetzt werden.[53]

Börsennotierte Unternehmen gelten beim Kampf um wertvolle Marktanteile ihren nicht gelisteten Mitbewerbern aufgrund ihrer finanziellen Möglichkeiten als überlegen.[54]

Als Treiber der nicht-monetären Gründe kann der mit dem Börsengang einhergehende gesteigerte Bekanntheitsgrad des Unternehmens genannt werden. Bei einem Börsengang steigt das öffentliche Interesse am Unternehmen. Zusätzlich ist zu beobachten, dass im Zuge eines Börsenganges ein Unternehmen Umsatzsteigerungen verzeichnen kann und/ oder es zur Anbahnung von strategischen Kooperationen kommt. Darüber hinaus hat der

[49] Becker (2012), S. 129.

[50] https://de.statista.com/statistik/daten/studie/152876/umfrage/boersengaenge-in-deutschland-seit-2000/, eingesehen am 05.05.2023.

[51] Börsengang von AirBnB (z. B. https://www.sueddeutsche.de/wirtschaft/airbnb-aktie-boersengang-1.5145365, eingesehen am 02.05.2023), Mister Spex (https://www.handelsblatt.com/finanzen/maerkte/aktien/neuemission-optiker-mister-spex-erloest-mit-boersengang-375-millionen-euro/27378236.html, eingesehen am 02.05.2023) Porsche (https://newsroom.porsche.com/de/2022/unternehmen/porsche-ag-boersengang-p911-boerse-frankfurt-29829.html, eingesehen am 02.05.2023).

[52] Brauer (2005), S. 20.

[53] https://assets.ey.com/content/dam/ey-sites/ey-com/de_de/topics/ipo/ihr_boersengang_und_die_zeit_danach.pdf, eingesehen am 04.05.2023.

[54] Brauer (2005), S. 25.

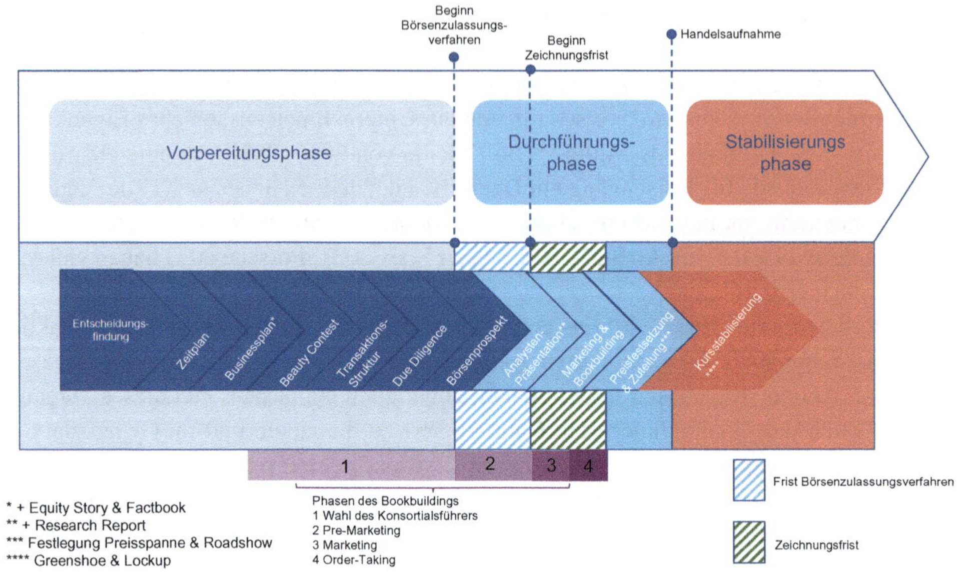

Abb. 3.5 Idealtypischer Ablauf eines IPOs mit seinen unterschiedlichen Phasen

Börsengang eine Signalfunktion: durch die dokumentierte Börsenreife wird dem Unternehmen ein erhebliches Maß an Unternehmensqualität und -bonität zugesprochen.

Des Weiteren wirkt sich der Börsengang eines Unternehmens positiv auf die Gewinnung und auf die langfristige Bindung von Mitarbeitern aus. Börsennotierte Unternehmen gelten als attraktive Arbeitgeber, da Aktienoptionen Teil des jeweiligen Vergütungspaktes sein können. Gleichzeitig stellt ein IPO eine Exit-Möglichkeit für die bisherigen Investoren/Eigenkapitalgeber dar, die ihre Anteile nun teilweise oder komplett veräußern könnten.[55]

Der eigentliche Prozess, zunehmend standardisiert, durchläuft typischerweise die in Abb. 3.5 dargestellten Phasen.[56]

Nachfolgend werden die Phasen mit ihren Einzelschritten näher erläutert.

3.4.1 Vorbereitungsphase

Die Entscheidung, ob ein Börsengang durchgeführt werden soll oder nicht, wird teilweise vor die eigentlichen Phasen gesetzt, d. h. separat betrachtet. Letztlich ist aber auch diese Entscheidung maßgeblich für die Durchführung des Vorhabens und wird aus diesem

[55] Blättchen (2006), S. 126 in Deutsche Börse AG (Hrsg.).

[56] In der Literatur finden sich Beschreibungen mit drei und mit vier Phasen; in dieser Abbildung wird gezeigt, wie beide Ansätze ineinander übergehen.

Grunde hier der Vorbereitungsphase zugeordnet. Ist diese Grundsatzentscheidung gefallen (Entscheidung für einen Börsengang), so stellt die Auswahl der so genannten konsortialführenden Bank den nächsten großen Schritt in der gesamten Prozesskette dar.

Die Vorbereitungsphase nimmt üblicherweise einen Zeitraum von 3–9 Monaten in Anspruch, die unter bestimmten Umständen sogar bis zu 2 Jahren dauern kann.[57] Wichtig ist die gesellschaftsrechtliche Ausgangslage, der Entwicklungsgrad der betriebswirtschaftlichen Instrumente (auch in Hinblick auf ein professionelles Berichtswesen) sowie die aktuelle Marktsituation.

Zur Vorbereitung gehört auch, zu prüfen, ob die Gesellschaftsform „Aktiengesellschaft" (AG) eingetragen ist und welche Voraussetzungen gemäß Aktiengesetz (AktG) und Börsenzulassungsverordnung (BörsZulV) einzuhalten sind.[58]

Zusätzlich wird zwischen quantitativen und qualitativen Kriterien unterschieden. Quantitative Kriterien sind beispielsweise die Größe des Unternehmens, das Alter, Kennzahlen zum Erfolg des Unternehmens und den Zukunftsaussichten, das geplante Emissionsvolumen etc. Bei den qualitativen Kriterien werden u. a. das Unternehmensimage und die Reputation des Managements betrachtet.[59]

Man spricht hier auch von der formellen Börsenreife eines Unternehmens.[60]

3.4.2 Equity Story, Business Plan & Factbook

Neben Fakten und Kennzahlen kommt der Equity Story eine besondere Bedeutung zu. Das Ziel der Equity Story ist, potenzielle Investoren zu überzeugen. Daher muss die Equity Story das Unternehmen, basierend auf den Ist-Daten, attraktiv darstellen und die Zukunftsperspektive adäquat aufbereiten. Die Equity Story als Investment Case bildet die wesentlichen Merkmale des Unternehmens im Kapitalmarktumfeld ab. Sie zeigt, welche Stärken und Chancen in dem Unternehmen stecken. Dazu wird die Vergangenheit des Unternehmens ebenso herangezogen und beleuchtet wie der aktuelle Stand und die zukünftige Perspektive. Im Einzelnen gehören dazu Dokumente, wie zum Beispiel eine mehrjährige Finanzplanung, Angaben zum Emittenten, die Unternehmensstrategie sowie erste Eckpunkte zum Emissionskonzept.[61] Diese Eckpunkte umfassen Informationen zum Platzierungsumfang, zum Kapitalerhöhungsanteil, das angestrebte Börsensegment, das Timing und auch eine Darlegung über die Verwendung des zu erwartenden Emissionserlöses.[62]

[57] https://www2.deloitte.com/de/de/pages/mergers-and-acquisitions/articles/ipo-readiness.html?id=de:2ps:3gl:4m&a_ipo_readiness:5:6ma:20230425::=&gclid=EAIaIQobChMI2Ovs7OuV_wIVAqnVCh2LNwBaEAAYAyAAEgI4rvD_BwE, eingesehen am 15.05.2023.

[58] Börsenzulassungsverordnung (https://www.gesetze-im-internet.de/b_rszulv/), eingesehen am 03.05.2023; Aktiengesetz (https://www.gesetze-im-internet.de/aktg/); eingesehen am 03.05.2023.

[59] Rummer (2006), S. 59 ff.

[60] Blättchen (2006), S. 129 in Deutsche Börse AG (Hrsg.).

[61] Huchzermeier (2006), S. 125.

[62] Blättchen (2006), S. 130 in Deutsche Börse AG (Hrsg.).

Zusammengefasst werden diese Ergebnisse in einem sogenannten „Factbook“, auch „Investorenhandbuch“ genannt. In Abhängigkeit von der Komplexität des Geschäftsmodells kann dieses Factbook in Form einer Präsentation oder ergänzend dazu auch als ausführliche Textversion dargestellt werden. Neben dem Informationszweck dient dieses Fact Book auch als Grundlage für Verhandlungen mit potenziellen Konsortialführern, d. h. einem Zusammenschluss von Banken, die die Einführung der Aktien an die Börse vorantreiben.[63]

3.4.3 Beauty Contest

Im Rahmen eines sogenannten „Beauty Contest“ bewerben sich potenzielle Emissionsbanken um die Mitgliedschaft in einem Konsortium und/oder um die Aufgabe des Konsortialführers, des Orderbuchführers und des Hauptberaters. Die sich bewerbenden Banken präsentieren bei diesem Beauty Contest ihr Emissionskonzept. Dieses umfasst sowohl eine Unternehmensbewertung als auch eine Einschätzung zum Investment Case.[64] Den Konsortialführer bildet eine der Emissionsbanken, welche dann „[…] die Strukturierung und die Vermarktung der Emission bankseitig federführend gestaltet.“[65] Grundlage dafür ist eine Mandatsvereinbarung, in der unter anderem Emission, Kosten, Zeitplan und auch Haftungs- und Garantieansprüche geregelt sind.

Ist die Mandatsvereinbarung (Letter of Engagement) unterzeichnet, beginnt die formelle Umsetzung der Platzierung.

Hat sich das Konsortium gefunden, erarbeiten die involvierten Banken die Strategie zum Emissionskonzept und einer festzusetzenden Emissionspreisspanne.

Zum Emissionskonzept gehört unter anderem die Bestimmung des Börsensegments. In Deutschland besteht die Wahl zwischen den Börsensegmenten „regulierten Markt“ und dem „Freiverkehr“.[66] „Prime Standard“ und „General Standard“ werden dem regulierten Markt zugeordnet, während im Open Market (Freiverkehr) „Scale“ und „Quotation Board“ zu finden sind und als „Entry Standard“ verstanden werden können.[67]

Im regulierten Markt (auch EU – regulierter Markt), der nach § 2 Abs. 11 Wertpapierhandelsgesetz ein organisierter Markt ist, besteht für Wertpapiere eine hohe Eintrittsbarriere. Die Zugangsvoraussetzungen und die Folgepflichten sind im Börsengesetz, in der Börsenzulassungsverordnung sowie in der Börsenordnung für (z. B.) die Frankfurter Wertpapierbörse geregelt. Prinzipiell sind die Transparenzanforderungen im regulierten Markt sehr hoch. Der Prime Standard, der zusätzliche Anforderungen[68] wie beispielsweise

---

[63] Huchzermeier (2006), S. 103.

[64] Blättchen (2006), S. 129 in Deutsche Börse AG (Hrsg.).

[65] Huchzermeier (2006), S. 206, 207.

[66] Wöltje (2017), S. 379.

[67] https://www.deutsche-boerse-cash-market.com/scale/, eingesehen am 05.05.2023.

[68] https://www.deutsche-boerse-cash-market.com/resource/blob/3169044/7292dc27d234f16b8b30ba96619b69d9/data/Factsheet-Prime-Standard_de.pdf, eingesehen am 05.05.2023.

Veröffentlichungen in englischer und deutscher Sprache, Quartalsberichte etc. fordert, um insbesondere für ein internationales Investorenpublikum von Interesse zu sein, richtet sich eher an Großunternehmen. Mittlere bis große Unternehmen als Emittenten können sich mit dem General Standard für ein etwas kostengünstigeres Listing entschließen.[69]

Für klein- und mittelständische Unternehmen (KMU) bietet die deutsche Börse ein eigenes Segment an, mit auf „KMU zugeschnittenen Einbeziehungsvoraussetzungen und Folgepflichten zur erleichterten Kapitalbeschaffung".[70]

Welches Segment für das Unternehmen das Beste ist, wird in Absprache mit dem Bankenkonsortium zu klären sein.

Weiterhin wird geklärt, wie die Platzierungsstrategie verfolgt wird und die Nachfrage nach den auszugebenden Aktien einzuschätzen ist. Zusätzlich kann es aus Sicht des Emittenten sinnvoll sein, frühzeitig eine Finanzwerbeagentur einzubinden, die den IPO durch entsprechende Werbekampagnen unterstützt und zugleich die Pressearbeit übernimmt.[71] Weitere Begleiter des Börsengangs sind Emissionsberater, Anwaltskanzleien, Steuerberater, Wirtschaftsprüfer und PR-Spezialisten wie z. B. die zuvor genannte Finanzwerbeagentur.[72]

3.4.4 Transaktionsstruktur

Die Transaktionsstruktur wird gemeinsam mit den beteiligten Banken unter Leitung des Konsortialführers festgelegt. Sie besteht aus dem Platzierungsvolumen, der Börse, an der das Unternehmen die Aktien erstmals anbieten wird (beispielsweise NASDAQ,[73] NYSE[74] oder FWB[75]) und dem Börsensegment (siehe Abschn. 3.4.2).

Außerdem wird der Investorenkreis hinsichtlich Art (z. B. institutionelle Anleger, Staatsfonds, Investmentfonds, Kleinanleger, Mitarbeiter) und geografischer Herkunft festgelegt. Ergänzend dazu kann bestimmt werden, ob eine bestimmte Gruppe aus dem Investorenkreis eine bevorzugte Zuteilung erhalten soll (denkbar ist z. B. ein bestimmtes Kontingent für die Mitarbeiter vorzuhalten).[76]

---

[69] https://www.deutsche-boerse-cash-market.com/scale/, eingesehen am 05.05.2023.

[70] https://www.deutsche-boerse-cash-market.com/scale/, eingesehen am 05.05.2023.

[71] Wiesmann et al. (2001), S. 43 in Wirtz und Salzer [Hrsg.].

[72] Rummer (2006), S. 38.

[73] NASDAQ: National Association of Securities Dealers Automated Quotations, es ist die größte elektronische Wertpapierbörse in den USA (https://www.nasdaq.com, eingesehen am 15.05.2023).

[74] NYSE: New York Stock Exchange, größte Börse der Welt (https://www.nyse.com/index, eingesehen am 15.05.2023).

[75] FWB: Frankfurter Wertpapierbörse oder auch Frankfurt Stock Exchange (https://www.boerse-frankfurt.de, eingesehen am 15.05.2023).

[76] https://www.ipobox-online.de/durchfuhrung-eines-ipos/4-1-konzept-und-ablauf-eines-ipos, eingesehen am 15.05.2023.

Ist die zukünftige Aktionärsstruktur festgelegt, dann wird auch bestimmt, welche Gruppen wie viele Aktienanteile erhalten sollen. Um beispielsweise für Privatanleger keine Benachteiligung zu erhalten, sind geeignete Verfahren zur Zuteilung notwendig. Als mögliche Zuteilungsverfahren bieten sich an:[77]

- Losverfahren: Die Aktionäre werden über einen Zufallsgenerator oder nach einem anderen geeigneten Losschema ermittelt.
- Ordergröße: Zunächst kann in institutionelle Anleger und Privatanleger unterteilt werden. Orders innerhalb einer Ordergrößenklasse erhalten dieselbe prozentuale oder pauschale Zuteilung. Die Zuordnungen zu den einzelnen Größenklassen können unterschiedliche ausfallen (z. B. bekommen institutionelle Anleger 75 % aller zur Verfügung stehenden Aktien, die Gruppe der Privatanleger die restlichen 25 %. Nun kann auch noch innerhalb der Gruppe „Privatanleger" neu unterteilt werden in Kleinanleger und (vermögende) Privatanleger).
- Quotenzuteilung: Gesamtzahl der verfügbaren Aktien wird gemäß einer festen Quote auf alle Kaufwilligen verteilt. Damit bekommt jeder Anleger einen bestimmten Prozentsatz seines Ordervolumens.
- Mindestzuteilung: Es wird eine Mindestanzahl an Aktienanteilen festgelegt, die ein Anleger auf jeden Fall erhalten wird.
- Festzuteilung: Jeder Anleger erhält dieselbe Stückzahl an Aktienanteilen.
- Family & Friends Programm: Dahinter verbergen sich Vorzugskonditionen für bestimmte Interessengruppen, die z. B. aus strategischen Gründen ein gewisses Kontingent an Aktien erwerben können. Dies können Mitarbeiter genauso sein wie strategisch wichtige Anleger.

Ebenfalls von Bedeutung ist die Aktienart und die Auswahl der Aktien Gattung (vgl. Tab. 3.1). Bei der Wahl der Gattung muss der Emittent zwischen Stamm- und Vorzugsaktien entscheiden. Erwerben Investoren Stammaktien erhalten diese neben dem Firmenanteil ebenfalls ein Stimmrecht auf der Hauptversammlung des Unternehmens. Damit erhalten Investoren beim Erwerb von Stammaktien Mitspracherechte. Investoren von Vorzugsaktien haben kein Stimmrecht. Kompensiert wird dieses über zumeist höhere Dividendenzuteilungen. Bei der Art von Aktien kann man unterscheiden nach Inhaberaktien, Namensaktien sowie vinkulierte Namensaktien. Bei Namensaktien werden die Inhaber im Aktienregister namentlich erfasst und der Emittent kennt somit den Investor. Bei Inhaberaktien hingegen kennt das Unternehmen den Namen des Investors nicht – es herrscht Anonymität zwischen dem Unternehmen als Emittent und dem Aktionär.[78]

Weiterhin von Bedeutung ist in diesem Zusammenhang die Kostenstruktur: neben einmaligen und laufenden Kosten für die Aktiennotierung entstehen direkte und indirekte Transaktionskosten. Zu den direkten Transaktionskosten zählen beispielsweise Bank-

---

[77] Becker (2012), S. 178.

[78] Henge und Kostadinov (2006), S. 242 in Deutsche Börse AG (Hrsg.).

Tab. 3.1 Aktienarten entnommen aus Wöltje. (Wöltje (2017), S. 384)

Einteilung nach Übertragbarkeit		
Inhaberaktien	**Namensaktien**	**"vinkulierte Namensaktien"**
Übertragung durch Einigung und Übergabe	Übertragung durch Indossament und Eintragung ins Aktienregister	Übertragung wie bei der Namensaktie; es bedarf der Zustimmung der Gesellschaft
Ausgabe nur zulässig, wenn Nennbetrag voll eingezahlt ist	Ausgabe, wenn 25% des Nennbetrages und des Agios eingezahlt sind	
Einteilung nach dem Ausgabezeitpunkt		
alte Aktien	**neue (junge) Aktien**	
aus früheren Emissionen	neu herausgegebene Aktien; Anlass IPO oder Kapitalerhöhung	
Einteilung nach der Form des Handels		
börsennotierte Aktien		**nicht notierte Aktien**
regulierter Markt	Freiverkehr (Open Market)	institutioneller Handel
Einteilung nach dem Umfang der verbrieften Rechte		
Stammaktien	**Vorzugsaktien**	
Inhaber haben sämtliche im AktG für den Normalfall vorgesehenen Rechte: Teilnahme an der Hauptversammlung (HV), Auskunftsrecht auf der HV, Stimmrecht auf der HV, Recht auf Dividende, Recht auf Anteil am Liquidationserlös, Bezugsrechte für junge Aktien im Fall einer Kapitalerhöhung	In der Regel ohne Stimmrecht, dafür erhalten die Aktionäre häufig eine höhere Dividende als Kompensation oder Vorzüge beim Anteil am Liquidationserlös	
Einteilung nach der Zerlegung des Grundkapitals		
Nennwertaktien	**Stückaktien**	
Jede Aktie lautet auf einen bestimmten Nennwert von mindestens 1 Euro. Die Summe der Aktiennennwerte entspricht der Höhe des Grundkapitals.	Der Wert einer Aktie ergibt sich als Quotient aus dem Grundkapital und der Anzahl der Aktien. Das Unternehmen gibt die Anzahl der sich im Umlauf befindlichen Aktien an.	

gebühren während zu den indirekten Kosten Kurs-Stabilisierungskosten zählen. Rummer erklärt in dem Zusammenhang, dass eine Börse beziehungsweise das dazugehörige ausgewählte Marktsegment für den Emittenten umso interessanter ist, je weniger Transaktionskosten fällig werden.[79]

[79] Rummer (2006), S. 71.

3.4.5 Due Diligence[80]

Die nun folgende Due Diligence (mit „gebührender Sorgfalt“) kann als Beginn der formellen Umsetzung der Platzierung verstanden werden. Sie umfasst unterschiedliche Prüfungsfelder und dient dem emittierenden Unternehmen zur Beschreibung der relevanten Informationen inklusive des Risikoprofils. Üblicherweise umfasst diese Sorgfaltsprüfung mindestens folgende Prüffelder:[81]

- Rechtliche Due Diligence (Legal)
- Finanzielle Due Diligence (Financial)
- Steuerlich Due Diligence (Tax)
- Wirtschaftliche Due Diligence (Business)
- Technische Due Diligence (Technical)

Weitere Teilbereiche können als Prüffelder hinzukommen.

Durch eine Due Diligence werden sowohl sämtliche relevante Informationen zusammengestellt und sie dient als Referenz getroffener Annahmen. Gegebenenfalls müssen Annahmen korrigiert werden, insbesondere, wenn ein Preiskorridor mit Ober- und Untergrenze festgelegt worden ist.[82]

Mithilfe der Due Diligence können Unternehmen auch darlegen, dass sie die nationale und internationale Rechtsprechung einhalten, und z. B. Anti-Geldwäsche-, Anti-Bestechungs-, Anti-Korruptionsgesetzen entsprechen.[83] All dies dient dem Reputationsaufbau sowie der Einschätzung potenzieller Risiken.

Die so gewonnenen Daten/Informationen werden im Börsenprospekt, der das zentrale Dokument zur Einführung neuer Wertpapiere an der Börse ist, erfasst.

3.4.6 Börseneinführungsprospekt

Der Börseneinführungsprospekt wird auch Prospekt, Verkaufsprospekt, Emissionsprospekt oder Börsenzulassungsprospekt genannt. Er ist das Herzstück des Börsenzulassungsverfahrens und dient als rechtliche Grundlage und wichtiges Vermarktungsinstrument. Er enthält alle wesentlichen Informationen zum Angebot (u. a. Anzahl und Herkunft der Aktien, Börsenplatz und Marktsegment, Angebotsfrist etc.), den Emittenten, die Unternehmensstruktur, die Finanzlage, die Geschäftstätigkeit, die Risikofaktoren und alle an der Emission beteiligten Organe und Gesellschaften.[84]

---

[80] Due Diligence bedeutet eine im Verkehr erforderliche Sorgfalt.

[81] Blättchen (2006), S. 131 in Deutsche Börse AG (Hrsg.).

[82] Freidank (2022), S. 3, 162.

[83] https://www.lexisnexis.de/begriffserklaerungen/compliance/due-diligence-erklaerung, eingesehen am 15.05.2023.

[84] Pohlücke (2006), S. 294 in Deutsche Börse AG (Hrsg.).

Die gesetzliche Grundlage bildet hierbei das Wertpapierprospektgesetz (WpPG) in der jeweils gültigen Fassung.[85] Die weiteren rechtlichen Voraussetzungen werden über das Börsengesetz[86], die Börsenzulassungsverordnung[87] und die Börsenordnung[88] geregelt.

Die Prospekthaftung darf nicht unterschätzt werden, denn alle Angaben müssen exakt und verständlich wiedergegeben werden. Es darf kein falscher oder missverständlicher Gesamteindruck entstehen.[89]

Zur Entlastung der Prospektverantwortlichen hinsichtlich der verwendeten Daten/Informationen gibt es die so genannte Legal Opinion: Rechtsanwälte überprüfen die Rechtswirksamkeit der im Prospekt enthaltenen Sachverhalte und Maßnahmen. Zum Abschluss legen die Anwälte eine Erklärung vor, in der sie mitteilen, dass Ihnen im Rahmen der Due Diligence Prüfung keine Umstände bekannt sind, die darauf hindeuten, dass der Prospekt ungenau und unvollständig sei. Auch die hinzugezogenen Wirtschaftsprüfer äußern sich schriftlich zur Richtigkeit und Vollständigkeit der im Prospekt gemachten Angaben zu den Finanzen und der Rechnungslegung.[90]

Unter besonderen Umständen kann das Angebot von Wertpapieren auch prospektfrei erfolgen. Diese so genannte Privat-Platzierung ist dann möglich, wenn einem begrenzten Anlegerkreis, die als qualifizierte Anleger[91] gelten, die Wertpapiere angeboten werden sollen.

Sind Konsortium und der Konsortialführer ausgewählt, die Due Diligence abgeschlossen, der Börsenprospekt, das Emissionskonzept und eine Equity Story erstellt, beginnt die Durchführungsphase.

3.4.7 Durchführungsphase/Emissionsphase

Zu Beginn dieser Phase wird der Antrag zum Börsenzulassungsverfahren an der entsprechenden Börse gestellt. Die Entscheidung über die Zulassung obliegt der Börse.[92]

Die meisten Details zum Emissionskonzept sind nun festgelegt. Jetzt gilt es, in dieser Phase durch gezielte Pressearbeit das Unternehmen bei potenziellen Investoren vorzustellen. Die Rückmeldung von institutionellen Investoren bildet die Basis für die Festlegung der Preisspanne des Emissionspreises (Bookbuilding-Spanne) sowie die Zuteilung

---

[85] https://www.gesetze-im-internet.de/wppg/, eingesehen am 15.05.2023.

[86] https://www.gesetze-im-internet.de/b_rsg_2007/, eingesehen am 15.05.2023.

[87] https://www.gesetze-im-internet.de/b_rszulv/, eingesehen am 15.05.2023.

[88] Z. B. die der Frankfurter Börse, https://www.xetra.com/xetra-de/meta/regelwerke/B-rsenordnung-f-r-die-Frankfurter-Wertpapierb-rse-46200, eingesehen am 15.05.2023.

[89] Richter und Wundtke (2017), in Frodermann und Jannott, Rn 139.

[90] Richter und Wundtke (2017), in Frodermann und Jannott, Rn 140.

[91] Als qualifizierte Anleger bezeichnet das WpPG Finanzdienstleistungsunternehmen, Regierungen, Zentralbanken und internationale Finanzinstitutionen sowie andere juristische Personen, die nach Beschäftigtenzahl, Bilanzsumme und Jahresumsatz als große Unternehmen anzusehen sind. Ebenso können KMUs und natürliche Personen als „qualifizierte" Anleger gelten, wenn sie sich als solche bei der BaFin unter Einhaltung der Voraussetzungen haben registrieren lassen.

[92] Z. B. Berk und DeMarzo (2019) S. 708.

an die Investoren (welche Investorengruppe erhält wieviel der zu zeichnenden Aktien) und die Notierungsaufnahmen an der Börse.[93]

Um das Interesse von potenziellen (insbesondere institutionellen) Investoren zu erlangen, und um die im Konzept ermittelte Preisspanne abzustecken, wird eine Analystenpräsentation durch das emittierende Unternehmen in Zusammenarbeit mit dem Konsortialführer (jetzt „Bookrunner" genannt) erstellt. Die Unternehmensleitung präsentiert die Informationen auf einer Presse- und Analystenkonferenz.[94] Im Anschluss daran folgt eine (inter-)nationale Roadshow, in der das Management potenzielle institutionelle Investoren besucht und das Vorhaben vorstellt. In Abhängigkeit vom Platzierungsverfahren wird die Bookbuilding-Spanne entweder schon auf der Pressekonferenz oder im Laufe der Roadshow festgelegt.

▶ **Hinweis** Es gibt zwei typische Platzierungsverfahren bei einem IPO. Bei dem sogenannten Festpreisverfahren wird der Preis zwischen dem Emittenten und dem Konsortialführer vereinbart, ohne dass den Investoren eine Einflussnahme eingeräumt wird.[95] Das Festpreisverfahren hat in der Praxis an Bedeutung verloren.[96] Beim Auktionsverfahren werden vom emittierenden Unternehmen die Zeichnungsfrist, der Mindestpreis und die Mindestmenge angegeben. Die Investoren bieten nun auf die Aktien, wobei die Gebote im Anschluss entsprechend der Höhe sortiert und daraus folgend die Aktien verteilt werden.[97] Das Bookbuilding-Verfahren ist ein Auktionsverfahren, bei dem die Preisspanne für neu platzierte Aktien von dem Emittenten vorgegeben wird. Die potenziellen Investoren geben ihre Gebote ab und der tatsächliche Emissionskurs wird dann aus dem Durchschnitt der Gebote gebildet. Investoren/Anleger sind somit in die Preisfindung einbezogen. Dies erhöht die Passgenauigkeit und somit den Erfolg.[98]

Daher liegt das Augenmerk auf dem Bookbuilding-Verfahren, das mit einer Pressemitteilung startet. Die Zeichnungsfrist beginnt am Tag darauf. Während der Zeichnungsfrist findet die Roadshow statt.

Das Bookbuilding setzt sich aus vier Phasen zusammen: Die erste Phase – die Wahl des Konsortialführers (Bookrunner) – ist mit der Vorbereitungsphase abgeschlossen. In der zweiten Phase – der Pre-Marketing-Phase – wird der Investment Case den Analysten im Rahmen des Analysten-Meetings vorgestellt und darauf aufbauend der Research Report verfasst. In der dritten Phase, die auch als Marketing-Phase bezeichnet wird, findet die Roadshow statt, um mit potenziellen Investoren in den Dialog zu gehen, um u. a. den Anpassungsbedarf zu ermitteln und auszuführen. Zudem wird eine unverbindliche Preiseinschätzung eingeholt, die dann Grundlage für die Bookbuilding-Spanne wird.[99] Die Qualität dieser Grundlage steigt mit der Anzahl potenziell institutioneller Investoren, die

[93] Henge und Kostadinov (2006) S. 240 in Deutsche Börse AG (Hrsg.).

[94] Kirchhoff (2006) in S. 228 in Deutsche Börse AG (Hrsg.).

[95] Pohlücke (2006), S. in Deutsche Börse AG (Hrsg.).

[96] Rummer (2006), S. 107.

[97] Becker (2012), S. 181.

[98] Schanz (2012), S. 344 ff.

[99] Huchzermeier (2006), S. 236.

Feedback geben. Laut Haubrok fällt die Roadshow in die Phase der Zeichnungsfrist, d. h. circa zwei Wochen vor der Erstnotiz.[100]

Die vierte Phase ist das eigentliche Bookbuilding, da in dieser Phase die Aufträge (Order-Taking) durch den Konsortialführer entgegengenommen werden. Der Konsortialführer kann nun feststellen, welche Investoren wie viele Aktien zu welchem Preis kaufen möchten.[101] In diesem Zusammenhang kann der Konsortialführer zugleich die Qualität der Investoren beurteilen und einen für den Emittenten passenden Investoren-Mix zusammenstellen. Der endgültige Emissionspreis liegt typischerweise innerhalb der Spanne und wird so gewählt, dass die Nachfrage größer als das Angebot sein wird, um eine Überzeichnung zu erzeugen. Dies hat zumeist bei den nachfolgenden Handelstagen eine positive Auswirkung auf den Aktienkurs.[102]

Das Leistungsspektrum des Konsortialführers umfasst neben der Entgegennahme der Zeichnungsaufträge in sein Orderbuch auch den Zuteilungsprozess, die Erstellung der Kaufabrechnung und die Zahlungsabwicklung sowie die Überstellung der Aktien in die Kundendepots.[103]

Nach Ablauf der Zeichnungsfrist erfolgt im letzten Abschnitt der Durchführungsphase, die Ermittlung des endgültigen Emissionspreises sowie die Zuteilung der Aktien. Es folgt die Handelsaufnahme der Aktie an der Börse.

3.4.8 Stabilisierungsphase

Im Zuge der Erstnotiz ist der Aktienkurs häufig noch sehr volatil und bedarf besonderer Pflege, die von den begleitenden Konsortialbanken geleistet wird.

Ist der Aktienkurs überzeichnet und übersteigt die Nachfrage das Angebot merklich, dann kann auf den so genannten „Greenshoe" zurückgegriffen werden. Das Angebot an Aktien wird ausgeweitet. Der Greenshoe besteht aus einer Überzuteilungsoption zu Gunsten der Emissionsbanken.[104] Üblicherweise beläuft sich diese Option in einer Höhe von 10–15 % des Emissionsvolumen. Innerhalb von 30 Tagen nach Festlegung kann mithilfe dieser Aktienzuteilung kursstabilisierend in den Markt eingegriffen werden, indem diese Aktien dem Markt zugefügt werden, wobei es möglich ist, die Frist auf sechs Wochen auszudehnen.[105]

Sollte der Aktienkurs unter den Ausgabewert fallen, kann der Konsortialführer die zusätzlich platzierten Aktien aus dem Greenshoe zurückerwerben und so den Kurs (zumindest kurzfristig) stabilisieren.[106]

---

[100] Haubrok (2006), S. 38 in Deutsche Börse AG (Hrsg.).

[101] Hutter und Kaulamo (2006), S. 202 in Deutsche Börse AG (Hrsg.).

[102] Rummer (2006), S. 111.

[103] Blättchen (2006), S. 138 in Deutsche Börse AG (Hrsg.).

[104] Henge und Kostadinov (2006) S. 248 in Deutsche Börse AG (Hrsg.).

[105] Die EU hat mit der Verordnung Nr. 2273/2003 die Greenshoe-Bedingungen ferstgelegt: https://eur-lex.europa.eu/LexUriServ/LexUriServ.do?uri=CELEX:32016R1052:DE:HTML, eingesehen am 16.05.2023.

[106] https://www.goingpublic.de/going-public-und-being-public/investor-relations/der-greenshoe-das-unbekannte-wesen/, eingesehen am 15.05.2023.

Kursstabilisierungsmaßnahmen werden definiert in § 20 a Wertpapierhandelsgesetz, der Verordnung zur Konkretisierung des Verbotes der Marktmanipulation sowie Art. 7 ff der Verordnung (EG) Nr. 2273/2003 zur Durchführung der Richtlinie 2003/&/EG.

Ebenfalls zur Stabilisierung trägt das Lock-up bei: hierbei werden alte Aktionäre gehindert, innerhalb einer vorher festgelegten Frist beziehungsweise ohne vorherige Abstimmung mit dem Konsortialführer ihre Aktien zu veräußern.[107]

Um die Entwicklung des Aktienkurses auch auf lange Sicht positiv zu beeinflussen, bedarf es des aktiven Investor-Relationship-Management. Gewährleistet werden kann dieses durch eine externe Agentur (zumeist bei kleinen Aktiengesellschaften) oder internen Abteilungen im Unternehmen. Außerdem können die Banken je nach (vertraglicher) Absprache die emittierenden Unternehmen in dieser Phase administrativ unterstützen, um beispielsweise die erste Hauptversammlung zu organisieren und um den notwendigen Kommunikationsaufgaben gerecht zu werden.[108]

Zusammenfassend sieht der gesamte Prozess wie in Abb. 3.6 dargestellt aus.

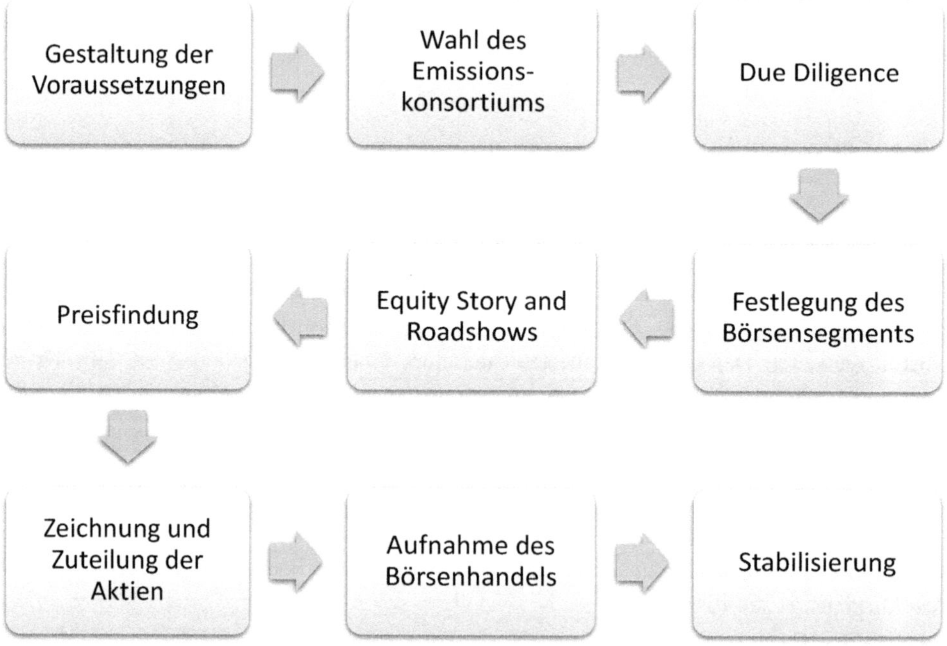

Abb. 3.6 Ablauf eines IPOs – Zusammenfassung

[107] Henge und Kostadinov (2006), S. 249 in Deutsche Börse AG (Hrsg.).

[108] Löhr (2006), S. 191 ff.

3.5 Kosten eines traditionellen Börsenganges

Die Kosten, die unmittelbar mit der Durchführung eines IPOs anfallen, lassen sich in zwei Kategorien untergliedern: Einerseits entstehen mit dem Börsengang einmalig anfallende Kosten, andererseits können laufende Kosten als Folgekosten identifiziert werden.[109]

Die einmaligen Kosten stellen den größten Kostenblock beim Börsengang dar. Aufgrund der Komplexität muss eine Vielzahl externer Dienstleister im Prozess eingebunden sein.

Folgende Aufzählung gibt einen Überblick über die im Regelfall anfallenden, einmaligen Kosten:

- Kosten für eine mögliche Vorbereitung des Börsengang sind (beispielsweise Kosten für eine notwendige Gesellschaft, rechtliche Umstrukturierung [Voraussetzung für die formelle Börsenreife], Anpassung des Rechnungswesens an International Financial Reporting Standard [IFRS] etc.).
- Gebühren für die begleitenden Emissionsbanken (6–12 %, bezogen auf den Bruttoemissionserlös sowie den vertraglichen Vereinbarungen zwischen den Emissionsbanken und dem Emittenten). Diese Spanne hängt vom Emissionsvolumen, der plausiblen Equity Story und natürlich auch vom Verhandlungsgeschick des Emittenten aber auch von der Höhe des Emissionsvolumens ab: Je kleiner das Emissionsvolumen, desto höher die entstehenden Kosten.[110]
- Ist die Übernahme der Prospekthaftung Umfang der vertraglichen Gestaltung, dann wird auch dafür eine Provision fällig, die sich auf circa 1 % des fiktiven Nennbetrages des einzuführenden Grundkapitals bezieht.
- Gebühren für die zusätzlich engagierten Berater und Rechtsanwälte.
- Kosten für nötige Werbemaßnahmen (beispielsweise Investor Relations, Agentur, Roadshow, Erstellung und Distribution des Börsenprospekts).
- Kosten für anfallende Gebühren (beispielsweise Durchsicht und Billigung des Börsenprospekts durch die Bundesanstalt für Finanzdienstleistungsaufsicht, Börsen-Zulassungsgebühr, Börsen-Einführungsgebühr etc.).
- Eigene Personalkosten, die im Rahmen des IPOs entstehen (z. B. das Management, das sehr in diesen Prozess eingebunden ist, kann weiteres Personal für den Börsengang abrufen).
- Mögliche weitere Platzierungskosten, wenn außer der ursprünglichen Börse weitere Platzierungen an anderen Börsenplätzen gewünscht sind.

---

[109] Löhr (2006), S. 168.

[110] https://www.ipobox-online.de/erlose-und-kosten-bei-einem-ipo/5-2-kosten-eines-ipos, eingesehen am 16.05.2023.

Die Aufgabe des Börsenganges übernimmt ein Bankenkonsortium. Die Vergütung ist weitestgehend provisionsbasiert (Grundlage der Berechnung bildet das Emissionsvolumen). Die Verteilung der Provision (als auch potenzieller Festbeträge) wird im Konsortialvertrag festgeschrieben. Für die Emissionsbanken als Agent besteht die Hauptaufgabe in der Vermarktung und dem Verkauf der zu platzierenden Aktien. Der Konsortialführer hat zudem noch weitere Beratungs-, Organisations- und Koordinationsaufgaben. Die Vergütung der Emissionsbank erfolgt für die Beratung, Börseneinführung und Platzierung.

Neben diesen quasi Einmalkosten bei der Einführung entstehen weitere Kosten z. B. durch die gesetzlichen Transparenzpflichten. So müssen Emittenten, die ihre Aktien am regulierten Markt platziert haben, nach IFRS bilanzieren und erweiterte Corporate-Governance-Anforderungen erfüllen. Mitteilungspflichten wie beispielsweise Ad-hoc-Meldungen, die Erfüllung neuer Regularien und Gesetze, eine umfangreiche Finanzberichterstattung sowie eine intensive Investor-Relation-Betreuung binden personelle und finanzielle Ressourcen im Unternehmen. Gemäß einer Studie des Deutschen Aktieninstituts von 2018 veranschlagen Unternehmen hierfür ein jährliches Budget von mindestens 100.000 € – die Grenze nach oben ist offen.[111] Es ist anzunehmen, dass sich diese Kosten eher erhöhen als verringert haben.

Weitere Folgekosten wie die nachfolgend genannten sind ebenso möglich und als solche in die Kostenkalkulation einzubeziehen:

- Jährliche Börsengebühr,
- Aufsichtsratsvergütungen,
- Durchführungskosten der öffentlichen jährlichen Hauptversammlung,
- Kosten für entweder eine eigene Investor Relations Abteilung oder aber für eine entsprechende Agentur.

Diese Auflistung erhebt keinen Anspruch auf Vollständigkeit.

3.6 Zwischenfazit

Die Bewertung von Investitionen ist für Unternehmen von existenzieller Bedeutung. Investitionen sichern den Fortbestand des Unternehmens. Auch wenn die hier angewandten Modelle der Investitionsrechnung eine vereinfachte Darstellung der Realität sind, lassen sich dennoch sinnvolle Empfehlungen aus den Berechnungen ableiten.

Wie schon in Kapitel zwei festgestellt, sind Finanzierung und Investitionen zwei Seiten einer Medaille. Versteht man den Erwerb in Unternehmensanteile als Investitionen, so ist es für das anbietende Unternehmen die Zuführung von frischem Kapital, welches erneut für Investitionsvorhaben genutzt werden soll.

[111] https://www.dai.de/files/dai_usercontent/dokumente/studien/2018-03-01%20Boersengang%20und%20Boersennotierung%20KMUs.pdf, S. 19/20 eingesehen am 25.05.2023, Haubrok (2006), S. 30 in Deutsche Börse AG (Hrsg.).

Die Komplexität des traditionellen Börsenganges, verbunden mit den daraus entstehenden Kosten ist somit keine „einfache“ Entscheidung. Kapitalmarktanforderungen und sich ständig verändernde Rahmenbedingungen zwingen Unternehmen, die eigenen Kenntnisse immer auf den aktuellen Stand zu halten.

Literatur

Baron, David P. 1982. A model of the demand for investment banking advising and distribution services for new issues. *The Journal of Finance* 37(4): 955–976.

Becker, Hans Paul. 2012. *Investition und Finanzierung, Grundlagen der betrieblichen Finanzwirtschaft*, 5. Aufl. Wiesbaden: Gabler.

Berk, Jonathan, und Peter DeMarzo. 2019. *Grundlagen der Finanzwirtschaft, Analyse, Entscheidungen und Umsetzungen*, 4., Akt. Aufl. Hallbergmoos: Pearson.

Bitz, Michael, Jürgen Ewert, und Udo Terstege. 2018. *Investition, Multimediale Einführung in finanzmathematische Entscheidungskonzepte*, 3., akt. u. erw. Aufl. Wiesbaden: SpringerGabler.

Bommer, Kay, und Achim Schreck. 2006. Nach dem Börsengang – Empfehlungen für börsennotierte Unternehmen. In *Praxishandbuch Börsengang, Von der Vorbereitung bis zur Umsetzung*, Hrsg. A.G. Deutsche Börse. Wiesbaden: Gabler.

Brauer, Markus. 2005. *Die Rechte der Aktionäre beim Börsengang und Börsenrückzug ihrer Aktiengesellschaft*. Berlin: Duncker & Humblot.

Cocca, Teodoro D. 2000. *Das Zuteilungsdilemma der Emissionsbanken*. Zürich: Institut für das schweizerische Bankwesen der Universität Zürich, Nr. 24.

Copeland, Thomas E., J. Fred Weston, und Kuldeep Shastri. 2008. *Finanzierungstheorie und Unternehmenspolitik, Konzepte der kapitalmarktorientierten Unternehmensfinanzierung*. München: Pearson.

Däumler, Klaus-Dieter, und Jürgen Grabe. 2014 Grundlagen der Investitions- und Wirtschaftlichkeitsberechnung. *Aufgaben und Lösungen, Testklausur, Checklisten, Tabellen für die finanzmathematischen Faktoren*, 13. Aufl. Herne: NWB Studium.

Deutsche Börse AG, Hrsg. 2006. *Praxishandbuch Börsengang, Von der Vorbereitung bis zur Umsetzung*. Wiesbaden: Gabler.

Freidank, Carl-Christian. 2022. *Unternehmensbewertung und Due Diligence, Grundlagen – Methoden – Anwendungen*. Berlin: Erich Schmidt.

Göbel, Elisabeth. 2021. *Neue Institutionenökonomie, Grundlagen, Ansätze und Kritik*. Stuttgart: UTB.

Henge, Stefan, und Eduard Kostadinov. 2006. In *Praxishandbuch Börsengang, Von der Vorbereitung bis zur Umsetzung*, Hrsg. A.G. Deutsche Börse. Wiesbaden: Gabler.

Hering, Thomas. 2003. *Investitionstheorie*, 2., vollst. überarb. u. stark erw. Aufl. München: Oldenbourg.

Huchzermeier, Malte. 2006. *Investor Relations beim Börsengang, Konzept für mittelständische Unternehmen*. Wiesbaden: DUV/Gabler.

Hungenberg, Harald, und Torsten Wulf. 2006. *Grundlagen der Unternehmensführung*, 2. Aufl. Berlin: Springer.

Kruschwitz, Lutz. 2000. *Investitionsrechnung*, 8., neu bearb. Aufl. München: Oldenbourg.

Löhr, Andreas. 2006. *Börsengang, Kapitalmarktchancen prüfen und umsetzen*, 2. Aufl. Stuttgart: Schäffer-Poeschel.

Meisner, Harald. 2021. *Finanzwirtschaft in der Internetökonomie*, 3. Aufl. Wiesbaden: SpringerGabler.

Olfert, Klaus, und Christopher Reichel. 2003. *Finanzierung*, 12., akt. u. verb. Aufl. Ludwigshafen: Kiehl.

Pape, Ulrich. 2011. *Grundlagen der Finanzierung und Investition, Mit Fallbeispielen und Übungen*, 2. Aufl. München: Oldenbourg.

Perridon, Louis, und Manfred Steiner. 1991. *Finanzwirtschaft der Unternehmung*, 6. Aufl. München: Vahlen.

Richter, Wolfgang, Marcus Wuntke, Jürgen Frodermann, und Dirk Jannott, Hrsg. 2017. *Handbuch des Aktienrechts*, 9. Aufl. Heidelberg: C.F. Müller GmbH.

Rummer, Marco. 2006. *Going Public in Deutschland, Eine empirische Analyse von Börsengängen auf Grundlage der Behavioral Finance*, Bd. 114. Wiesbaden: DUV/Gabler.

Schanz, Kay-Michael. 2012. *Börseneinführung: Handbuch für den Börsengang und die börsennotierte Gesellschaft*, 4. Aufl. München: Beck.

Schierenbeck, Henner, und Claudia B. Wöhle. 2008. *Grundzüge der Betriebswirtschaftslehre*, 17. Aufl. München: Oldenboiurg Verlag.

Schuster, Thomas, und Leona Rüdt von Collenberg. 2017. *Investitionsrechnung: Kapitalwert, Zinsfuß, Annuität, Amortisation*. Berlin: SpringerGabler.

Vahs, Dietmar, und Jan Schäfer-Kunz. 2012. *Einführung in die Betriebswirtschaftslehre*, 6., überarb. Aufl. Stuttgart: Schäffer-Poeschel.

Wiesmann, Martin, et al. 2001. Der Ablauf eines Initial Public Offering. In *IPO-Management*, Hrsg. Bernd W. Wirtz und Eva Salzer. Wiesbaden: Gabler.

Wöhe, Günter. 2002. *Einführung in die Allgemeine Betriebswirtschaft*, 21. Aufl. München: Vahlen.

Wöltje, Jörg. 2017. *Investition und Finanzierung, Grundlagen, Verfahren, Übungsaufgaben und Lösungen*, 2. Aufl. Freiburg: Haufe Gruppe.

Online-Quellen

Amtsblatt der Europäischen Union. 2016. Delegierte Verordnung (EU) 2016/1052 der Kommission. https://eur-lex.europa.eu/LexUriServ/LexUriServ.do?uri=CELEX:32016R1052:DE:HTML. Zugegriffen am 09.05.2024.

Börse Frankfurt. 2024. Allgemeine Informationen auf der Start-Website. https://www.boerse-frankfurt.de. Zugegriffen am 09.05.2024.

Bundesministerium der Justiz. 2024a. Aktiengesetz. https://www.gesetze-im-internet.de/aktg/. Zugegriffen am 09.05.2024.

———. 2024b. Börsenzulassungsverordnung. https://www.gesetze-im-internet.de/b_rszulv/. Zugegriffen am 09.05.2024.

Bundesministerium für Justiz. 2024a. Börsengesetz. https://www.gesetze-im-internet.de/b_rsg_2007/. Zugegriffen am 09.05.2024.

———. 2024b. Verordnung über die Zulassung von Wertpapieren zum regulierten Markt einer Wertpapierbörse. https://www.gesetze-im-internet.de/b_rszulv/. Zugegriffen am 09.05.2024.

———. 2024c. Verordnung über Vermögensanlagen-Verkaufsprospekte. https://www.gesetze-im-internet.de/vermverkprospv/. Zugegriffen am 09.05.2024.

Deloitte. 2024. IPO Readiness. https://www2.deloitte.com/de/de/pages/mergers-and-acquisitions/articles/ipo-readiness.html?id=de:2ps:3gl:4m&a_ipo_readiness:5:6ma:20230425::=&gclid=EAIaIQobChMI2Ovs7OuV_wIVAqnVCh2LNwBaEAAYAyAAEgI4rvD_BwE. Zugegriffen am 09.05.2024.

Deutsche Börse Cash Market. 2024a. Unsere Märkte. Finden Sie das passende Börsensegment für Ihr Unternehmen. https://www.deutsche-boerse-cash-market.com/scale/. Zugegriffen am 09.05.2024.

———. 2024b. EU-regulierter Markt: Prime Standard. https://www.deutsche-boerse-cash-market.com/resource/blob/3169044/7292dc27d234f16b8b30ba96619b69d9/data/Factsheet-Prime-Standard_de.pdf. Zugegriffen am 09.05.2024.

Ernst & Young GmbH. 2017. Ihr Börsengang und die Zeit danach. https://assets.ey.com/content/dam/ey-sites/ey-com/de_de/topics/ipo/ihr_boersengang_und_die_zeit_danach.pdf. Zugegriffen am 09.05.2024.

Going Public – Das Kapitalmarkt-Portal. 1999. Der Greenshoe – das unbekannte Wesen. https://www.goingpublic.de/going-public-und-being-public/investor-relations/der-greenshoe-das-unbekannte-wesen/. Zugegriffen am 09.05.2024.

Handelsblatt. 2021. Optiker Mister Spex erlöst mit Börsengang 375 Millionen Euro. https://www.handelsblatt.com/finanzen/maerkte/aktien/neuemission-optiker-mister-spex-erloest-mit-boersengang-375-millionen-euro/27378236.html. Zugegriffen am 09.05.2024.

Koenig, G.A., und M. Jacobs. 2024. Durchführung eines IPOs. https://www.ipobox-online.de/durchfuhrung-eines-ipos/4-1-konzept-und-ablauf-eines-ipos. Zugegriffen am 09.05.2024.

National Association of Security Dealers Automated Quotation System (NASDAG). 2024. Landing page. https://www.nasdaq.com. Zugegriffen am 09.05.2024.

New York Stock Exchange. 2024. Landing Page. https://www.nyse.com/index. Zugegriffen am 09.05.2024.

Porsche AG. 2022. Porsche startet mit erfolgreichem Börsengang in eine neue Ära. https://newsroom.porsche.com/de/2022/unternehmen/porsche-ag-boersengang-p911-boerse-frankfurt-29829.html. Zugegriffen am 09.05.2024.

Statista. 2024. Anzahl der Börsengänge in Deutschland von 1990 bis 2023. https://de.statista.com/statistik/daten/studie/152876/umfrage/boersengaenge-in-deutschland-seit-2000/. Zugegriffen am 09.05.2024.

Studien des Deutschen Aktieninstituts. 2018. Börsengang und Börsennotiz aus Sicht kleiner und mittlerer Unternehmen. https://www.dai.de/files/dai_usercontent/dokumente/studien/2018-03-01%20Boersengang%20und%20Boersennotierung%20KMUs.pdf. Zugegriffen am 09.05.2024.

Süddeutsche Zeitung. 2020. Wenn sich das Zocker-Gen meldet. https://www.sueddeutsche.de/wirtschaft/airbnb-aktie-boersengang-1.5145365. Zugegriffen am 09.05.2024.

Wegmann, J. 2024. Erlöse und Kosten bei einem IPO. https://www.ipobox-online.de/erlose-und-kosten-bei-einem-ipo/5-2-kosten-eines-ipos. Zugegriffen am 09.05.2024.

Token-Ökonomie

4

Zusammenfassung

Der Begriff „Tokenomics" setzt sich aus „Token" und „Economics" zusammen und beschreibt die Gestaltung von Anreizsystemen und wirtschaftlichen Regeln in Blockchain-basierten Netzwerken. Hierbei wird die Erstellung, Verteilung und Nutzung von Token verbindlich definiert.

Auch Klein- und Mittelständige Unternehmen sollten sich mit diesem Ansatz beschäftigen, da die Token-Ökonomie Chancen bietet, neue Geschäftsmodelle zu entwickeln, Prozesse zu optimieren und neue Märkte zu erschließen. Um dieses Potenzial zu nutzen, ist es notwendig, sich mit dem Chancen und Risiken auseinanderzusetzen.

Das Konzept der Token-Wirtschaft hat in den letzten Jahren durch den Aufstieg der Blockchain-Technologie und die Verbreitung von Kryptowährungen erheblich an Aufmerksamkeit gewonnen. Dennoch ist die Token Economy nicht nur für den Finanzsektor von hohem Interesse. Token als Vermögenswerte sind keine Erfindung, die durch die Blockchain-Technologie ermöglicht wurde.[1] Token kennen wir alle in der einen oder anderen Form.[2] Es gibt Coupons, die als Werbewurfsendung im eigenen Briefkasten zu finden sind, es gibt Punktesammelsysteme bei einigen Kauf-und Warenhäusern etc. Auch sind die Gutscheine, die zu diversen Anlässen (z. B. Weihnachten, Geburtstag, Jubiläen etc.) verschenkt werden, nichts anderes als ein Token, ein einzulösendes Wertversprechen.

[1] Voshmgir (2019), S. 139.

[2] Doll et al. (2013), S. 132.

K. Krüger, *Tokenisierung als Finanzierungsform*, https://doi.org/10.1007/978-3-658-46340-3_4

(Zugleich sind diese ausgestellten Gutscheine auch ein hervorragendes Geschäft für Unternehmen. Laut einer Umfrage von Statista geben 20 % der Befragten an, den Gutschein vergessen zu haben.[3] Legt man den Umsatz des Einzelhandels rund um Weihnachten und die Präferenz Geld und Gutscheine zu verschenken, zu Grunde, dann könnte man bei einer vorsichtigen Schätzung auf ein Volumen von gut 5 Mrd. € kommen. Von diesen 5 Mrd. € werden schlicht 20 % nicht eingelöst – eine spannende Entwicklung.

[Zur Präzisierung: Der weihnachtliche Umsatz des Einzelhandels wird für 2022 auf 119,5 Mrd. € prognostiziert.[4] Laut Statista wollten 44 % der Deutschen Geld und Gutscheine verschenken. Nimmt man an, dass von den 44 % der Befragten 10 %[5] Gutscheine verschenken, dann sprechen wir von einem Volumen von gut 5 Mrd. €.]).

Denken wir nun den analogen Ansatz weiter, und digitalisieren wir konsequent einen Gutschein, dann nähern wir uns den Möglichkeiten der Token-Ökonomie. Die Token-Ökonomie nur auf die Finanzmärkte zu reduzieren, wird dem Potenzial nicht gerecht. Es lohnt sich, ein Verständnis für diese Ökonomie aufzubauen, weil sie Geschäftsmodelle und Prozesse fundamental verändern wird. Ein digitaler Token ist mehr als nur ein Gutschein.[6]

Zu sehen ist dies u. a. in den wissenschaftlichen Auseinandersetzungen zur Token Ökonomie in den siebziger Jahren des letzten Jahrhunderts. Kazdin und Bootzin nutzen beispielsweise Token als Verstärker von erwünschtem Verhalten im Umfeld von Bildung. Sie erläutern, dass dieses erfolgreich einzubinden ist.[7] Doll et al. beschreiben die Token Ökonomie nicht nur im Kontext von Bildung, sondern betrachten auch die Entwicklung von Token, angefangen mit den ersten frühen Agrargesellschaften bis hin zur heutigen Zeit.[8] Im Rahmen der digitalen Transformation können Token jede Form von (ökonomischem) Wert repräsentieren.

Krypto-Assets, Kryptowährungen, digitale Zentralbankwährungen und nicht-fungible Token – das neue „Krypto"-Universum – bieten einzigartige Vorteile, aber auch Herausforderungen und Komplexitäten, die nicht nur die Regulierungsansätze beschreiben.

Es ist dennoch sinnvoll, sich zunächst den Begriffen und Definitionen zuzuwenden, um ein Verständnis aufzubauen:

(Token Economy als Begriff ist seit mehr als 50 Jahren in der wissenschaftlichen Literatur zu finden, jedoch gibt es noch immer keine einheitliche Definition und damit kein einheitliches Verständnis.).

Die Begriffe Token und Coin werden umgangssprachlich gern gleichgesetzt, jedoch gilt es zwischen den beiden Begriffen zu differenzieren.[9] Ein Coin wie beispielsweise ein

---

[3] https://de.statista.com/statistik/daten/studie/952225/umfrage/gruende-des-nicht-einloesens-von--geschenkgutscheinen-in-deutschland/, eingesehen am 28.05.2023.

[4] Statista Studie: Weihnachten 2022, S. 9.

[5] Statista Studie: Weihnachten 2022, S. 49.

[6] Dünser (2020), p. 40 ff.

[7] Kazdin und Bootzin (1972), S. 345.

[8] Doll et al. (2013), S. 132.

[9] Tolkmitt und Wittrin (2020), S. 5.

Bitcoin imitiert traditionelle Währungen und kann als integraler Bestandteil einer Blockchain dienen. Ein Token ist dagegen Repräsentant eines Vermögensversprechens, der auf bestehenden Blockchains aufbaut. Ein Token kann den Eigentumsanteil eines digitalen oder auch physischen Produktes ebenso darstellen, wie beispielsweise Mitbestimmungsrechte im Rahmen einer DAO als Decentralized Autonomous Organisation (ausführliche Erläuterungen zur DAO ist im Abschn. 5.3 zu finden).

Insgesamt ist festzustellen, dass die Wahrnehmung in der Bevölkerung für digitale Währungen zunimmt und Interesse erzeugen. Obwohl der Kryptomarkt mit seinem Geschäftsvolumen im Verhältnis zum Gesamtfinanzmarkt noch eher klein ist, sind doch volkswirtschaftlich interessante Tendenzen abzuleiten.

4.1 Volkswirtschaftliche Aspekte der Token Economy

Makroökonomische Theorien befassen sich mit der Rolle des Staates und wie sehr staatliches Eingreifen Effekte in unterschiedlichen Teilmärkten hervorruft.[10] Moderne Gesellschaften sind ohne Finanz – und Kapitalmärkte nicht denkbar. Daher lassen sich auch die volkswirtschaftlichen Aspekte der Token Economy im Rahmen einer eher engen Sicht „nur" auf den Finanzmarkt und die Finanzsysteme beschreiben. In der weiten Sicht hingegen wird (ebenfalls) die gesamte Wirtschaftsaktivität einer Volkswirtschaft in Betracht gezogen. Von Interesse sind dabei die Wechselwirkungen, die sich aus den Merkmalen der Token Ökonomie auf die Volkswirtschaft ergeben (können).

Kryptowährungen können als neuartige Zahlungsinstrumente und -infrastrukturen verstanden werden, die eine Ergänzung zu den bestehenden Zahlungssystemen bilden (können). Interessant in diesem Zusammenhang ist die Beobachtung, dass Kryptowährungen die Diversifizierung von Vermögenswerten und Zahlungen vorantreiben.

Folgende Merkmale sind der Token-Ökonomie zuzuweisen:

a) Dezentralisierung: Token-Ökonomien arbeiten mit und auf dezentralen Blockchain-Netzwerken, wodurch Vermittler wie beispielsweise Banken oder zentrale Behörden in der uns bisher vertrauten Art und Weise nicht mehr benötigt werden. Dieser dezentrale Charakter erhöht die Transparenz, die Sicherheit und das Vertrauen zwischen den Teilnehmern. Auch wie Unternehmen untereinander oder mit ihren Mitarbeitern interagieren, wird durch diese Dezentralität neue Möglichkeiten eröffnen, die sich in neuen Geschäftsmodellen widerspiegeln.
b) Programmierbarkeit: Token können mit intelligenten Verträgen programmiert werden, die eine automatisierte Ausführung von vordefinierten Bedingungen und Regeln ermöglichen. Diese Funktion ermöglicht die Erstellung von dezentralen Anwendungen (DApps)[11] und erleichtert komplexe Interaktionen innerhalb der Token Economy.

---

[10] Sperber (2016), S. 20 ff.

[11] DApps sind Applikationen, die in einem dezentral organisierten Peer-to-Peer-Netzwerk gespeichert und verifiziert werden (und nicht auf einem einzigen Server).

c) Vertrauen: Eine Blockchain-basierte Token-Ökonomie ermöglicht Netzwerknutzern, die sich nicht kennen, vertrauenswürdige Transaktionen durchzuführen. Die Ökonomie benötigt nicht mehr die Vielzahl an zentral organisierten Institutionen, die derzeit in den Prozessschritten zur Durchführung von Transaktionen eingebettet sind, um die Rechtmäßigkeit der Transaktionen zu bestätigen. Auch wenn es nicht zur Eliminierung von Mittelsmännern innerhalb des Prozesses kommt, so wird sich deren Rolle verändern. Es werden insgesamt schlankere und damit effizientere Prozesse möglich.[12]

Dieses Potenzial bleibt nicht unbemerkt. Trotz hoher Volatilität auf den Krypto-Finanzmärkten nimmt die Anzahl der Nutzer dezentraler Technologien zu. Finanzmärkte im Allgemeinen und Kryptomärkte im Besonderen reagieren schneller als beispielsweise Gütermärkte. Spremann und Gantenbein sprechen (in Bezug auf die traditionellen) Finanzmärkte von „flinken" Märkten, gemäß denen derjenige eine Chance auf Gewinne hat, der neue Informationen schnell erhält und auswerten kann, um quasi in Echtzeit die passende „Antwort" darauf zu entwickeln.[13] Diese Eigenschaften erfüllen auch Kryptomärkte. Es einfach nur mit „Spekulation" (auf beiden Märkten) abzutun, greift sicher zu kurz. Spremann und Gantenbein betonen, dass die hohe Liquidität der Finanzmärkte (und dies lässt sich erneut wieder auf Kryptomärkte übertragen) sowie die Schnelligkeit des Handels Hebelwirkungen zulassen, die auf dem Gütermarkt nicht möglich sind.

Kryptomärkte sind im Vergleich zu den traditionellen Finanzmärkten vom Volumen klein. Es sind jedoch viele Gemeinsamkeiten zu erkennen.[14] Das führt zur Frage, inwieweit Kryptomärkte Einfluss auf Volkswirtschaften haben. Auslöser, Kryptowährungen und die dazugehörigen Märkte ernst zu nehmen, war die Ankündigung von Meta (damals Facebook), eine eigene Währung auf den Markt zu bringen. Das würde bedeuten, dass mehr als 2 Mrd. Menschen sofort Zugang zu diesem Finanzsystem hätten.[15] Für das traditionelle Finanzsystem hätte es zu schweren Erschütterungen führen können, wenn ein privatwirtschaftliches Unternehmen nun als Hüter einer eigenen Währung antritt.

Die Studie des World Economic Forum (WEF) (Weltwirtschaftsforum),[16] veröffentlicht im Sommer 2022, ist (zumindest teilweise) beeinflusst durch den so genannten Krypto Winter.[17] Dieser Umstand führt u. a. zu der Aussage, dass *„Es viele unbeantwortete und*

[12] Xu et al. (2021), S. 18.

[13] Spremann und Gantenbein (2022), S. 71.

[14] Hammond und Ehret (2022), S. 15 in Thomson Reuters (Hrsg.).

[15] Facebook hatte 2019 rund 2,9 Mrd. Nutzer, die mindestens einmal im Monat einen Facebook-Dienst nutzen (https://allfacebook.de/toll/state-of-facebook#:~:text=Facebook%20Nutzerzahlen%20April%202019%20(Q1%2F2019)&text=1.56%20Milliarden%20täglich%20aktive%20Facebook,37.700%20Mitarbeiter%20hat%20Facebook, eingesehen am 21.06.2023).

[16] WEF: The Macroeconomic Impact of Cryptocurrency and Stablecoins, White Paper, July 2022.

[17] Krypto Winter beschreibt ein Marktumfeld von stark fallenden Preisen ohne eine Trendumkehr in Sicht zu haben.

vielleicht auch unbeantwortbare Fragen über die wirtschaftlichen Auswirkungen der alternativen Szenarien gibt".[18] Dabei erwägen die Autoren der Studie die Bandbreite der Möglichkeiten, digitale Währungen in den traditionellen Finanzmärkten zu integrieren. Das Spektrum reicht vom Verbot von Kryptowährungen über stärkere Regulierung bis hin zur Freigabe von Kryptowährungen als gesetzliches Zahlungsmittel mit unterschiedlicher Nuancierung.

Dieses White Paper analysiert und beschreibt die volkswirtschaftlichen Effekte bezüglich der Gesamtnachfrage, des Wohlstandseffektes sowie die Auswirkungen auf die Bewertung von Kryptowährungen und Krypto-Assets.

Für die Effekte bezüglich der Gesamtnachfrage halten sie fest, dass „*wenn Bitcoin zum Kauf eines Vermögenswerts (z. B. eines Autos oder eines Hauses) verwendet werden, es zu einem Gesamtnachfrageeffekt kommt, da Bitcoin zum Angebot der im Umlauf befindlichen Währung hinzugefügt wird. Der Gesamtnachfrageeffekt ist nur dann gegeben, wenn die ursprünglichen Miner ihre Einnahmen zum Kauf von Gütern und Dienstleistungen in der Wirtschaft verwenden und wenn diese Einnahmen die Mining-Kosten übersteigen. Wenn Bitcoin gegen nationale Währungen getauscht werden, handelt es sich um einen Substitutionseffekt und es gibt keinen direkten Effekt auf die Gesamtnachfrage.*"[19]

Die Kategorie Wohlstandseffekt nimmt an, dass Kryptowährungen tendenziell stärker als Anlage- und weniger als Zahlungsmittel genutzt werden. Daraus folgt, dass die Nutzung von Bitcoin, die ein begrenztes Angebot zur Verfügung stellt, bei steigender Nachfrage mit einem Preisanstieg reagiert. „*In den Fällen, in denen Wohlstand gewonnen wird und der zusätzliche Wert innerhalb der Wirtschaft ausgegeben wird, gibt es einen Wohlstandseffekt, der sich auf das Geldsystem auswirkt.*"[20] Wohlstand entsteht durch Wachstum und Wettbewerb.[21]

Die hohe Volatilität von Krypto-Assets und Kryptowährungen kann sowohl positive als auch negative Vermögenseffekte hervorrufen. Insgesamt aber ist festzustellen, dass die Kryptowährung Bitcoin (als größter Repräsentant) immer stärker mit dem S&P 500 Index korreliert.[22] Die nachweisbaren Korrelationen zwischen den größten Kryptowährungen sind Teil eines breiteren Trends zu höheren Korrelationen an den Finanzmärkten. Im Juni 2023 hat die 90-Tage-Korrelation von Bitcoin mit dem S&P 500 ein Allzeithoch.[23] Die positive Korrelation bedeutet, dass Bitcoin an Tagen, an denen der S&P 500 (oder auch der Nasdaq) steigt, mit größerer Wahrscheinlichkeit das Gleiche tut und umgekehrt.

---

[18] WEF-Studie (2022), S. 8.

[19] WEF-Studie (2022), S. 20.

[20] WEF-Studie (2022), S. 20.

[21] Erhard (2009), S. 15, 259.

[22] S&P 500 Index ist ein Aktienindex, der die 500 größten US-amerikanischen Unternehmen umfasst und zählt zu den wichtigsten Indexen weltweit. Somit ist eine nachweisbare Korrelation ein ernst zu nehmender Aussageindikator.

[23] https://www.coindesk.com/markets/2023/04/06/bitcoins-tight-correlation-with-nasdaq-to-sp-500-ratio-muddies-the-safe-haven-narrative/, eingesehen am 24.06.2023; Polizu et al. (2023), S. 8.

Insgesamt gelangt das Weltwirtschaftsforum in seinem White Paper über die makroökonomischen Effekte zu Schlussfolgerungen, die für Kryptowährungen die folgenden vier Szenarien umfassen:[24]

- Fortsetzung der gegenwärtigen Entwicklung
- Verbot der Verwendung von Kryptowährungen
- Zulassung von Kryptowährungen unter starken regulierten Auflagen
- Kryptowährung als gesetzliches Zahlungsmittel einführen

Für jedes Szenario werden die Effekte beschrieben und Beispiele herangezogen.

Neben Kryptowährungen betrachtet das Weltwirtschaftsforum auch Stablecoins und verfasst hierzu drei mögliche Szenarien. Stablecoins sind abhängig von der Art der Unterlegung, an die sie gekoppelt sind (z. B. Euro als Fiatwährung oder Gold als „Commodity“). Aus volkswirtschaftlicher Sicht stellt die Unterlegung eines Stablecoin durch Bankeinlagen lediglich die Umwandlung einer Geldart in eine andere dar. Wird hingegen ein Stablecoin mit Wertpapieren unterlegt, dann könnte es zu einer „Geldschöpfung“ in dem Sinne führen, dass ein Wertpapier zusätzlich zu seiner Eigenschaft als Wertaufbewahrungsmittel in ein Tauschmittel umgewandelt wird.

Gemäß diesen Vorbedingungen werden ebenfalls Szenarien durchleuchtet, die die volkswirtschaftlichen Effekte für Stablecoins betrachten. In diesem Zusammenhang wird Folgendes analysiert:

- Fortsetzung der gegenwärtigen Entwicklung für Stablecoins
- Zulassung von Stablecoins unter starken regulierten Auflagen
- Private Stablecoins zu besteuern oder zu verbieten, bis sie nicht mehr existieren

Die Autoren dieses Reports ermutigen Unternehmen und Unternehmer genauso wie Institutionen und Regierungen, die notwendigen Regulierungen mitzugestalten. Empfohlen wird eine Taxonomie, um zunächst zwischen den verschiedenen Arten digitaler Währungen und den möglichen Interaktionen zu unterscheiden. Regulierten Kryptomärkten wird ein großer makroökonomischer Nutzen zugesprochen. Die Autoren verweisen darauf, dass die Akzeptanz von Kryptowährungen und Stablecoins mit dem Grad der Regulierung mit einer bestimmten Rechtsordnung positiv korreliert. Relevant sind Aspekte wie

- Zugang zum Finanzsystem => gemeint ist u. a. finanzielle Inklusion, die damit den Zugang zu Finanzsystemen für neue Nutzer ermöglichen [#Banktheunbanked]
- Schutz vor illegalen Aktivitäten => das wird zur allgemeinen finanziellen Stabilität aller Finanzmärkte beitragen,
- Innovationen => Der Innovationseffekt neuartiger Zahlungsinstrumente kann zu breiteren Spillover-Effekten in Bezug auf die Innovation in der Wirtschaft führen,
- Ökologische Nachhaltigkeit => bessere Protokolle, um Transaktionen ressourceneffizient zu gestalten

[24] WEF-Studie (2022), z. B. S. 25.

Hammond und Ehret von Thomson Reuters schreiben ergänzend dazu in ihrer Analyse, dass die Anzahl der reinen „Steuerparadiese“ stark rückläufig ist. Vielmehr hat weltweit das Bemühen eingesetzt, dass Gewinne oder Einkommen aus Kryptowährungen zu besteuern sind. Der Grad der Steuerpflicht variiert von Staat zu Staat ebenso wie die in der Entwicklung befindlichen rechtlichen Vorschriften und Beschränkungen (abhängig vom Verwendungszweck wie z. B. Zahlungen, Investitionen, Derivate und Steuerstatus).[25]

Polizu et al. betonen in ihrem Report ebenfalls die volkswirtschaftlichen Effekte: Kryptomärkte, Kryptowährungen und Krypto-Assets spiegeln die Änderungen in Zinsentscheidungen und bei Kreditkosten ebenso wider wie auf traditionellen Finanzmärkten. Jedoch sind die beeinflussenden Faktoren aus Sicht der Autoren anders gewichtet. Zu den wichtigsten Faktoren für Kryptoanlagen gehören Marktvertrauen, Akzeptanz, Technologie und Liquiditätsbedingungen. Inflation und die Höhe der Zinssätze spielen eine weniger stark ausgeprägte Rolle. Polizu et al. beschreiben die Auswirkungen der von den Zentralbanken nach der großen Finanzkrise eingeführten Werkzeuge wie z. B. das „Quantitative Easing“ (QE) [quantitative Lockerung][26] und der Null-Zinspolitik und dass weltweit Investoren und Anleger nach renditebringenden Anlagen gesucht haben. Auch wenn das Risiko für viele in den Kryptomärkten erkennbar hoch ist, so ist viel Geld in diese neuen Märkte und Möglichkeiten geflossen. Da jedoch die positive Korrelation (siehe auch Report vom Weltwirtschaftsforum) bestätigt wird, führen Veränderungen auf traditionellen Finanzmärkten zu Reaktionen auf Kryptomärkten.[27]

Folgender Gedanke sei zusätzlich erlaubt: Im Zuge der Finanzmarktkrise 2008 und den nachfolgenden Analysen dazu tauchte ein neuer Begriff auf: Finanzialisierung. Galt im Zuge des Kapitalismus, dass der Finanzsektor die Infrastruktur zur Unterstützung der Real Ökonomie darstellt, bedeutet Finanzialisierung einen dominanten Einfluss der Finanzmärkte auf das Alltagsleben.[28] In der Folge wird der Lohnarbeit und der Produktion ein Bedeutungsverlust zugunsten von Profiten aus Finanzgeschäften zugesprochen.[29] In diesem Zusammenhang ist jedoch auch sichtbar, dass ärmere Bevölkerungsschichten wenig bis gar keinen Zugang zu diesen Profiten haben. Eine der Intentionen von Blockchain-basierten Kryptowährungen ist, durch dezentrale Netzstrukturen mehr Teilnehmern Teilhabe an Finanzgeschäften sowie den dazugehörigen Profiten zu ermöglichen.[30]

---

[25] Hammond und Ehret (2022), S. 3 in Thomson Reuters (Hrsg.).

[26] Unter QE verstehen die Zentralbanken Ankäufe von Vermögenswerten (wie z. B. Staatsanleihen) als Ausweitung der Geldbasis, um so Geld in die entsprechende Wirtschaft zu pumpen und diese zu stimulieren und zum Wachstum anzuregen.

[27] Polizu et al. (2023), S. 3; sie verweisen auf die ultraleichte Geldpolitik bis 2020, den durch Corona ausgelösten Anstieg der Preise (u. a. wegen gebrochener Lieferketten) und die Auswirkungen des Ukraine-Krieges auf die Preisentwicklungen weltweit.

[28] Heires und Nölke (2011), S. 38 in Kessler (Hrsg.).

[29] Heires und Nölke (2011), S. 39 in Kessler (Hrsg.).

[30] Kap. 6 widmet sich „Decentralized Finance“ und legt dar, wie durch die Blockchain-Technologie neue Möglichkeiten im Finanz- und Kapitalmarkt geschaffen werden, um eine bessere Teilhabe zu ermöglichen.

Wird diese Inklusion ermöglicht, vergrößern sich die finanziellen Handlungsspielräume und mehr Teilhabe wird sich in den gesamten volkswirtschaftlichen Effekten widerspiegeln.

4.2 Die fragmentierte Gesellschaft

Das Modell der fragmentierten Eigentümerschaft ist keineswegs neu, auch wenn es im Krypto-Space gern so formuliert wird. Fragmentiert bedeutet in diesem Zusammenhang, dass es immer unterschiedliche Akteure gibt. So sind am Aktienkapital unterschiedliche Akteure als Eigentümer beteiligt.[31] Oder, Wohnungseigentümergemeinschaften weisen unterschiedliche Akteure und damit einhergehend unterschiedliche Miteigentumsanteile am gesamten Objekt auf.[32]

Tabscott und Tabscott haben bereits 2016 darüber nachgedacht, wie Blockchain-Technologie als Klammer die Fragmentierung der Gesellschaft nicht unbedingt aufhalten, so aber zumindest im Sinne von demokratischen Ansätzen unterstützen kann.[33] Im Zusammenhang mit der Diskussion um das Metaversum hat diese Diskussion an Stärke gewonnen.[34]

Der Begriff „Fragmentierte Gesellschaft" heißt zunächst einmal, dass eine Gesellschaft zersplittert ist (oder sich auf dem Weg der Zersplitterung befindet). Das bedeutet, dass die sozialen, wirtschaftlichen, politischen und kulturellen Strukturen in solch einer Gesellschaft in viele einzelne Teile oder Gruppen aufgeteilt sind, die oft wenig miteinander verbunden sind und unterschiedliche Interessen, Werte und Bedürfnisse haben.

Der Einsatz von Technologien kann in einer fragmentierten Gesellschaft sowohl Chancen als auch Herausforderungen bieten. Technologie kann von mehr Teilhabe beitragen.

- Kommunikation und Vernetzung: Technologie ermöglicht die Kommunikation und Vernetzung zwischen einzelnen Gruppen und Individuen, die aufgrund räumlicher Distanz oder sozialer Unterschiede normalerweise kaum miteinander in Kontakt stehen würden. Durch soziale Medien, Online-Communities und virtuelle Plattformen können Menschen miteinander interagieren, Meinungen austauschen und voneinander lernen.
- Zugang zu Informationen: Technologie kann den Zugang zu Informationen demokratisieren, indem sie für eine breitere Bevölkerung zugänglich macht. Das Internet ermöglicht den Zugriff auf Wissen, Bildung, Nachrichten und weitere Ressourcen, die früher nur wenigen zur Verfügung standen. Dies hilft, Bildungs- und Informationsunterschiede zu verringern.

---

[31] Zu unterscheiden ist zwischen natürlichen und juristischen Person, die jeweils als Eigentümer am Kapitalmarkt involviert sein können.

[32] § 3 WEG (https://www.gesetze-im-internet.de/woeigg/BJNR001750951.html#BJNR001750951BJNG000102360, eingesehen am 08.06.2023).

[33] Tabscott und Tabscott (2016), S. 211 ff.

[34] Ball (2022), S. 207 ff.

- E-Partizipation: Durch Technologie können Bürgerinnen und Bürger leichter in politische Prozesse eingebunden werden. E-Partizipationsplattformen ermöglichen es Menschen, ihre Meinung zu äußern, an Umfragen teilzunehmen, Ideen einzubringen und an Entscheidungen teilzuhaben.
- E-Learning und digitale Bildung: Technologie kann den Zugang zu Bildung verbessern, unabhängig vom physischen Standort und traditionellen Bildungseinrichtungen. Somit wird der Zugang zu Informationen um die Komponente *Lernen und digitale Bildung* erweitert.
- Sozialer Wandel: Technologie kann auch immer als Werkzeug für den sozialen Wandel und entsprechenden Aktivitäten dienen.

Auch wenn der Einsatz von Technologien viele gute Chancen für eine Gesellschaft bietet, kann man sich den Herausforderungen nicht verschließen. Dies sind zum Beispiel die Verbreitung von Fehlinformationen und die Bildung von Filterblasen. Auch besteht das Risiko, dass Menschen ohne Zugang zu Technologie ausgeschlossen bleiben und somit die digitale Kluft weiter vorangetrieben wird. Es ist daher wichtig, dass Technologie zugänglich, inklusiv und ethisch verantwortungsbewusst, gestaltet und genutzt wird. Erforderlich sind auch Bemühungen, die digitale Kompetenz zu fördern, um sicherzustellen, dass alle Menschen die Möglichkeit haben, von den Vorteilen der Technologie zu profitieren und aktiv daran teilzuhaben.

Wenn man diesen sehr holistischen Ansatz auf die geschäftliche Ebene herunterbricht, dann spielen sicherlich Aspekte wie Partizipation und Zugang zu grundlegenden Dienstleistungen wie z. B. Finanz- und Versicherungsdienstleistungen eine besondere Rolle. Neue Geschäftsmodelle sind möglich, wie es sich exemplarisch auch an Folgendem darlegen lässt:

Es ist (auch aus rechtlicher Sicht) interessant, sich den Unterschied zwischen Eigentum und Besitz vor Augen zu führen. Im Alltag fällt es meistens nicht auf, dass diese beiden Begriffe unterschiedliche rechtliche Konsequenzen haben. Eigentum an einer Sache kann auch als Herrschaftsrecht definiert werden. Das bedeutet, dass jemand, der über so ein Herrschaftsrecht verfügt, einen bestimmten Gegenstand oder eine bestimmte Sache in einer näher festgelegten Weise nutzen darf und/oder über ihn verfügen und andere von der Einwirkung auf den Gegenstand ausschließen kann.[35] Dieses umfassende, absolute Recht kann übertragen werden. Der Übertrag ist beispielsweise der Verkauf eines Gegenstandes oder einer Sache.

Dem gegenüber steht der Besitz einer Sache. Laut § 854 BGB wird Besitz als tatsächliche Herrschaft über eine Sache definiert. Ein Besitzer ist eine Person, die über eine Sache, einen Gegenstand verfügen kann. Erteilt ein Eigentümer die Erlaubnis, eine Sache zu besitzen, dann ist der Besitzer dazu berechtigt und erlangt durch beispielsweise eine vertragliche Regelung die tatsächliche Herrschaft über eine Sache. Diese tatsächliche Herrschaft berechtigt den Besitzer jedoch nicht, den Gegenstand zu veräußern. Dies ist ein umfassendes Recht und gehört damit zum Eigentümer.

[35] Vgl. § 903 BGB.

Diesen Faden kann man nun weiterspinnen. Eigentum und Besitz kann und wird es auch in der digitalen Welt geben. Die Trennung von Besitz und Eigentum wird somit zur Grundlage für innovative Geschäftsmodelle, wenn sie mit Informationstechnologie kombiniert werden. Diese Art von Geschäftsmodellen wird heute zum Teil schon unter dem Begriff „*Sharing Economy*“ oder „*Collaborative Economy*“ geführt.

Typische Beispiele sind:

- Plattformen für Vermietungen: Ungenutzte Ressourcen wie Wohnungen, Autos, Werkzeuge oder Ähnliches können über diese Plattformen mit anderen Nutzern geteilt bzw. vermietet werden. Diese Peer-to-Peer-Plattformen verbinden Anbieter und Nachfrage, sodass Eigentum effizient genutzt und die Kosten für den Einzelnen reduziert werden können.
- Abonnement- und zugangsbasierte Modelle: anstelle von physischem Besitz können Unternehmen, digitale Produkte und Dienstleistungen über ein Abonnement oder zugangsbasierte Modelle anbieten (Software-as-a-Service, Music-Streaming etc.) Kunden zahlen nur für die Nutzung, ohne das Produkt oder die Software tatsächlich zu besitzen.
- Open-Source-Software und kollaborative Entwicklung: Die Open-Source-Bewegung nutzt IT-Plattformen und kollaborative Tools, um Softwareprojekte gemeinschaftlich zu entwickeln.
- Leasing: Informationstechnologie kann auch traditionelle Geschäftsmodelle wie Leasing unterstützen. Dies ist insbesondere bei teuren Leasing-Gegenständen verbreitet.
- Virtuelle Vermögenswerte: digitale Tokens und Konto Währungen ermöglichen den Besitz und Handel virtueller Vermögenswerte. Neue Formen von Eigentum und Besitz sind im Entstehen.

Die Trennung von Besitz und Eigentum in Kombination mit IT und modernen Technologien, eröffnet eine Vielzahl von neuen Möglichkeiten für Unternehmen und Verbraucher. Diese Modelle können nicht nur wirtschaftliche Vorteile bieten, sondern auch Ressourcen schonen, den Zugang zu Gütern und Dienstleistungen verbessern und potenziell nachhaltigere Konsums- und Produktionsmuster fördern.

Fragmentierte Gesellschaftsteile werden über diese neuen Geschäftsmodelle verknüpft. So genannte Payment-Modelle zur Abwicklung von Zahlungstransaktionen rücken damit verstärkt in den Fokus.

4.3 Kryptowährungen und ihr Einfluss auf die Realwirtschaft

Besonders aus deutscher Sicht ist der Nutzen von Bargeld noch immer besonders hoch angesehen, wenngleich die Nutzung rückläufig ist und elektronische Zahlungsalternativen an Bedeutung gewinnen.[36] Bargeld ermöglicht einen anonymen, direkten und unmittel-

[36] https://www.deutschlandfunk.de/bargeld-abschaffung-digital-girokonto-102.html, eingesehen am 15.06.2023.

baren Eigentümer- und Besitzerwechsel, wenn es um den Erwerb von Gegenständen oder Dienstleistungen geht. Bargeld als gesetzliches Zahlungsmittel ist insbesondere bei privaten Endkonsumenten (nach wie vor) sehr beliebt.[37] Unternehmen arbeiten weitestgehend bargeldlos, wenn man den Einzelhandel außer Acht lässt.[38]

Auch wenn digitale Währungen Spuren auf der Blockchain hinterlassen, bieten sie ein hohes Maß an Anonymität, die fast vergleichbar mit Bargeld ist. Allein die Nutzung von Bargeld ist noch immer weit unkomplizierter als die der Kryptowährungen.

Doch Kryptowährungen sind (bisher) nicht als gesetzliches Zahlungsmittel zugelassen. Das kann sich ändern, wenn die Europäische Zentralbank den digitalen Euro, wie Ende Juni 2023 angekündigt, einführt. Abschn. 7.1. gibt einen Überblick über den aktuellen Stand digitaler Währungen, sowohl in der Euro-Zone als auch in anderen Zuständigkeitsbereichen.

Krypto-Assets und -Währungen sind keine Internetphänomene, die von Nerds und Spekulanten „gefüttert" werden (auch wenn einerseits die Fans von Krypto glauben, die Formel zur Weltrettung gefunden zu haben während andererseits die Gegner von Krypto glauben, es mit einer umweltzerstörenden Spekulationsblase zu tun zu haben, die Trickbetrüger befördert und die die Wirtschaft beim Platzen der Blase an den Kollaps führt). Es ist eine organisierte, technologische Bewegung, die mit mächtigen Werkzeugen traditionelle Wahrheiten in Frage stellt. Es ist nicht die Frage, ob die Realwirtschaft mit diesen Zahlungsmethoden konfrontiert wird, sondern ab wann diese neuen Methoden massentauglich sein werden.

Die Plattform Coingecko gewährt einen Überblick über die Kryptowährungsdaten weltweit und listet Anfang Juni 2023 mehr als 10.000 unterschiedliche Coins auf. Die globale Marktkapitalisierung beläuft sich gemäß dieser Plattform demnach auf 1,2 Billionen US-Dollar (entspricht gut 1,2 Mrd. €), wobei Bitcoin eine Dominanz von circa 44 % aufweist.[39] Statista hingegen gibt an, dass es Ende Mai 2023 9182 unterschiedliche Kryptowährungen gibt, was im Vergleich zu anderen Jahren einen Rückgang darstellt.[40] Unabhängig davon, ob es nun mehr oder weniger als 10.000 unterschiedliche Kryptowährungen gibt, bleibt die Frage, ob es sich nach wie vor um ein Nischenphänomen handelt. Argumentieren lässt sich in beide Richtungen: Ja, es ist ein Nischenphänomen, weil die Marktkapitalisierung im Vergleich zu den bestehenden Währungen noch immer sehr gering ist und digitale Währungen nicht als offizielle Währungen anerkannt sind. Oder, die Vielzahl

---

[37] https://www.bundesbank.de/de/aufgaben/bargeld/bargeldstrategie-des-eurosystems, eingesehen am 15.06.2023.

[38] Kliemank (2011), S. 1.

[39] https://www.coingecko.com/de/global-charts#:~:text=Die%20globale%20Marktkapitalisierung%20von%20Kryptowährungen,%2DDominanz%20von%2044.14%20%25%20entspricht., eingesehen am 04.06.2023.

[40] https://de.statista.com/statistik/daten/studie/1018542/umfrage/anzahl-unterschiedlicher-kryptowaehrungen/#:~:text=Im%20Mai%202023%20gab%20es,virtuellen%20Währungen%20nach%20Marktkapitalisierung%20an, eingesehen am 01.06.2023.

an unterschiedlichen digitalen Währungen zeigt, trotz noch immer bescheidener Marktkapitalisierung, dass eine Transformation auf dem Finanzmarkt hin zu digitalen Währungen stattfindet und dieses ehemalige Nischenphänomen sich auf dem Weg zur Massenadaption befindet.

Es lohnt sich daher, einen genaueren Blick auf das „Phänomen Kryptowährungen" zu werfen.

Schon in Kap. 2 sind die Eigenschaften von Kryptowährungen intensiv diskutiert worden. Unter Berücksichtigung der deutschen Mentalität in Bezug auf Bargeld kann man festhalten, dass viele Attribute, die dem Bargeld (auch emotional) zugesprochen werden, auch auf Kryptowährungen anzuwenden sind.

Die deutsche Bundesbank listet folgende Attribute auf:[41]

- Freiheit und Unabhängigkeit
- Bargeld ist anerkanntes gesetzliches Zahlungsmittel
- Schutz der Privatsphäre
- Unbeschränkte Nutzung (jeder kann Bargeld verwenden)
- Schnell und sicher
- Wertaufbewahrungsfunktion

Kryptowährungen können viele dieser Attribute erfüllen. Lediglich die Wertaufbewahrungsfunktion ist derzeit aufgrund der hohen Volatilität von Kryptowährungen nur sehr bedingt gegeben. Auch sind Kryptowährungen kein anerkanntes gesetzliches Zahlungsmittel. Inwiefern sich das mit der Einführung eines beispielsweise digitalen Euros für andere Kryptowährungen (ver-)ändern wird, bleibt abzuwarten.

Gern unberücksichtigt in der Diskussion um Bargeld bleibt die Frage nach den Kosten zur Produktion von Bargeld und vor allem, wer diese Kosten trägt. Die Erzeugung von Bargeld ist teuer. Die Europäische Zentralbank weist die Erzeugung von Banknoten bzw. Bankmünzen den nationalen Zentralbanken zu, die im Auftrag der EZB die entsprechende Menge produzieren. Die nationalen Notenbanken müssen diese Kosten der Produktion tragen, geben diese Kosten jedoch an die Nutzer indirekt über Gebühren weiter.[42] Laut der Steinbeiß-Studie „Cost of Cash" beliefen sich die volkswirtschaftlichen Kosten für das Jahr 2011 auf geschätzte 12 Mrd. €. Damit fallen für jeden Nutzer knapp 150 € an Kosten an, die indirekt getragen werden. Dies sind Werte aus dem Jahr 2011. Es ist davon auszugehen, dass diese Kosten weiter gestiegen sind.[43] Ein Kostenvergleich zu digitalen Währungen ist dennoch interessant, da das Verschicken von Kryptowährungen (theoretisch) kostenlos ist.

---

[41] https://www.bundesbank.de/de/aufgaben/bargeld/bargeldstrategie-des-eurosystems, eingesehen am 15.06.2023.

[42] https://www.ing.de/wissen/was-kostet-geld/, eingesehen am 15.06.2023; Diese indirekte Gebühr wird auch als Seigniorage bzw. Geldschöpfungsgewinn bezeichnet.

[43] Kleine et al. (2013), S. 5.

Dabei sind diese Kosten nicht mit den Gebühren zu verwechseln, die von Faktoren wie Netzwerküberlastung, dem (Krypto-)Handelsplatz sowie der Kryptowährung abhängen. Man könnte auch von zwei Hauptgebührenkategorien sprechen: einerseits die Gebühren für das Netzwerk und andererseits die Gebühren für den Service.[44] Angebot und Nachfrage bestimmen die Höhe der entstehenden Gebühren.[45]

Diese Gebührenstruktur ist auch bei den traditionellen Überweisungen von Geld von einer zur anderen Bank bekannt. Diese Gebühren können zwischen 0,50 € und 3,50 € pro Transaktion schwanken.[46]

Somit ist erneut zu erkennen, dass beide Systeme viele Gemeinsamkeiten aufweisen. Jedoch sind in der traditionellen Finanzwelt Überweisungen von Kleinstbeträgen wirtschaftlich nicht sinnvoll. Die Gebühren sind um ein Vielfaches höher als der zu überweisende Kleinstbetrag von beispielsweise 5 Eurocent.[47] Mit Kryptowährungen hingegen ist diese Fragmentierung auch wirtschaftlich durchführbar. Eine weitere Eigenschaft von digitalem Geld ist, dass man sie mit Smart Contracts (d. h. Computerprotokolle, die vorab definierte Bedingungen als wenn-dann-Bedingung durchlaufen) verknüpfen und somit vertragliche Vereinbarungen an die Zahlung knüpfen kann. Zahlungsdienstleister wie z. B. Paypal bieten Ähnliches als Käufer-und Verkäuferschutzprogramm an, sofern man Kunde/Nutzer bei Paypal ist. Für den Kunden gilt, dass er seine Zahlung zurückerhält, sofern das bestellte Produkt entweder nicht unvollständig beim Kunden eintrifft. Auch wenn die Beschreibung des Produktes von der gelieferten Qualität abweicht, lässt sich die Rückabwicklung des Kaufes durchführen. Für Verkäufer gewährt das Schutzprogramm dagegen den Anspruch auf Zahlung, falls der Kunde erklärt, die Ware z. B. nicht erhalten zu haben und somit sein Geld zurückfordert.[48] Aber um diesen Schutz zu erhalten, muss man Paypal-Kunde sein und dies bedeutet, dass Paypal Zugriff auf das eigene Konto benötigt. Mit Smart Contract Verknüpfungen sind diese Zugriffe auf das eigene Konto nicht mehr nötig. Es dreht sich dann nur um den einzelnen Vorgang und die Transaktion wird durch das Auslösen der Wenn-Dann-Bedingungen durchgeführt.

Schutz vor nicht autorisierten Zahlungen ist damit ebenso gewährt wie der Schutz vor unberechtigtem Zugriff auf das eigene Konto. Außerdem fallen bei der Nutzung von Kryptowährungen für eine so skizzierte Transaktion keine weiteren Extrakosten an, da die

[44] Zu den Netzwerkgebühren gehören Gebühren für das Mining bzw. für die Validierer. Diese dienen der Aufrechterhaltung des Netzwerkes an sich, um u. a. die Echtheit der Transaktion zu bestätigen und falsche Transaktionen zu verhindern. Dienstleistungen, wie z. B. die schnellere Validierung einer Transaktion, gehören in die Kategorie von Servicegebühren, ebenso wie Gebühren für die Nutzung einer bestimmten Plattform, auf der Kryptowährungen ge- oder verkauft werden.

[45] https://kryptokenner.de/bitcoin-transaktionsgebuehren/, eingesehen am 26.07.2023.

[46] https://www.mutual.de/konto/ueberweisungsgebuehren-fuer-beleghafte-ueberweisung/#:~:text=Während%20die%20meisten%20Filialbanken%20für,bleiben%20Online%2DÜberweisungen%20i.d.R.%20kostenlos, eingesehen am 25. Juli 2023.

[47] https://bankenverband.de/token/token-economy-die-r-evolution-hat-gerade-erst-begonnen/, eingesehen am 25.07.2023.

[48] https://www.paypal.com/de/webapps/mpp/paypal-safety-and-security, eingesehen am 25.07.2023.

genutzte Blockchain-Technologie diese Eigenschaften per se innehat. Somit kann durch den Einsatz der Blockchain-Technologie der Zahlungsverkehr sicherer und kostengünstiger gestaltet werden.[49]

Auch wenn Kryptowährungen, wie oben erläutert, noch immer eher als Nischenprodukt zu sehen sind, so ist dennoch ein Mehrwert erkennbar:

- Micro-Transaktionen werden auch wirtschaftlich möglich,
- geringe Kostenstruktur (abgesehen von den Miningkosten bei beispielsweise dem Bitcoin),
- hohe Sicherheit durch das dezentrale Netzwerk und u. a. kryptografische Elemente.

Somit ist es nicht verwunderlich, dass Verbraucher immer aufgeschlossener gegenüber diesen Währungen sind, auch wenn derzeit die meisten Kryptonutzer im asiatischen Raum leben. Momentan nutzen knapp 10 % der Deutschen Kryptowährungen, während es in Vietnam knapp 30 % sind.[50] Die Plattform Coinbase zeigt übrigens auch, wie Kryptowährungen noch stärker ins Bewusstsein von Verbrauchern gebracht werden können. Coinbase hat beim Super Bowl im Februar 2022 einen QR-Code veröffentlicht, der, sofern gescannt, einen Bitcoin-Anteil im Wert von 15 USD versprach. Nach der Ausstrahlung des Werbespots am Super-Bowl-Sonntag am 13. Februar stieg die Zahl der Installationen im Vergleich zur Vorwoche um 309 % und am Folgetag noch einmal um weitere 286 %.[51]

Passend dazu verweist das ifo Institut in seiner aktuellen Umfrage zusammen mit darauf, dass Kryptowährungen in der Wahrnehmung von Unternehmen steigen (vgl Abb. 4.1).[52]

Insbesondere das verarbeitende Gewerbe nutzt die Technologie, auch wenn aus der Umfrage nicht eindeutig sichtbar ist, inwiefern auch Krypto-Zahlungen bei der Verwendung der Blockchain-Technologie involviert sind. Festzustellen ist zudem, dass Unternehmen Kryptowährungen als Zahlungsmittel akzeptieren, obwohl noch Aspekte wie z. B. die Preisvolatilität nicht hinreichend gelöst sind. Sehr prominent bekennt sich beispielsweise Tesla-Chef Elon Musk zu Kryptowährungen und will Bitcoin auch wieder als Zahlungs-

[49] Die reflexartig einsetzende Diskussion über den horrenden Stromverbrauch bei der Erzeugung von Bitcoins darf nicht verwechselt werden mit dem Validierungsaufwand für einen Block bzw. für eine Transaktion. Spätestens wenn alle Bitcoins geschürft sind, dann erübrigt sich die Stromdebatte, da der Leistungsaufwand in Form von Rechnerkapazität für das Mining entfällt. Dann fallen „lediglich" Gebühren an, um den Minern weiterhin einen Anreiz zu gewähren, dieses Netzwerk zu pflegen.

[50] https://www.cash-online.de/a/kryptowaehrungen-wo-deutschland-im-internationalen-vergleich-steht-625343/#_ftnref1, eingesehen am 31.07.2023.

[51] https://techcrunch.com/2022/02/17/super-bowl-ads-boosted-crypto-app-downloads-by-279-led-by-coinbase/?guccounter=1&guce_referrer=aHR0cHM6Ly93d3cuZ29vZ2xlLmNvbS8&guce_referrer_sig=AQAAAEP1uvcNuNvVd6DQI2dQfE%2D%2D7VgNswnt1DdWO6X-k_Wi0kPfYFw44vbsYQwAeAHpqknPKWaQtJXbGuW6Wv3ZXQ2EqwlyF0V2Rl_LhUXIBj2didz9LUPdwb8zBse9KSTHA7qJMEGk4gSr-uv26dlSEGYTdmXKa89KWtBbstrn3eL, eingesehen am 31.07.2023.

[52] https://www.ifo.de/fakten/2023-06-28/blockchain-technologie-in-deutschen-unternehmen, eingesehen am 31.07.2023.

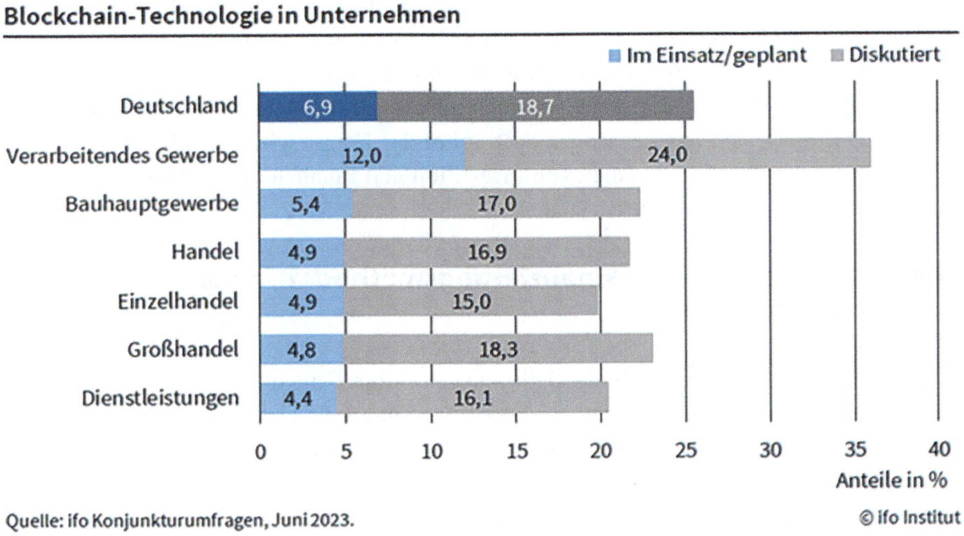

Abb. 4.1 Einsatz von Blockchain-Technologie in deutschen Unternehmen. (Mit freundlicher Genehmigung des ifo Institut und Hanseatic Blockchain Institute e.V.)

mittel akzeptieren.[53] Aber auch Unternehmen wie der Lieferdienst Lieferando ermöglichen Zahlungen mit Bitcoin.

Außerdem werden sogenannte „Krypto Kreditkarten" angeboten, die mit Kryptowährungen aufgeladen werden und überall dort eingesetzt werden können, wo auch eine Kreditkartenzahlung möglich ist. Diese Krypto Kreditkarten basieren auf den Systemen von Mastercard oder Visa und sind als Prepaid-Karten (Debitcard) erhältlich. Anbieter solcher Kreditkarten sind z. B. der Neobroker Bitpanda,[54] Coinbase[55] oder auch Binance.[56] Den Anbietern gemeinsam ist, dass sie nicht „nur" eine Guthaben-Karte ausgeben, die vom Kunden genutzt werden kann, sondern auch noch ergänzende Möglichkeiten diesen Karten hinzufügen, wie beispielsweise Guthabenverzinsung, Cashback für getätigte Ausgaben mit der Karte etc. Sicherlich, dies ist auch bei anderen Anbietern, die nicht im Krypto-Raum agieren, zu sehen, aber über diese Angebote werden für einen Krypto-Kreditkarten-Nutzer Anreize geschaffen, sich weiterhin in diesem Umfeld zu bewegen. Die Krypto Kreditkarte ist darüber hinaus in der Lage, sowohl Kryptowährungen als auch die herkömmlichen Währungen zu speichern, sodass der Nutzer entscheiden kann, welche Währung er zum Einsatz bringen möchte.

[53] https://www.blocktrainer.de/tesla-bald-wieder-mit-btc-bezahlen/, eingesehen am 31.07.2023.

[54] https://www.bitpanda.com/de/card, eingesehen am 01.08.2023.

[55] https://www.coinbase.com/card, eingesehen am 01.08.2023.

[56] https://www.binance.com/en/cards, eingesehen am 01.08.2023 (Hinweis: ab dem 20. Dezember 2023 können Binance-Nutzer im europäischen Wirtschaftsraum nicht länger die Visa Debitkartendienste nutzen).

Damit kann die Akzeptanz bei Nutzern (Verbrauchern) erhöht werden, was dann aus Unternehmenssicht bedingt, sich Gedanken zu machen, ob man ebenfalls Kryptowährungen als Zahlungsmittel (zukünftig) akzeptieren will.

Nachdem die Kryptowährungen und ihr Einfluss auf die Realwirtschaft skizziert worden sind, widmet sich das nachfolgende Kapitel der Frage, wie ganz allgemein in einer Token Economy die Mechanismen von Investition und Finanzierung funktionieren.

4.4 Investitions- und Finanzierungsmethoden in der Token Economy

Die Veränderungen der Geschäftsmodelle, ausgelöst durch die immer stärker werdende digitale Transformation, machen auch vor der Finanzindustrie nicht halt. Hier hat der Wandel in Richtung digitaler Produkte und digitaler Prozesse eingesetzt. Traditionelle Finanzinstrumente wie physische Aktienzertifikate oder Papierdokumente werden zunehmend durch digitale Äquivalente ersetzt. Heutzutage können Wertpapiere elektronisch gehandelt und in digitaler Form verwahrt werden.

Darüber hinaus haben sich digitale Zahlungsmethoden wie zum Beispiel Online-Banking, mobile Zahlungsplattformen und eben auch Kryptowährungen etabliert, die eine digitale Alternative zu traditionellen Bargeldtransaktionen bieten. Finanzdienstleistungen wie Robo-Advisor[57] oder Online-Brokerage-Plattformen nutzen ebenfalls die Vorteile der Digitalisierung, um Finanzdienstleistungen effizienter und leichter für die Marktteilnehmer zugänglich zu gestalten. Der Wandel hin zu digitalen Finanzprodukten und digitalisierten Prozessen ermöglicht es, Finanzdienstleistungen schneller, bequemer und kostengünstiger anzubieten.[58] Außerdem ist es möglich, dass Nutzer weitaus kleinteiliger investieren können. Dies birgt neben Chancen auch Risiken. Vom Standpunkt der Finanzindustrie liegt die vielleicht größte Herausforderung in diesem Zusammenhang nicht nur im Datenschutz, sondern auch in der Gewährung der Sicherheit vor Cyber-Angriffen (neben vielen anderen Herausforderungen[59]).

Vom Standpunkt des Investors lassen sich für neue Investitionsprojekte, die, getragen von der Digitalisierung, andere Teilhabemöglichkeiten einräumen. Neue Geschäftsmodelle nutzen die Spielräume und Gestaltungsmöglichkeiten, die durch die Digitalisie-

[57] Gabler Wirtschaftslexikon definiert einen Robo-Advisio als „ein intelligentes System, das unter Einsatz von Algorithmen und regelmäßig ohne menschliche Beteiligung Anlageempfehlungen für ein optimiertes Portfoliomanagement gibt". https://wirtschaftslexikon.gabler.de/definition/robo-advisor-54214, eingesehen am 10.06.2023.

[58] Als digitales Produkt wird ein Produkt beschrieben, das entweder auf einem Datenträger (z. B. USB-Stick) physisch verfügbar ist und digitale Daten enthält oder selbst nur als immateriell in Form von digitalen Daten existiert, die über das Internet oder andere elektronische Medien bereitgestellt wird.

[59] Zu nennen sind hier beispielsweise Fragen nach dem Mehrwert für Kunden, Optimierung der kundenbezogenen Wertschöpfungskette, Einbindung relevanter Technologien usw.

rung immer deutlicher hervortreten, um Kunden aber auch Investoren neue Anreize zu setzen. Technologie ermöglicht diesen Wandel, der nicht nur Chancen, sondern selbstverständlich auch Risiken für jeden Anleger enthält. Hier lässt sich beispielsweise mangelndes technologisches Verständnis anführen, welches zur Fehleinschätzung einer Investitionsmöglichkeit führen kann.[60]

Vom Standpunkt der Unternehmen bietet die Transformation der Finanzmärkte die Möglichkeit, direkt mit den Investoren die wirtschaftliche Entwicklung des Unternehmens zu gestalten. Kapital muss nicht mehr über die traditionellen Finanzmärkte allokiert werden. Basis ist ein nachhaltiges Geschäftsmodell, das einen Mehrwert verspricht. Das verändert sich nicht, nur weil man sich den neuen Finanzierungsmöglichkeiten zuwendet. Die Schaffung von Token bringt Unternehmen in die Lage, neue Investorengruppen ansprechen zu können. Diese Finanzierungsart ähnelt in vielen Teilschritten einem traditionellen Angebot der Beteiligungsfinanzierung.

4.4.1 Initial Coin Offering

Die Finanzierungsform Initial Coin Offering (ICO) erlebte ihren ersten großen Hype 2017. Der Begriff ist eine Anlehnung an den Initial Public Offering (IPO), welcher den Börsengang beschreibt, nur werden nun Token anstatt Aktien emittiert.[61] Der gravierende Unterschied zwischen beiden Verfahren liegt nicht so sehr in der Ausführung, sondern vielmehr am Emittenten. Start-ups und junge Unternehmen verfügen noch nicht über eine „Geschichte", können kaum Bilanzen vorweisen und Kennzahlen belegen. Sie befinden sich in der Startphase und wollen zur Realisierung ihrer Geschäftsidee finanzielle Mittel einwerben. Im Gegenzug erhalten Anleger Token oder Coins.

US-amerikanische Behörden wie die SEC (Securities and Exchange Commission), das FBI (Federal Bureau of Investigation), die IRS (Internal Revenue Service) und die CFTC (Commodity Futures Trading Commission) sind für die Regulierung und Durchsetzung von Gesetzen im Zusammenhang mit Finanztransaktionen und Wertpapieren zuständig. Als Reaktion auf Verstöße gegen bestehende Gesetze und Vorschriften im Zusammenhang mit ICOs begannen diese Behörden Untersuchungen durchzuführen. Sie verschickten Vorladungen und leiteten rechtliche Schritte gegen Unternehmen ein, die gegen diese Vorschriften verstoßen hatten. Als Ergebnis dieser Untersuchungen und Strafverfolgungen empfahlen Anwälte ihren Kunden, ICOs auszugeben und stattdessen Security Token Offerings (STOs) durchzuführen, die den bestehenden rechtlichen Anforderungen entsprechen. STOs sind Wertpapierangebote, bei denen Token als Wertpapiere betrachtet werden und den geltenden Wertpapiergesetzen und -vorschriften entsprechen.[62]

Diese Veränderung von ICOs zu STOs wurde von einigen als Reaktion auf die strengere Durchsetzung der Vorschriften betrachtet und soll dazu dienen, rechtliche Probleme

[60] Adam (2022), p. 155 ff.

[61] Hahn und Wons (2018), S. 3.

[62] Kurt und Kurt (2022), S. 47.

zu vermeiden und den Anlegern mehr Schutz zu bieten. Es ist wichtig, zu beachten, dass die genauen Regeln und Vorschriften für STOs und weitere Token Ausgaben je nach Gerichtsbarkeit variieren können und dass Anleger und Unternehmen rechtlichen Rat einholen müssen, um die geltenden Vorschriften einzuhalten.[63]

Auch das Europäische Finanzaufsichtssystem (ESFS)[64] oder, auf nationaler, deutscher Ebene, die BaFin (Bundesanstalt für Finanzdienstleistungen) haben die Zügel angezogen und den Kryptomarkt stärker reguliert, um insbesondere den Anlegerschutz zu erhöhen. Die BaFin weist unter anderem darauf hin, dass der Erwerb von Token mit sehr hohen Risiken verbunden ist. Ein Token-Herausgeber könnte theoretisch auch eine Privatperson sein, die kein Unternehmen repräsentiert. Es ist weder eine bestimmte Unternehmensform noch ein tatsächlicher Gewerbebetrieb vorgeschrieben, um einen ICO durchführen zu können.[65]

Unabhängig davon, wie man den Vorgang der Token-Ausgabe nennt, gilt es, eine Vielzahl von Schritten, vergleichbar wie beim Börsengang, einzuhalten. Dabei sind einige grundsätzliche Gemeinsamkeiten zu erkennen, die aber in der Detailbetrachtung unterschiedlich sind. Dennoch lässt sich auch der Prozess eines IPOs in Phasen gliedern. Und auch hier kann gestritten werden, ob die Entscheidung für (oder dagegen) das Anbieten von Token im Rahmen eines ICOs schon zur Vorbereitungsphase gehört oder davor anzusetzen ist.

Diese Prozessphasen können entsprechend Abb. 4.2 dargestellt werden.

Die vorherrschende Annahme beruht darauf, dass ein ICO grundsätzlich für junge Unternehmen in der frühen Finanzierungs- und Entwicklungsphase als Instrument genutzt wird. Das greift zu kurz. Auch für erfahrene Unternehmen kann diese Form der Finanzierung von hohem Interesse sein.

Erneut sei hier der Hinweis erlaubt, dass ein ICO sinnvoll sein muss. „Sinnvoll" kann in diesem Zusammenhang am besten als Mehrwert verstanden werden: Nur wenn ein Unternehmen mit der Ausgabe von Token (und dem damit verbundenen Zufluss von finanziellen Mitteln) ein bestehendes Problem lösen kann (z. B. ein Tool entwickeln, dass zur Effizienzsteigerung beiträgt, oder zu besseren Mitbestimmungsprozessen etc.), erscheint ein Investment halbwegs sicher bzw. nachhaltig. Ein Token wird nur dann einen Wert haben und erhalten, wenn sich der Nutzen für die kommenden Jahren darlegen lässt. Nur dann verfügt die Geschäftsidee über einen ökonomischen Wert, der auch in die Zukunft reicht. Es ist nicht hilfreich, zuerst einen Business Use Case zu entwerfen, der als „Cold Case" ein noch nicht im Markt existierendes Problem adressiert, da davon auszugehen ist, dass dieses wenig nachhaltig sein wird.[66]

---

[63] Romans (2019), S. 57.

[64] „*Das Europäische Finanzaufsichtssystem ist ein mehrstufiges System aus Behörden für die Finanzaufsicht auf Mikro- und Makroebene, mit dem für eine konsistente und kohärente Finanzaufsicht in der EU gesorgt werden soll.*"

[65] https://www.bafin.de/SharedDocs/Veroeffentlichungen/DE/Fachartikel/2017/fa_bj_1711_ICO.html, eingesehen am 10.06.2023.

[66] Lehot und Radcliffe (2019) in Romans (Hrsg.), S. 267.

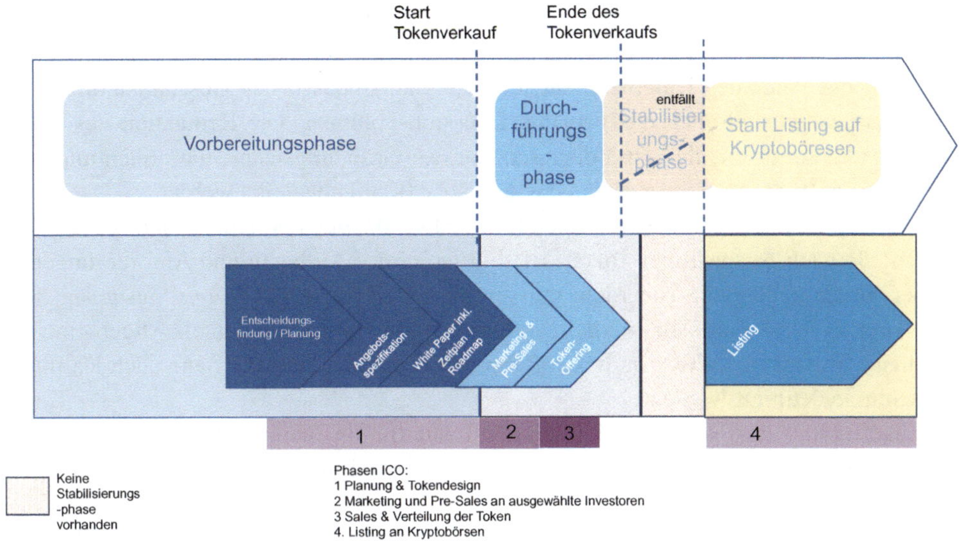

Abb. 4.2 Ablauf ICO

Hat sich ein Unternehmen entschieden, einen ICO zu platzieren, so wird dies sehr früh der potenziell interessierten Öffentlichkeit über einschlägige Foren und auf ICO spezialisierten Webseiten kommuniziert. Hierbei handelt es sich zunächst „nur" um eine kurze Beschreibung der Projektidee.[67]

Nachfolgend werden die Phasen eingehender beleuchtet.

4.4.2 Die Vorbereitungsphase

Ist die Entscheidung für den ICO gefallen, dann fallen in der Vorbereitungsphase für die Emission von Token vielfältige Entscheidungen, wie zum Beispiel die Wahl des Tokens, der Aufbau des White Papers, das als Beschreibung des Geschäftsmodells dient, der Börsenplatz und das Listing, die zu nutzende Technologie usw. an.

Die zeitliche Komponente ist ebenfalls zu berücksichtigen: Wird die Vorbereitungsphase für den Börsengang mit bis zu zwei Jahren kalkuliert, so ist ein ICO erheblich schneller durchführbar. In der Regel spricht man hier von maximal zwölf Monaten, wobei die meiste Zeit für die Vorbereitung und die Pre-Sales-Phase in Anspruch genommen wird.[68] Auch wenn es eine formelle Unternehmensreife so nicht gibt (vergleiche formelle Börsenreife eines Unternehmens), so ist es dennoch empfehlenswert, dass ein Unternehmen, für den

---

[67] Varmaz und Varmaz (2018), S. 132.

[68] https://de.cointelegraph.com/learn/how-to-launch-an-ico-a-detailed-guide, eingesehen am 10.06.2023; Hinweis: Mit dem Inkrafttreten der MiCa-Verordnung wird sich diese Zeitspanne verlängern. Marktexperten erwarten, dass es ca. fünf Monate dauert, um eine neue MiCa-Lizenzierung zu erhalten.

ICO ebenfalls seine Hausaufgaben macht. Daher werden in dem White Paper qualitative und quantitativen Informationen über das Unternehmen aufgeführt. Dies beinhaltet unter anderem das Alter des Unternehmens, das Geschäftsmodell, das Geschäftsumfeld, Zukunftsaussichten und auch das geplante Emissionsvolumen. Die Reputation des Unternehmens kann nur aus der Zusammensetzung des Gründungsteams, der Teammitglieder (und dessen Zusammensetzung) und das Advisory Board abgeleitet werden.

Die rechtliche Beratung ist für einen ICO fast schon eine überlebenswichtige Notwendigkeit. Je nach Auswahl der Token Art sind rechtliche Auflagen und Anforderungen an diesen Token gebunden. Außerdem müssen die „*Terms and Conditions*" festgelegt werden. Hierbei handelt es sich um die rechtlichen Rahmenbedingungen als Allgemeine Geschäftsbedingungen (AGB). In diesen Rahmenbedingungen können dann auch Haftungsausschlüsse definiert werden.

Zusätzlich ist es notwendig, sich mit den Ländern, die einen ICO erlauben, aus rechtlicher Perspektive auseinanderzusetzen. Recht ist noch immer lokal, auch wenn man mit seinem Projekt Investoren weltweit anspricht.

Einen Beauty Contest, wie wir ihn bei dem traditionellen Börsengang sehen konnten (vergleiche Abschn. 3.4.2) und der am Ende die Auswahl des Bankenkonsortiums, das den Börsengang begleitet, umfasst, gibt es bei einem ICO nicht in der Form. Das sogenannte White Paper (vgl. Abschn. 4.4.4) sollte umfassend alle relevanten Informationen in hinreichender Tiefe zusammenfassen. Auch kommt das Unternehmen nicht darum herum, sich über den adäquaten Börsenplatz, das Listing und die Handelsaktivitäten der Kryptobörse Gedanken zu machen.

4.4.3 Die Transaktionsstruktur

Auch wenn hier nicht ein Pool von Banken die Transaktionsstruktur festlegt, werden (auch) hier Überlegungen herangezogen, um den Investorenkreis, potenzielle Token-Vergabe über einen so genannten Pre-Sale als auch die Token-Art zu bestimmen.

Kernelement ist die Bestimmung der Rechte und/oder die Funktionen, die ein Token innehat. Als Oberkategorie können zunächst folgende Klassifizierungen genannt werden: Security Token, Utility Token, Currency Token, Non-Fungible Token, wobei es viele weitere Unterkategorien gibt. Der Charme für Unternehmen als Herausgeber von Token liegt in der hohen Autonomie der Ausgestaltungmöglichkeit der Token und damit einhergehend der Rechte. Die Gestaltung kann so erfolgen, dass z. B. keine Eigentumsrechte an einen Tokenhalter abgegeben werden müssen. Immer wieder gilt es aber zu prüfen, ob es sich bei dem Token als Finanzinstrument um eine Vermögensanlage oder ein Wertpapier handelt und welche Rechte mit dem Token verknüpft sind. Dies können mitgliedschaftliche Rechte und/oder vermögensrechtliche sein.[69] Tab. 4.1 gibt einen ersten Überblick über

[69] https://www.bafin.de/SharedDocs/Veroeffentlichungen/DE/Fachartikel/2019/fa_bj_1904_Tokenisierung.html, eingesehen am 06.08.2023.

Tab. 4.1 Token-Arten und ihre Eigenschaften

Security Token	Digitales Wertpapier-Äquivalent bei dem Eigentumsrechte dem Investor zugestanden werden, kann mit einem Gewinnanspruch und/oder mit Stimmrechten gekoppelt sein[1]
Currency Token/Coin	Digitales Wertaufbewahrungsmittel,[2] Wert basiert auf Vertrauen der Nutzer und der daraus resultierenden Nachfrage, „privates Zahlungsmittel mit geldähnlichen Eigenschaften"
Utility Token	Gewährt dem Eigentümer des Tokens die Nutzung eines Produktes oder Services, mit keiner finanziellen oder stimmrechtlichen Gegenleistung verknüpft[3]
Equity-Token	Sonderform des Security-Tokens, ebenfalls wertpapierähnliche Eigenschaften, beinhaltet Miteigentümerschaft am Blockchain-Projekt[4]
Asset Token	Token, die einen Bezug zu einem realen Vermögenswert (z. B. Immobilie) herstellen und als Asset-Back-Token Rechte an diesen anteilig absichern[5]
Non-Fungible Token	Digitales Eigentumsrecht an einem einzigartigen (digitalen) Gegenstand, Eigentümer ist durch die Blockchain einsehbar und verifizierbar[6]
Governance Token	Gewährt dem Eigentümer des Tokens Entscheidungsrecht/Partizipationsrechte (z. B. über das Protokoll, Abstimmungsmechanismen, das Produkt etc.), wichtig für die Schaffung einer dezentralen autonomen Organisation (DAO)[7]

[1]Kurt und Kurt (2022), S. 47
[2]Hahn und Wons (2018), S. 10
[3]https://www.sbs-legal.de/lexikon/utility-token, eingesehen am 06.08.2023
[4]https://yourcryptolibrary.com/de/cryptocurrency-types/what-is-an-equity-token/, eingesehen am 06.08.2023
[5]Voshmgir (2019), S. 215
[6]Fertig und Schütz (2019), S. 440
[7]https://academy.bsdex.de/was-sind-governance-token, eingesehen am 06.08.2023

Token-Arten und ihre Eigenschaften (in Abschn. 5.1 wird die Schaffung von Token sowie die Token-Arten detaillierter erläutert).

Neben der Art des Tokens, für den sich ein Emittent entscheidet, spielt die Anzahl der auszugebenden Token eine elementare Rolle. Der so genannte Coin Cap (analog zur Marktkapitalisierung bei Aktien) wird berechnet, in dem der monetäre Wert eines Tokens oder einer Münze multipliziert wird mit seinem zirkulierenden Angebot (Anzahl der Münzen/Token, die gemünzt oder geprägt wurden). Dieser Wert unterstreicht die Stabilität und den Wert eines Vermögenswerts auf lange Sicht, was letztlich den Erfolg des Gesamtprojektes beeinflusst:[70]

$$\textit{Coin Cap}: \textit{Wert des Token x Anzahl der geprägten Token}$$

Die Urheber von einem ICO können über einen sogenannten „*Airdrop*" Aufmerksamkeit erzeugen. Hierbei können Token an Nutzer verschenkt werden. Aus Unternehmenssicht ist dies eine vielversprechende Marketing-Kampagne, die erste Nutzer belohnt und obendrein bestehende Werbeverbote auf Plattformen wie z. B. Twitter (nunmehr X) umgehen.[71]

---

[70] Gourov (2014), S. 4.

[71] Himmer (2019), S. 15.

Bei allem Enthusiasmus über die Emittierung von Token darf der Emittent nicht vergessen zu überdenken, was passiert, wenn der Token Sale nicht den gewünschten Erfolg erzielt hat. Kann/soll das Projekt rückabgewickelt werden und erhalten alle Token-Käufer ihre Gelder zurück? Was passiert mit dem Projekt an sich? Welche Gemeinkosten (Overhead) sind entstanden und wie werden diese gedeckt? Noch einmal sei darauf verwiesen, dass ein erfolgreicher Token-Verkauf realisiert werden kann, wenn das Projekt einen Mehrwert verspricht. Aus diesem Grunde gilt es, gut vorbereitet in diesen Prozess einzusteigen, um eine erfolgreiche, professionelle Umsetzung zu ermöglichen.

Auch wenn bisher nur geringe Mindestanforderungen an die Aufbereitung der Dokumentation zu erfüllen sind, so liefert das White Paper einen aussagekräftigen Überblick über das Geschäftsmodell.

4.4.4 Das White Paper

Das White Paper kann verglichen werden mit dem Börsenprospekt. In ihm wird nicht nur das Unternehmen beschrieben, sondern auch das Produkt, die Entwicklung des Produktes, die genutzte Technik sowie der Markt und das Umfeld. Es gibt derzeit keine Mindestanforderungen an ein White Paper, dennoch sollten die Angaben richtig und vollständig sein, auch wenn sie vordergründig für PR-Maßnahmen eingesetzt werden sollten. Die BaFin weist eindringlich darauf hin, dass ein „White Paper keine mit Wertpapier- und Vermögensanlageprospekten bzw. gesetzlich vorgeschriebenen Informationsblättern vergleichende Informations- und Haftungsdokumente“[72] sind.

Potenzielle Investoren sollen durch diese Beschreibung verstehen können, wie das Geschäftsmodell aufgebaut ist. Dazu gehört, dass das Produkt nicht nur als Produkt erläutert wird, sondern auch in den allgemeinen Marktkontext verordnet wird.[73] Sie sollten die Frage klären, welches Problem ihr Produkt oder ihre App/Dienstleistung lösen kann. Es geht darum, sich von anderen Angeboten/ICOs abzugrenzen. Noch immer ist Englisch die übliche Sprache für White Papers, jedoch ist es empfehlenswert, für einen ICO, der eher auf den deutschen Markt zielt, dieses Paper auch auf Deutsch zur Verfügung zu stellen.

Zusätzlich zu dem White Paper hat es sich eingebürgert, dass ein Start-up ein sogenanntes MVP (Minimal Viable Product) beschreibt und zur Verfügung stellt. Dies kann eine Mock-up- Version sein, aber eben auch schon ein Prototyp, an dem man die Funktionalitäten der Software testen kann. Auch wenn dieses Produkt vielleicht noch nicht im Markt eingeführt ist, so ist für den potenziellen Investor nachvollziehbar, in was er investiert und es hebt die Reputation des Emittenten. Ausführlich wird daher das Produkt technisch beschrieben. Dies beinhaltet u. a. die Systemarchitektur inklusive der Beschreibung der zu nutzenden Infrastruktur und dem dazugehörigen Protokoll.

---

[72] https://www.bafin.de/SharedDocs/Downloads/DE/Merkblatt/WA/dl_wa_merkblatt_ICOs.pdf?__blob=publicationFile&v=1, eingesehen am 30.05.2023.

[73] De Filippi und Wright (2018), S. 102.

Eine Roadmap veranschaulicht die Meilensteine und visualisiert die zu unternehmenden Schritte, um das Produkt (nicht den Token) final am Markt zu etablieren, häufig in Form eines Maßnahmenplanes. Dies umfasst auch die Informationen über die angestrebte Mindesteinnahme aus den Tokenverkäufen, um neben der weiteren Projektentwicklung auch die notwendigen Marketingmaßnahmen durchführen zu können. Die Mindesteinnahme gewährleistet, dass das Produkt (die entsprechende Software/App) realisiert werden kann. Alles andere darüber hinaus kann für Marketingzwecke genutzt werden, um die Bekanntheit zu steigern und für potenzielle (weitere) Anleger attraktiv zu sein.[74]

Investoren legen großen Wert auf die Zusammensetzung des Teams, um die professionelle Führung und Durchführung des Projektes zu gewährleisten. Daher beinhaltet das White Paper auch immer einen Überblick über die Zusammensetzung des Teams als auch der Berater.

4.4.5 Pre-Sale

Investoren, die schon in der frühen Phase einsteigen und sich zum Unternehmen bekennen, bekommen im Rahmen des Pre-Sales die Möglichkeit, Token zu erwerben, bevor das Vorhaben der Öffentlichkeit vorgestellt wird. Zumeist inkludiert diese Möglichkeit den vergünstigten Erwerb von Token. Für den Emittenten ist es wichtig, in dieser Phase genügend Investoren zu finden, denn mit dem Kapital aus dem Pre-Sale kann das eigentliche Projekt-Vorhaben, d. h. der bestehende Prototyp, weiterentwickelt werden.

Für Anleger können sich Investitionen in Presale-Münzprojekte lohnen, da sich frühe Käufer oft Münzen zu einem Bruchteil ihres späteren Marktwerts sichern können. Jedoch besteht auch immer die Gefahr eines Totalverlustes!

Aus Emittentensicht ist diese Phase insbesondere in Bezug auf den Marketingaufwand nicht zu unterschätzen.

Analysten erwarten, dass der Vorverkaufsmarkt im Jahr 2023 wettbewerbsintensiver als je zuvor sein wird, da immer mehr Projekte um die Aufmerksamkeit der Investoren buhlen. Einige der Top-Trends und besten Krypto-Vorverkäufe werden voraussichtlich aus einer Vielzahl von Sektoren kommen, einschließlich dezentraler Finanzen (DeFi), Gaming und nicht-fungibler Token (NFTs).[75]

4.4.6 Durchführungsphase/Emissionsphase

Bei ICOs werben die Unternehmen, die Token ausgeben möchten, oft über verschiedene Kanäle, einschließlich soziale Medien und Online-Seiten, um potenzielle Käufer anzuziehen. Interessierte Unterstützer des Unternehmens können dann diese Token mit digitaler Währung erwerben. Wobei Kryptowährungen wie Bitcoin oder Ethereum häufig als

[74] Fertig und Schütz (2019), S. 57.

[75] https://cryptopresales.com, eingesehen am 01.08.2023.

Zahlungsmittel akzeptiert werden. Die Käufer investieren in der Erwartung, dass der Wert des erworbenen Tokens steigt, wenn das Projekt oder die Plattform, für die der Token steht, erfolgreich gestartet wird. Der Wert des Tokens kann auf den Sekundärmärkten steigen, wenn das Interesse an dem Projekt wächst oder wenn die Plattform funktioniert und die Nachfrage nach dem Token steigt. Es gibt jedoch auch das Risiko, dass der Wert des Tokens sinkt oder dass das Projekt möglicherweise nicht wie geplant umgesetzt wird. Dies führt dann bei den Investoren zu Verlusten – bis hin zum Totalverlust.

Typische Vermarktungskanäle beim Token-Verkauf sind Social-Media-Kanäle wie z. B. Discord, Telegram, Reddit etc. Diese helfen, die notwendige Community schon vor dem Verkauf aufzubauen und während der Verkaufsphasen (Pre-Sales, Sales) zu pflegen. Ist der Token-Verkauf beendet, entweder, weil das dafür festgesetzte Datum erreicht ist, oder weil alle Token schneller als erwartet verkauft worden sind, dann muss der Token genutzt werden. Um dies zu gewährleisten und auch das Vertrauen in den Token zu erhalten und zu stärken, sollte man sich überlegen, ob man sich eines „Rainmakers“ bedient.

Der Begriff „Rainmaker“ stammt aus der Geschäftswelt, wo er sich auf jemanden bezieht, der einem Unternehmen eine beträchtliche Menge an Einnahmen oder Kunden beschert. In ähnlicher Weise sind in der Kryptoindustrie „Rainmaker“ Personen, die das Potenzial haben, erhebliches Interesse, Investitionen und Unterstützung für eine bestimmte Kryptowährung oder ein Blockchain-Projekt zu erzeugen.

Rainmaker haben oft eine starke Präsenz auf Social-Media-Plattformen wie Twitter oder YouTube, wo sie ihre Erkenntnisse, Meinungen und Empfehlungen in Bezug auf Kryptowährungen teilen. Sie können eine Erfolgsbilanz erfolgreicher Investitionen vorweisen oder verfügen über Fachwissen in einem bestimmten Bereich der Kryptoindustrie. Ihre Befürwortung oder Erwähnung eines Projekts kann die Sichtbarkeit des Projekts erheblich beeinflussen und Investoren anziehen. Auf diese Weise können sie dazu beitragen, einen ICO zu pushen und genügend Interessierte anzuziehen und zu halten.

4.4.7 Stabilisierungsphase

Eine Stabilisierungsphase, wie wir sie aus dem klassischen Börsengang kennen, entfällt. Ein Äquivalent zu den Greenshoe Optionen zur Kurspflege ist nicht vorgesehen. Über Terms und Condition kann jedoch das Lock-up festgelegt werden, ob und wenn ja, in welcher Frist die Investoren aus der Pre-Sales-Phase ihre Token verkaufen können.

Die so genannte Lernkurve von Unternehmen, die einen ICO durchführen, kann durch aktives Investor – Relationship – Management belegt werden. Auch bei einem ICO ist es wichtig, die Beziehung zu den Investoren zu pflegen. Dazu können z. B. spezielle Events für die Community zählen, die von dem Unternehmen durchgeführt werden.

Ziel des ICOs ist, die gewünschte Summe Kapital einzusammeln, um die Geschäftsidee zur Marktreife und zum Markteintritt zu entwickeln. Der herausgegebene Token ist demnach „nur“ ein Mittel zum Zweck. Jedoch kann der Token auch seinen eigenen intrinsischen Wert aufweisen, der ihn dann für das Listing an Kryptobörsen interessant macht.

Das Listing an einer Kryptobörse unterstützt die Stabilisierung, sofern der Token/Coin hinreichend genug Bewegung in Form von Transaktionen aufweist. Welche Börse die passende ist, hängt von verschiedenen Faktoren wie z. B. einfache Handhabung, hohe Nutzerfreundlichkeit, hohe Sicherheitsstandards etc. ab.[76]

Weiterhin ist im Jahre 2023 festzustellen, dass die Professionalisierung der Beratung bezüglich eines ICOs voranschreitet. Spezialisierte Firmen helfen Unternehmen, durch die speziellen Phasen eines ICOs zu gehen und sind auch in der Lage, die rechtlich notwendige Unterstützung zu bieten.

4.4.8 Kosten eines ICOs

Vergleichbar mit dem traditionellen Börsengang lassen sich auch bei einem ICO die Kosten in einmalige Kosten und in laufende Kosten als Folgekosten unterscheiden.

Auch die rechtlichen Beratungskosten können schnell sechsstellige Größenordnungen annehmen. Manche rechtlichen Berater gewähren potenziellen Emittenten jedoch das erste Beratungsgespräch zu sehr moderaten Preisen. Es lohnt sich, insbesondere wenn man noch unschlüssig ist und sich „nur" einen Überblick über das (rechtliche) Vorgehen verschaffen will, sich in der Community umzuhören, welcher Rechtsanwalt das anwaltliche Erstgespräch gemäß Gebührenvereinbarung abrechnet. Hierbei liegen die Kosten im Schnitt bei ca. 200 € netto zuzüglich gesetzlicher Mehrwertsteuer.[77]

Neben der Rechtsberatung ist Marketing ein weiterer großer Kostenblock. Dies beinhaltet neben der obligatorischen Webseite (die zu erstellen nicht sehr teuer ist) die Marketingkampagne mit einem Regieplan, wann wo auf welchen Kanälen welche Informationen zu teilen sind, um Aufmerksamkeit zu erzeugen. Foren, Slack, Telegram, Reddit, LinkedIn etc. sind Kanäle, die permanent mit relevanten Inhalten zu versorgen sind. Auch Sicherheitsmaßnahmen für den Fall eines Cyber-Angriffes (z. B. DDoS-Attacke) müssen insbesondere bei einer großen Marketingkampagne eingeplant und eingepreist werden.[78]

Darüber hinaus sind Kosten für das Listing auf einer oder mehreren Kryptobörsen einzukalkulieren. Und, wie schon weiter oben angeführt, benötigt man einen „Rainmaker", der dafür Sorge trägt, dass der Token gehandelt wird.

Weitere Gebühren und Kosten können entstehen, wenn der Token eine BaFin-Zulassung benötigt bzw. der Prospekt einer Genehmigung bedarf. Es ist sinnvoll, sich immer wieder auf der Website der BaFin zu informieren, um die sich im Wandel befindliche Regulierung

---

[76] Unter diesem Link kann man sich die erfolgreichsten Kryptobörsenplätze 2023 ansehen: https://www.g2.com/categories/cryptocurrency-exchanges, eingesehen am 01.08.2023.

[77] https://www.brak.de/service/verbraucherinformationen/was-kostet-das/#:~:text=Die%20Gebühr%20für%20ein%20erstes,Rechtsanwalt%20notwendige%20Auslagen%20geltend%20machen, eingesehen am 03.06.2023.

[78] https://de.cointelegraph.com/learn/how-to-launch-an-ico-a-detailed-guide, eingesehen am 10.06.2023.

ordnungsgemäß einschätzen zu können.[79] Auch in diesem Falle wird es ohne professionelle juristische Beratung und Begleitung nicht gehen.

Last but not least sind finanzielle Mittel für das Verschenken von Token zu berücksichtigen. Neben dem bereits erwähnten Airdrop, bei dem Interessierte einen Token geschenkt erhalten, gibt es noch sogenannte Bounty-Programme (Kopfgeld). Diese „vergüten" den Interessierten in der Regel höher als beim Airdrop, jedoch muss der Interessierte eine (tendenziell eher) kleinere Gegenleistung erbringen. Dies kann das Schreiben eines Artikels, das Erstellen eines Videos, Teilnahme als Produkttester etc. sein.[80]

Summiert man diese notwendigen Kosten halbwegs seriös, dann ist mit Kosten von mindestens 500.000 € zu rechnen. Es ist erkennbar, dass sich diese Kosten erhöhen werden, da der Aufwand, um die MiCAR-Lizenz zu erhalten, weitere professionelle Beratung und Begleitung benötigt.

Zwischenfazit: Bei einem ICO erhalten Anleger Token anstatt Aktien, um für eine Geschäftsidee die notwendigen finanziellen Mittel zu beschaffen. Diese Token können unterschiedliche Eigenschaften und Funktionalitäten aufweisen, was wiederum den Wert des Token beeinflussen kann. Ein ICO hat einen fest definierten Beginn und ebenso ein festgelegtes Datum, wann der Token-Sales endet. Auch wenn in der Literatur und anhand von Praxisbeispielen immer wieder betont wird, dass ein ICO unkomplizierter sei und sich schneller bewerkstelligen lässt, als ein IPO, so ist es dennoch nur mit professionellem Setting möglich, diese Form der Kapitalaufnahme durchzuführen. Einzig eine Powerpoint-Präsentation reicht nicht mehr aus, um Anleger zu überzeugen. Für Anleger ist es möglich, in der Frühphase in ein Unternehmens einsteigen zu können. Dies ist mit Risiken aber auch mit großen Chancen auf hohe Renditen verbunden. Auch wenn Investoren die Risikobereitschaft aufbringen, in junge und zum Teil noch nicht ausgereift Geschäftsmodelle zu investieren, so ist es wichtig, sämtliche relevante und vorhandene Informationen transparent zur Verfügung zu stellen. Aus Sicht des Emittenten ist es notwendig, schnellstmöglich Aufmerksamkeit zu erlangen und eine möglichst große Community aufzubauen. Diese Community kann sich bei etablierten Unternehmen von der bisherigen unterscheiden. Auf jeden Fall ist diese Form der Kapitalaufnahme auch dann geeignet, wenn man eher moderate Beträge (kleine bis mittlere Millionenbeträge) einsammeln möchte (im Vergleich dazu lohnt sich der klassische Börsengang auch wegen seiner hohen Kosten erst ab einem höheren achtstelligen Betrag).

---

[79] https://www.bafin.de/DE/Aufsicht/FinTech/Geschaeftsmodelle/DLT_Blockchain_Krypto/Kryptotoken/Kryptotoken_node.html, eingesehen am 02.08.2023.

[80] Dikikasali, (2023): Airdrop vs. Bounty: Which is More Profitable?; Medium, abzurufen unter https://medium.com/@dikikasali9/airdrop-vs-bounty-which-is-more-profitable-ee6f92d14cf0, eingesehen am 03.08.2023.

4.5 Informationsasymmetrien

Ebenso wie beim IPO (Initial Public Offering) ist die latente Gefahr von Informationsasymmetrien beim ICO zu beobachten. Beim IPO sind anerkannte und strukturierte Vorgehensweisen etabliert, sodass der Investor (unabhängig ob privat oder institutionell) sich sicher sein kann, dass alle potenziellen Investoren über den gleichen Wissensstand verfügen (können) und nunmehr jeder Investor dieses Wissen gemäß seiner eigenen Risikopräferenz interpretieren kann.

Das kann beim ICO anders aussehen, da sich hier noch keine standardisierten Vorgehensweisen etabliert haben. Ja, es gibt ein Ablaufschema (wie oben beschrieben), dennoch bedarf es mehr noch als beim IPO eines „Dolmetschers", der übersetzt. In der Theorie wird dieses über die sogenannte Principal – Agent – Kette mit mehreren Akteuren abgebildet. Diese Mehrstufigkeit verstärkt jedoch die Informationsasymmetrien. Ziel und Interessenkonflikte nehmen zu.[81] Somit sehen wir eine Erweiterung auf „n"-Dimensionen, die zu orchestrieren, zu Wohlfahrtsverlusten und weiteren Kosten führt.[82]

Da ist zum einen die sogenannte buchstäbliche Übersetzung, nämlich was einzelne Bestandteile des ICOs bedeuten (zum Beispiel technische Details, Token-Struktur etc.). Das ist der eher leichtere Part. Wichtig hingegen ist die kontextbasierte „Übersetzung". Darunter fällt beispielsweise die Erläuterung, warum ein Token mit diesen Rechten ausgestattet ist und wie das im Gesamtkontext wirkt. Außerdem sollten in diesem Zusammenhang auch die regulatorischen Bedenken adressiert werden.

In einem so jungen und noch relativ unregulierten Markt ist es von hoher Bedeutung, für diese Form der Finanzierung Glaubwürdigkeit und Zuverlässigkeit zu schaffen. Informations- und Wissensasymmetrien können eine ungewünschte Unausgewogenheit erzeugen, die zwar einerseits Chancen und Potenzial für hohe Gewinne versprechen kann, andererseits aber Spekulationen zu stark befördert. Nur wenn man als Investor die Risiken versteht, kann man fundierte Entscheidungen treffen. Dennoch wird es, genau wie in den herkömmlichen Finanzmärkten, nie eine ausgewogene Informationssymmetrie geben.

Der Ökonom und Sozialphilosoph Friedrich A. von Hayek, der den Märkten viele wirtschaftliche Aufgaben zuspricht, betonte die Informationseffizienz. Für ihn bedeutete dies, dass Märkte Leichtigkeit und Schnelligkeit aufweisen müssen, um effizient zu sein. Das Funktionieren eines Marktes hängt seiner Einschätzung nach nicht von allumfassenden Informationen der Teilnehmer ab, da die Informationen niemals ganz und für alle vollständig verfügbar vorliegen.[83] Die Blockchain-Technologie ist in der Lage, durch die ihr innewohnende Transparenz mehr Informationen und einen Zugang zu ermöglichen. Dies reduziert einerseits Kosten und steigert andererseits die Informationseffizienz.

---

[81] Papenfuß und Schaefer (2017), S. 141.

[82] Lenk und Rottmann (2007), S. 349.

[83] Hayek (1945), S. 519.

Auch sollte die Bedeutung der Informationskosten nicht unberücksichtigt bleiben. Wenn bessere finanzielle Ausstattungen einen Informationsvorsprung ermöglichen, dann ist die Folge ein Ungleichgewicht. Kryptomärkte mit ihren transparenten Strukturen ermöglichen prinzipiell eine leichter zugängliche Informationsstruktur, da diese über die Blockchain-Technologie transparent gemacht werden kann. Es können somit sowohl die Kosten für Informationen als auch für den Zugang zu diesen Informationen im Vergleich zu herkömmlichen Märkten (stark) reduziert werden.

4.6 Entscheidungspfad für KMUs

Entscheidungspfad-Modelle sind in der DLT-/Blockchain-Umgebung wohl bekannt. Sie lassen sich unterscheiden in Modelle, die einem helfen, die richtige Blockchain-Art (öffentlich, privat, konsortial, im Zusammenhang mit erlaubnispflichtigen Zugang oder ohne) zu finden, oder ob man überhaupt eine Blockchain-Lösung für einen bestimmten Prozess benötigt.[84] In Anlehnung an die existierenden Entscheidungspfad-Modelle wird zunächst ein Modell entwickelt, das bei der Frage unterstützen kann, ob ein Unternehmen a) sich über die Ausgabe von eigenen Token (ICO) finanzieren sollte (vgl. Abb. 4.3). Im Kap. 8 wird dann ein Entscheidungspfad entwickelt, bei dem geprüft wird, ob ein Unternehmen in absehbarer Zukunft selbst Kryptowährungen annehmen und als Zahlungsmittel akzeptieren sollte.

Beginnen wir mit der Frage, ob ein Unternehmen eigene Token herausgeben soll, um sich neue Finanzierungsquellen zu erschließen.

Zunächst ist die Unternehmenskategorie der Ausgangspunkt der Betrachtung:

Etablierte Unternehmen sind Unternehmen, die länger als beispielsweise sieben Jahre[85] im Markt existieren und über ein solides Businessmodell verfügen. Ihnen stehen mehrere Möglichkeiten offen. Das reicht von der klassischen Finanzierung durch Banken, über die Emission von Anleihen und/oder Aktien bis hin zur Schaffung von Token.

Sie beginnen damit, sich zu fragen, ob Ihr Unternehmen noch als klassisches Start-up gelten kann oder ob Sie doch schon zu den etablierten Unternehmen zählen.[86] Können Sie

[84] Nähere Ausführungen dazu sind in dem Buch „Blockchain-Technologie für Unternehmensprozesse“ von K. Adam ab S. 86 zu finden.

[85] Wie lange ein Startup ein Startup ist, lässt sich nicht allgemeingültig in Zahlen ausdrücken, da sich jedes Unternehmen individuell schnell entwickelt. Laut Startplatz ist ein grober Richtwert, dass ein Startup in der Regel jünger als sieben Jahre ist und weniger als 100 Mitarbeitende hat (https://www.startplatz.de/was-ist-ein-startup-definition/#:~:text=Wie%20lange%20ein%20Startup%20ein,weniger%20als%20100%20Mitarbeitende%20hat, eingesehen am 06.08.2023).

[86] Gemäß der Definition von Gabler Wirtschafts-Lexikon bezeichnet ein Start-Up ein Unternehmen, das „junge, noch etablierte Unternehmen, die zur Verwirklichung einer Geschäftsidee [...] mit geringem Startkapital gegründet werden.“ Laut der Website „Startplatz“ lässt sich als grober Richtwert festhalten, dass ein Start-up in der Regel jünger als sieben Jahre ist und weniger als 100 Mitarbeiter hat (https://www.startplatz.de/was-ist-ein-startup-definition/#:~:text=Wie%20lange%20ein%20Startup%20ein,weniger%20als%20100%20Mitarbeitende%20hat, eingesehen am 04.06.2023).

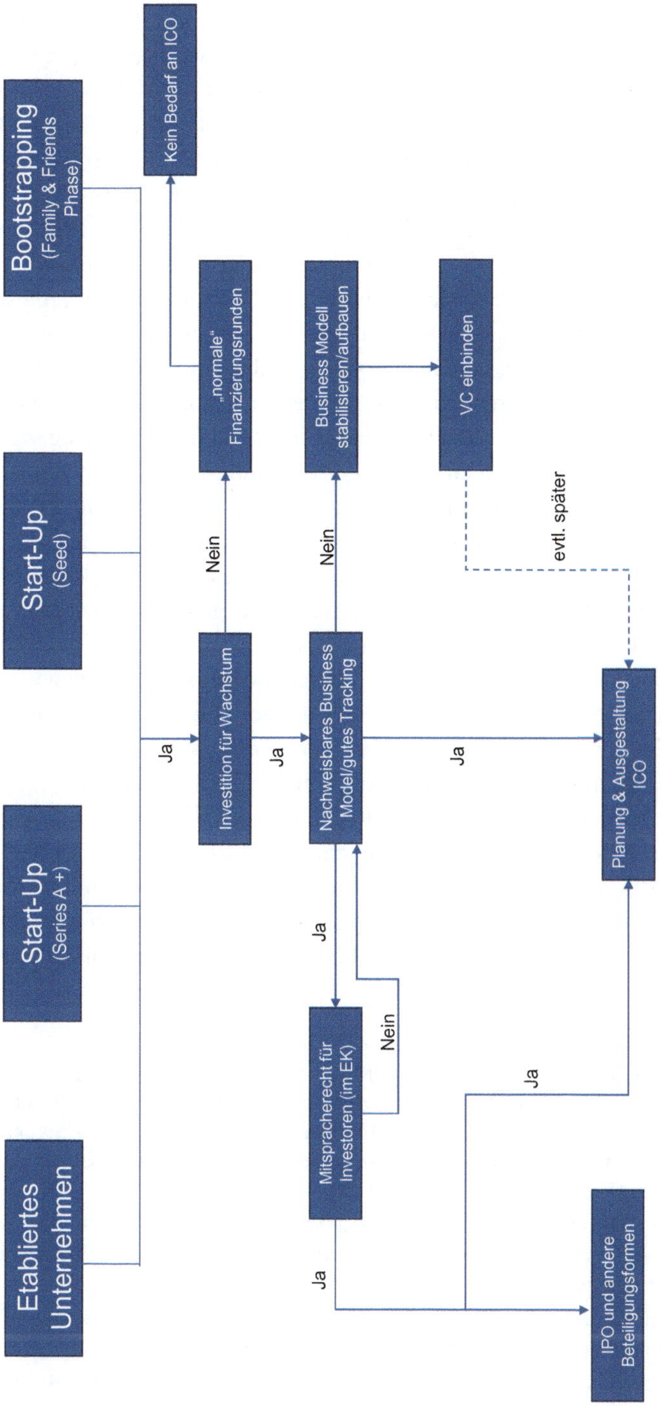

Abb. 4.3 Entscheidungspfad Kryptofinanzierung

diese Frage beantworten, schließt sich die Frage nach Ihrer Eigenkapitalausstattung an. Laut dem Bundesministerium für Wirtschaft und Klimaschutz (BMWK) liegt die durchschnittliche Eigenkapitalquote aller Unternehmen bei ca. 30 %, hingegen bei Kleinunternehmen mit weniger als zehn Beschäftigten bei nur noch 17 %.[87] Weisen Sie also eine solide Eigenkapitalausstattung von mindestens 30 % auf, schließt sich dann die Frage an, ob Sie ein Investitionsvorhaben planen, das ein überdurchschnittlich großes Investment benötigt. Verneinen Sie diese Frage, dann endet hier der Entscheidungspfad, denn er führt zur Aussage, dass sie derzeit keinen Bedarf für einen ICO oder einen IPO haben.

Jüngere Unternehmen, die schon größere Finanzierungsrunden überstanden haben, werden als Start-ups (Series A +/Later Series) bezeichnet.[88] Unternehmen in dieser Kategorie verfügen über eine Dienstleistung bzw. Produkte und weisen operative Geschäftstätigkeit auf. Umsätze werden generiert, der Businessplan wird verfolgt und das Unternehmen versucht, sich im Markt zu etablieren. Um das weitere Wachstum zu finanzieren, reichen kleinere bis mittlere Kapitalrunden nicht mehr aus. Ein traditioneller Börsengang könnte zwar in Betracht gezogen werden, jedoch ist der Zeitaufwand im Vergleich zum ICO erheblich höher. Junge, innovative Unternehmen benötigen schnell das notwendige Kapital, um ihre Position im Markt nicht nur zu halten, sondern auszubauen. Daher spielt der Faktor Zeit, eine große Rolle bei den Finanzierungsrunden. Aus diesem Grunde spricht alles dafür, die Planung und Vorbereitung für einen ICO zu treffen. Eine entscheidende Frage ist für Unternehmen in dieser Phase, sich bei der Planung des ICOs zu überlegen, welche Rechte mit den herauszugebenden Token verbunden sein sollen. Soll es sich um einen wertpapier-ähnlichen Token (Security Token) handeln? Dann werden die Eigentümer dieser Token im Eigenkapital erfasst.[89] Möchte man den Investoren keine so weitreichenden Mitspracherechte gewähren, dann sind andere Token-Arten in Erwägung zu ziehen.[90]

Start-ups, die zwar schon ihre Businessidee konkretisiert haben, evtl. sogar auch schon über einen ersten Produkt-Prototypen verfügen, aber doch noch sehr im Anfangsstadium sind, benötigen das so genannte Seed-Funding, um die Geschäftsentwicklung voranzutreiben. Je nachdem, wie weit das Geschäftsmodell gereift ist, bedarf es evtl. der Überarbeitung vor der nächsten Finanzierungsrunde, um attraktiv für potenzielle Investoren zu

---

[87] https://www.bmwk.de/Redaktion/DE/Artikel/Mittelstand/kmu-zahlen-fakten.html, i.V. m. https://www.bmwk.de/Redaktion/DE/Publikationen/Mittelstand/mittelstandische-unternehmen-zahlen-und-fakten-zu-den-deutschen-kmu.pdf?__blob=publicationFile&v=1#:~:text=Kein%20Einbruch%20der%20Eigenkapitalquote%3A%20Ausgehend,Prozent%20im%20Jahr%202020%20geführt, eingesehen am 04.06.2023.

[88] Üblicherweise spricht man bei den weiter im Wachstums und Reputation fortgeschrittenen Start-Ups dann von der Series A, gefolgt von Series B, mitunter auch von Series C. Dies sind aufeinander aufbauende Finanzierungsrunden.

[89] https://www2.deloitte.com/content/dam/Deloitte/de/Documents/financial-services/FSI_AM_Bilanzierung_von_Krypto-Assets.pdf, eingesehen am 08.08.2023.

[90] Inwieweit dies die Güte des Projektes und den Finanzierungserfolg unterstützt, muss individuell abgeschätzt werden.

sein. Diese werden in dieser Phase wahrscheinlich Risikokapitalgeber (Venture Capital) sein. Mit zunehmender Stabilisierung des Geschäftsmodells ist es denkbar, die nächste Runde von Wagniskapital auszulassen und direkt einen ICO anzustreben. Dies muss im Einzelfall geprüft werden.

In der Bootstrapping-Phase steckt ein Unternehmen ganz am Anfang und es finanziert sich üblicherweise über Gelder der Gründungsmitglieder und Familienmitglieder sowie Freunde, die an die Geschäftsidee glauben. Ihr Start-up ist sehr jung (eventuell seit einigen Monaten erst gegründet). Es ist es empfehlenswert, sich zunächst erst einmal eine Reputation mit dem eigenen Geschäftsmodell und den angebotenen Produkten zu verschaffen. Auch wenn es anstrengend ist, sich durch die klassischen Finanzierungsrunden für Start-ups zu arbeiten, ist der vermeintlich kurze Weg über einen ICO nicht empfehlenswert. In dieser frühen Phase ist noch nicht klar, inwieweit sich die Innovation des Start-ups am Markt durchsetzen kann. Die Vision allein lässt sich nicht (mehr) über PowerPoint-Folien und eine Mockup-Version „verkaufen". Der Prototyp muss vorführbar sein. Die Empfehlung lautet daher, in dieser Phase noch keinen ICO zu planen und vorzubereiten, da die Gefahr, das eigene Unternehmen bei einem Misserfolg zu verbrennen, zu groß ist.[91]

4.7 Bewertungsansatz für (potenzielle) Investoren

Bisher wurde weitestgehend die Sichtweise eines potenziellen Emittenten berücksichtigt. Die Medaille hat aber zwei Seiten: Neben dem Emittenten und gibt es auf der anderen Seite den Investor/Anleger. Kurz soll skizziert werden, worauf ein Investor achten muss, wenn er in Kryptowährungen und Token-Projekte investieren möchte, da das Angebot mittlerweile riesig ist.

Um die Volatilität im Markt nicht nur zu verstehen, sondern auch einschätzen zu können, bedarf es der Analyse. Wie auch beim Erwerb von Aktien gibt es im Krypto-/Token-Bereich viele Indikatoren, die man heranziehen kann, um die eigene Anlagestrategie zu entwickeln und zu betreuen.[92]

Neben unzähligen Webseiten, die Informationen und Empfehlungen[93] aussprechen, hilft auch das klassische Börsenwissen, um Charts „zu lesen" und eine fundamentale Analyse durchzuführen.

Zunächst erfolgt hier eine kurze Beschreibung der beiden Analysen (technische und fundamentale), ehe diese auf Krypto-Assets gemappt werden.

[91] Die gestrichelte Linie in der Abbildung soll darauf verweisen, dass evtl. später die Planung eines ICOs erfolgen könnte. Venture Capitalist werden dieses evtl. sogar fördern, um den eigenen Ausstieg im Erfolgsfalle hoch vergütet zu bekommen.

[92] In dieser Betrachtung wird die Analyse des eigenen Risikoprofils außer acht gelassen.

[93] Beispiel: https://www.forbes.com/advisor/de/geldanlage/krypto/top-10-kryptowaehrungen/, eingesehen am 06.08.2023.

Die technische Analyse zeigt alle marktrelevanten Informationen sofort im Kurs von Aktien und zieht die historische Preisentwicklung des Vermögensgegenstandes heran. Daraus ergeben sich Muster, die zu identifizieren die Aufgabe der technischen Analyse ist. Und dies gilt auch für technische Analysen von Kryptowerten. Die Dow-Theorie hilft Analysten bei der Einschätzung der zukünftigen Preisentwicklung, da gemäß dieser Theorie folgende Teilaspekte zusammengeführt werden:[94]

- Das Verhalten des Marktes an sich
- Die Phasen des Marktzyklus
- Indizes müssen sich gegenseitig bestätigen
- Das Handelsvolumen muss den Trend bestätigen
- Bis zur Trendwende bleibt ein Trend bestehen

In der technischen Analyse wird versucht, Muster zu erkennen und richtig zu interpretieren. Es werden Indikatoren genutzt, um den Trend und die Marktstimmung zu bestimmen.

Charles H. Dow ist zusammen mit dem Wall Street Journal der Mitbegründer des Dow-Jones-Indexes. Gemeinsam haben sie ein wertgewichtetes Portfolio aus den 500 größten US-amerikanischen Aktienunternehmen gebildet, um ein „Marktportfolio" abzubilden. Dieses beispielhafte Marktportfolio repräsentiert fast 80 % des US-amerikanischen Aktienmarkt. Marktbewegungen und -informationen spiegeln sich sofort in diesem Index.[95]

Neben der technischen Analyse spielt die sogenannte Fundamentalanalyse ebenfalls eine Rolle bei Kryptowerten. Folgende Indikatoren sollten überprüft werden, ehe man sich engagiert.

- **Use Case:** Der Use Case als Geschäftsmodell lässt sich durch das Lesen des White Papers prüfen. Handelt es sich bei der Beschreibung des Geschäftsmodells um Phrasen und Worthülsen oder wird ein tatsächlich existierendes Problem gelöst? Kann dieser propagierte Lösungsansatz für Unternehmen oder Verbraucher einen Mehrwert schaffen, wenn diese (später, nach Markteinführung) das Softwareprodukt nutzen? Wie realistisch sind die im White Paper getroffenen Annahmen?
- **Marktumfeld:** In welchem Markt soll das Produkt eine Rolle spielen? Wie hat sich die Konkurrenz in diesem Markt aufgestellt? Können mehrere Anbieter auf dem Markt existieren? Fragen wie diese lassen sich mit einer Konkurrenzanalyse beantworten. Ergänzend dazu lässt sich über die Marktkapitalisierung des entsprechenden Coins ein Vergleich zu anderen Coins (bevorzugt aus dem gleichen Marktumfeld) herstellen. Eine höhere Marktkapitalisierung kann als Indikator gewertet werden, dass sich dieses Projekt gegenüber anderen durchsetzen kann. Jedoch ist die Marktkapitalisierung nur eine Komponente. Auch das Alter des Protokolls sollte in diese Betrachtung einbezogen werden.

[94] https://www.investopedia.com/terms/d/dowtheory.asp#:~:text=The%20Dow%20Theory%20is%20a,similar%20advance%20in%20another%20average, eingesehen am 03.08.2023.

[95] Berk und DeMarzo (2019), S. 412.

- **Alter des Protokolls:** Wie alt ist das Protokoll? Je jünger, ein Protokoll, umso weniger valide Daten sind vorhanden und damit einhergehend steigt das Risiko des Scheiterns. Vergleichsweise alte Protokolle wie Bitcoin und Ethereum haben eine geringe(re) Wahrscheinlichkeit, vom Markt zu verschwinden. Ein weiteres Detail in diesem Zusammenhang ist die Entwickler-Community. Wie viel Aktivität ist für ein Protokoll/ Use Case „sichtbar"? Besucht man beispielsweise GitHub, so kann man anhand der „Commits" nachvollziehen, ob es sich um ein eher totes Projekt handelt oder ob die Entwickler weiterhin am Projekt arbeiten und Verbesserungsvorschläge einreichen.
- **Token-Struktur:** Ebenfalls aus dem White Paper zu entnehmen ist die Verteilung der auszugebenden oder ausgegebenen Token. Wie viele Token erhält das Entwicklerteam? Wie viele Token werden für Marketingaktivitäten genutzt/aufgebraucht? Wie hoch ist der Gesamtanteil der Token, der für die Community zur Verfügung gestellt werden soll? Wie sieht die technische Ausgestaltung des Tokens aus? Als negativ bewertet wird, wenn zum Beispiel zu viel Geld/Token für das Entwicklerteam zurückgehalten oder für das Marketing verbraucht wird. Ein gutes Zeichen hingegen ist es, wenn der größte Teil der Token direkt an die Community geht. Und, basierend auf dem genutzten Protokoll und Konsensmechanismus kann es im Gesamtkontext als positiv bewertet werden, wenn z. B. Coins eines Kryptoprojektes nicht auf Ewigkeit in einer Wallet verbleiben, sondern beispielsweise durch Zeitablauf „verbrennen". Damit wird die Community indirekt dazu gebracht, mit dem Coin etwas zu machen, weil er ansonsten nach Zeitablauf vernichtet oder das schlicht dem Markt entzogen wird (entspricht quasi dem Aktienrückkauf). Dieser Token-Burn kann zur Verknappung beitragen und auf diesem Wege dazu beitragen, für Investoren einen Mehrwert zu schaffen.[96] Aber es gilt dabei zu prüfen, ob dieser Umgang den Token evtl. als Investmentvehikel charakterisiert, was dann dazu führt, dass dieser Token der regulatorischen Aufsicht der BaFin unterliegt. Passiert das nicht, sollte der Investor die Finger von dem Angebot lassen.
- **Volatilität:** Im Allgemeinen ist die Volatilität definiert als die „durchschnittliche, auf einen bestimmten Zeitraum bezogene Schwankungsbreite der Preise bzw. der Renditen um ihren Mittelwert".[97] Diese Schwankung gibt gute Anhaltspunkte zur Beurteilung eines Token/Coin. Je geringer die Volatilität und je höher die Marktkapitalisierung, umso vielversprechender ist das Investment und umgekehrt. Mit dieser Risikokennzahl lassen sich gute Aussagen treffen, ob man in ein Asset investieren sollte oder besser nicht. Krypto-Assets haben in der Regel eine hohe Volatilität im Vergleich zu anderen Assets, da Krypto-Assets sich noch immer in einem eher gesetzlich unregulierten Markt befinden und jede Ankündigung, dieses zu verändern, sich sofort im Markt niederschlägt.[98] Auch geopolitische Nachrichten haben Einfluss auf die Kurse.

---

[96] https://blockchainwelt.de/coin-burn/#:~:text=Hierbei%20nutzt%20das%20entwickelnde%20Unternehmen,Möglichkeit%20zur%20Umgehung%20von%20Sicherheitsbestimmungen, eingesehen am 04.08.2023.

[97] Becker (2012), S. 23.

[98] Tolkmitt und Wittrin (2020), S. 32.

- **Risikofaktoren:** Vergleichbar zu der Risikoanalyse bei Aktien kann man auch bei Kryptowährungen vorgehen. Neben der vorweg beschriebenen Volatilität muss zusätzlich das systematische (Marktrisiko) und das unsystematische Risiko (unternehmensspezifisches Risiko) berücksichtigt werden. Dem systematischen Risiko ist der gesamte Markt ausgesetzt und dieses Risiko ist unwägbar und nicht kalkulierbar und letztlich nicht diversifizierbar. Faktoren wie Inflation, Zinsentwicklung, Konjunkturschwankungen etc. zählen dazu. Das unsystematische Risiko betrifft hingegen das Unternehmen an sich, welches durch Managemententscheidungen Fehler begehen kann. Über eine Diversifikationsstrategie lässt sich dieses Risiko einhegen.[99] Neben diesen sehr traditionellen Risikobewertungsansätzen ist bei Kryptowährungen u. a. die Frage der Sicherheit als Schutz vor Cyberangriffen zu bewerten. Auch der Einfluss der sozialen Medien birgt Risikopotenzial, weil über diese Kanäle Popularität und Vertrauen als preis- und wertbestimmend aufgebaut (oder vernichtet) wird.

Aus Investorensicht ist ein umfassendes Wissen notwendig, um die für das eigene Portfolio passenden Assets zu finden. Die hier aufgeführten Faktoren helfen bei der Einschätzung eines Tokenprojektes. Gleichzeitig ist es für die Herausgeber von Token wichtig, eine klare, kommunikative Sprache zu finden, um einen potenziellen Anleger, der die aufgeführten Faktoren berücksichtigen will, mit allen notwendigen Informationen zu unterstützen.

4.8 Zwischenfazit

Auch wenn Kryptomärkte derzeit eher Nischenmärkte sind, lassen sich volkswirtschaftliche Zusammenhänge sehr wohl wahrnehmen. Zinsbewegungen, verkündet durch beispielsweise die EZB oder die FED, korrelieren mit dem Kryptomärkten. Das Kaleidoskop für Verwendungen ist vielfältig. Plattformen ermöglichen Handel zwischen digitalen Währungen und/oder sogenannten Fiatwährungen. Es ist trotzdem wichtig, sich zu vergegenwärtigen, dass Kryptowährungen nach wie vor kein Zahlungsmittel im Sinne der traditionellen Währungen darstellen, auch wenn die Anzahl der Shops (online und real) steigt, die Kryptowährungen annehmen (mehr dazu in Kap. 7).

Token-Modelle, unterlegt durch Smart Contracts, bieten Vermögenswerte (z. B. Eigentumsrechte, Mitbestimmungsrechte etc.) in kleiner Stückelung an und ermöglichen damit neue Ausgestaltungsformen. Dies lässt neue Geschäftsmodelle entstehen. Aus Unternehmenssicht ist es wichtig, sich die Zweidimensionalität zu vergegenwärtigen: Einerseits Unternehmen als Investoren, die Token akzeptieren, und andererseits die Unternehmen, die Token herausgeben, um frische Finanzmittel zu erhalten.

[99] Pape (2011), S. 397.

Wie schon in Kapitel drei festgestellt, fallen Investitionsentscheidungen im Kontext der Planung. Üblicherweise gibt es einen Anlass für diese Entscheidungen. Das ändert sich auch nicht, wenn man sich in die digitale Finanzwelt und Transformation hinein begibt. Auch hier gilt es für Unternehmen/Investoren herauszufinden, ob die geplante Investition vorteilhaft für die eigene Strategie ist. Die notwendig zu berücksichtigen Faktoren, um zu einer Investitionsentscheidung zu gelangen, sind beschrieben.

Die Anwendung des Entscheidungspfades kann bei der Erwägung der Emittierung eines eigenen Token als Finanzierungsmethode genutzt werden Die Entscheidung, als Unternehmen in Token-Modelle zu investieren (sei es in Projekte, Geschäftsmodelle als eine Form der Beteiligungsfinanzierung oder auch in digitale Währungen) hängt von den individuellen Umständen im Unternehmen ab. Die Entscheidungsfindung ähnelt sehr denen der traditionellen Investitionsentscheidungen, die in Kapitel drei hinreichend beleuchtet worden sind.

Literatur

Adam, Katarina. 2022. *Blockchain-Technologie für Unternehmensprozesse, Sinnvolle Anwendungen der neuen Technologie in Unternehmen*, 2., überarb. u. erw. Aufl. Berlin: Springer Gabler.

Ball, Matthew. 2022. *The Metaverse, And how it will revolutionize everything*. New York: Liveright Publishing Corporation.

Becker, Hans Paul. 2012. *Investition und Finanzierung, Grundlagen der betrieblichen Finanzwirtschaft*, 5. Aufl. Wiesbaden: Gabler.

Berk, Jonathan, und Peter DeMarzo. 2019. *Grundlagen der Finanzwirtschaft, Analyse, Entscheidungen und Umsetzung*, 4., akt. Aufl. Hallbergmoos: Pearson.

De Filippi, Primavera, und Aaron Wright. 2018. *Blockchain and the law, the rule of code*. Cambridge: Harvard University Press.

Dikikasali. 2023. Airdrop vs. Bounty: Which is More Profitable? Medium. https://medium.com/@dikikasali9/airdrop-vs-bounty-which-is-more-profitable-ee6f92d14cf0. Zugegriffen am 09.05.2024.

Doll, Christopher, T.F. McLaughlin, und Anjali Barretto. 2013. The token Economy: A recent review and evaluation. *Insan Akademika Publications: International Journal of Basic and Applied Science* 02(01): 131–149, (E-ISSN: 2301-4458).

Duenser, Thomas G. 2020. *Legalize Blockchain, How states should deal with today's most promising technology to foster prosperity*. Norderstedt: BoD.

Erhard, Ludwig. 2009. *Wohlstand für alle, überarbeitete Fassung*. Köln: Anaconda.

Fertig, Tobias, und Andreas Schütz. 2019. *Blockchain für Entwickler, Grundlagen, Programmierung, Anwendung*. Bonn: Rheinwerk.

Gourov, Kirill. 2014. Measuring the intrinsic value of cryptocurrency. http://komar.in/files/Measuring%20the%20Intrinsic%20Value%20of%20Cryptocurrency.pdf. Zugegriffen am 30.10.2024.

Hahn, Christopher, und Adrian Wons. 2018. *Initial Coin Offering (ICO), Unternehmensfinanzierung auf Basis der Blockchain-Technologie*. Wiesbaden: Springer Gabler.

Hammond, Susannah, und Todd Ehret. 2022. *Cryptocurrency regulations by country, Compendium*. Thomson Reuters.

von Hayek, Friedrich August. 1945. The Use of Knowledge in Society. *American Economic Review* XXXV(4): 519–530.

Himmer, Klaus. 2019. *Blockchain-basiertes Fundraising als innovative Alternative der Unternehmensfinanzierung, Eine steuer- und aufsichtsrechtliche Analyse*. Wiesbaden: Springer Gabler.

Kazdin, Alan E., und Richard R. Bootzin. 1972. The token economy: An evaluative review. *Journal of Applied Behavior Analysis* 5(3): 343–372. https://doi.org/10.1901/jaba.1972.5-343.

Kessler, Oliver, Hrsg. 2011. *Die Internationale Politische Ökonomie der Weltfinanzkrise*. Wiesbaden: VS Verlag für Sozialwissenschaften.

Kleine, Jens, Matthias Krautbauer, und Tim Weller. 2013. *Cost of Cash, Status Quo und Entwicklungsperspektiven in Deutschland*. München: Steinbeis Research Center for Financial Services, Center for Payment Studies.

Kliemank, Michaela. 2011. Die Bedeutung von Bargeld angesichts alternativer Zahlungsmöglichkeiten. *Deutsches Institut für Bankwirtschaft – Schriftenreihe* 7(12/2011): 1–17.

Kurt, Lidia, und Domenic Kurt. 2022. *Digitale Assets & Tokenisierung, Grundlagen umfassend verstehen*. Wiesbaden: Springer Gabler.

Lenk, Thomas, und Oliver Rottmann. 2007. Public Corporate Governance in öffentlichen Unternehmen – Transparenz unter divergierender Interessenslage. *Zeitschrift für öffentliche und gemeinwirtschaftliche Unternehmen* 30(3): 344–356.

Pape, Ulrich. 2011. *Grundlagen der Finanzierung und Investition, Mit Fallbeispielen und Übungen*, 2. Aufl. München: Oldenbourg.

Papenfuß, Ulf, und Christina Schaefer. 2017. Beteiligungsmanagement und Public Corporate Governance: Grundsachverhalte und Reformperspektiven. *Zeitschrift für öffentliche und gemeinwirtschaftliche Unternehmen* 40(2/3): 131–151.

Polizu, Cristina et al. 2023. Are crypto markets correlated with macroeconomic factors? Spglobal.com. S & P Global.

Romans, Andrew. 2019. *Master of Blockchain, The rise of blockchain and crypt, the tokenization of the world's assets and what means for startups, corporations, and investors*, 2. Aufl. Scotts Valley: Venture Books.

Sperber, Herbert. 2016. *Wirtschaft verstehen, 112 Lernmodule zur VWL*, 5., überarb. Aufl. Stuttgart: Schäffer-Poeschel.

Spremann, Klaus, und Pascal Gantenbein. 2022. *Finanzmärkte, Wertpapiere, Investitionen, Finanzierungen*, 6., vollst. überarb. Aufl. München: UVK.

Tabscott, Don, und Alex Tabscott. 2016. *Blockchain revolution, how the technology behind bitcoin is changing money, business, and the world*. New York: Penguin.

Tolkmitt, Volker, und Ruben Wittrin. 2020. *Virtuelle Währungen und das Finanzsystem*. Wiesbaden: Springer Gabler (essentails).

Varmaz, Armin, und Nermin Varmaz. 2018. Eine empirische Analyse von Initial Coin Offerings (ICO), Vierteljahrhefte zur Wirtschaftsforschung | DIW Berlin | 87. Jahrgang | 03.2018 | Seiten 129–150

Voshmgir, Shermin. 2019. *Token economy, how blockchain and smart contracts revolutionize the economy*, 1. Aufl. Berlin: BlockchainHub Berlin.

World Economic Forum. 2022. The Macroeconomic Impact of Cryptocurrency and Stablecoins, White Paper, World Economic Forum.

Xu, Ke, Jianming Zhu, Xianhua Song, und Zeguang Lu, Hrsg. 2021. *Blockchain technology and application, thrid CCF China blockchain conference, CBCC 2020, Jinan, China, December 18-20, 2020, Revised Selected Papers*. Singapore: Springer Nature.

Online-Quellen

AllSocial. 2019. Nutzerzahlen, Highlights, Umsätze: Facebook, Instagramm, Messenger und WhatsApp (2014–2021). https://allfacebook.de/toll/state-of-facebook#:~:text=Facebook%20Nutzerzahlen%20April%202019%20(Q1%2F2019)&text=1.56%20Milliarden%20täglich%20aktive%20Facebook,37.700%20Mitarbeiter%20hat%20Facebook. Zugegriffen am 09.05.2024.

Binance. 2023. Credit Card. https://www.binance.com/en/cards. Zugegriffen am 09.05.2024 => Hinweis: ab dem 20. Dezember 2023 können Binance-Nutzer im europäischen Wirtschaftssraum nicht länger die Visa Debitkartendienste nutzen.

Bison Academy. 2023. Was sind Governance-Token. https://academy.bsdex.de/was-sind-governance-token. Zugegriffen am 09.05.2024.

Bitpanda. 2023. Bitpanda Card. Verwende deine Investments wie Bargeld. https://www.bitpanda.com/de/card. Zugegriffen am 09.05.2024.

Blockchainwelt. 2023. Was ist ein Coin Burn und wie funktioniert Coin Burning? https://blockchainwelt.de/coin-burn/#:~:text=Hierbei%20nutzt%20das%20entwickelnde%20Unternehmen,Möglichkeit%20zur%20Umgehung%20von%20Sicherheitsbestimmungen. Zugegriffen am 09.05.2024.

Blocktrainer. 2023. Tesla bald wieder mit BTC bezahlen? Bitcoin-Code auf Website entdeckt!. https://www.blocktrainer.de/tesla-bald-wieder-mit-btc-bezahlen/. Zugegriffen am 09.05.2024.

Bundesanstalt für Finanzdienstleistungsaufsicht. 2017. Initial Coin Offering: Hohe Risiken für Verbraucher. https://www.bafin.de/SharedDocs/Veroeffentlichungen/DE/Fachartikel/2017/fa_bj_1711_ICO.html. Zugegriffen am 09.05.2024.

———. 2022. Thema FinTech. Kryptotoken. https://www.bafin.de/DE/Aufsicht/FinTech/Geschaeftsmodelle/DLT_Blockchain_Krypto/Kryptotoken/Kryptotoken_node.html. Zugegriffen am 09.05.2024.

Bundesministerium der Justiz. 2023. Gesetz über das Wohnungseigentum und das Dauerwohnrecht (Wohnungseigentumsgesetz -WEG). https://www.gesetze-im-internet.de/woeigg/BJNR001750951.html#BJNR001750951BJNG000102360. Zugegriffen am 09.05.2024.

Bundesministerium für Wirtschaft und Klimaschutz. 2023. Mittelständische Unternehmen – Zahlen und Fakten zu den deutsche KMU. https://www.bmwk.de/Redaktion/DE/Artikel/Mittelstand/kmu-zahlen-fakten.html. Zugegriffen am 09.05.2024.

Bundesrechtsanwaltskammer. 2023. Was kostet das? https://www.brak.de/service/verbraucherinformationen/was-kostet-das/#:~:text=Die%20Gebühr%20für%20ein%20erstes,Rechtsanwalt%20notwendige%20Auslagen%20geltend%20machen. Zugegriffen am 09.05.2024.

Bundesverband deutscher Banken. 2020. Token-Economy – Die (R)Evolution hat gerade erst begonnen. https://bankenverband.de/token/token-economy-die-r-evolution-hat-gerade-erst-begonnen/. Zugegriffen am 09.05.2024.

Cash. 2022. Kryptowährungen: Wo Deutschland im internationalen Vergleich steht. https://www.cash-online.de/a/kryptowaehrungen-wo-deutschland-im-internationalen-vergleich-steht-625343/#_ftnref1. Zugegriffen am 09.05.2024.

Coinbase. 2023. Coinbase Card. https://www.coinbase.com/card. Zugegriffen am 09.05.2024.

Coindesk. 2023. Bitcoin tight correlation with NASDAQ-SPX Ratio Muddies Safe-Haven Narrative. https://www.coindesk.com/markets/2023/04/06/bitcoins-tight-correlation-with-nasdaq-to-sp-500-ratio-muddies-the-safe-haven-narrative/. Zugegriffen am 09.05.2024.

Coingecko. 2023. Globale Charts zur Krypto-Marktkapitalisierung. https://www.coingecko.com/de/global-charts#:~:text=Die%20globale%20Marktkapitalisierung%20von%20Kryptowährungen,%2DDominanz%20von%2044.14%20%25%20entspricht. Zugegriffen am 09.05.2024.

Cointelegraph. 2024. So führen Sie ein ICO durch – Ein detaillierter Leitfaden. https://de.cointelegraph.com/learn/how-to-launch-an-ico-a-detailed-guide. Zugegriffen am 09.05.2024.

Crypto Presales. 2023. Best Crypto Presales. https://cryptopresales.com. Zugegriffen am 09.05.2024.
Deloitte. 2022. Bilanzierung von Krypto-Assets und Krypto-Liabilities. https://www2.deloitte.com/content/dam/Deloitte/de/Documents/financial-services/FSI_AM_Bilanzierung_von_Krypto-Assets.pdf. Zugegriffen am 09.05.2024.
Deutsche Bundesbank. 2023. Bargeldstrategie des Eurosystems und Rolle des Bargelds. https://www.bundesbank.de/de/aufgaben/bargeld/bargeldstrategie-des-eurosystems. Zugegriffen am 09.05.2024.
Deutschlandfunk. 2023. Bargeld: Was für und gegen eine Abschaffung spricht. https://www.deutschlandfunk.de/bargeld-abschaffung-digital-girokonto-102.html. Zugegriffen am 09.05.2024.
Europäische Kommission. 2023. Nachhaltiges Finanzwesen – Pflicht bestimmter Unternehmen zur Veröffentlichung nichtfinanzieller Informationen. https://ec.europa.eu/info/law/better-regulation/have-your-say/initiatives/12440-Nachhaltiges-Finanzwesen-Pflicht-bestimmter-Unternehmen-zur-Veroffentlichung-nichtfinanzieller-Informationen_de. Zugegriffen am 09.05.2024.
Europäische Zentralbank. 2023. Banknotenproduktion und Banknotenreserven. https://www.ecb.europa.eu/euro/intro/production/html/index.de.html#:~:text=Die%20EZB%20weist%20mehreren%20nationalen,für%20die%20ihr%20zugewiesene%20Quote. Zugegriffen am 09.05.2024.
Forbes. 2023. Kryptowährungen kaufen: Die Top 10 im November 2023. https://www.forbes.com/advisor/de/geldanlage/krypto/top-10-kryptowaehrungen/. Zugegriffen am 09.05.2024.
G^2. 2023. Best cryptocurrency exchanges. https://www.g2.com/categories/cryptocurrency-exchanges. Zugegriffen am 09.05.2024.
Gabler Wirtschaftslexikon. 2024. Definition. Was ist ein „Robo-Advisor"? https://wirtschaftslexikon.gabler.de/definition/robo-advisor-54214. Zugegriffen am 09.05.2024.
Ifo Institut. 2023. Blockchain-Technologie bei 6,9% der Unternehmen in Deutschland im Einsatz oder geplant. https://www.ifo.de/fakten/2023-06-28/blockchain-technologie-in-deutschen-unternehmen. Zugegriffen am 09.05.2024.
Ing. 2022. Ist Geld umsonst? https://www.ing.de/wissen/was-kostet-geld/. Zugegriffen am 09.05.2024.
Investopedia. 2023. What is the dow theory? https://www.investopedia.com/terms/d/dowtheory.asp#:~:text=The%20Dow%20Theory%20is%20a,similar%20advance%20in%20another%20average. Zugegriffen am 09.05.2024.
Kryptokenner. 2023. Aktuelle Bitcoin Transaktionensgebühren Rechner. https://kryptokenner.de/bitcoin-transaktionsgebuehren/. Zugegriffen am 09.05.2024.
Mutual. 2023. Überweisungsgebühren & beleghafte Überweisungen: Welche Gebühren fallen an? https://www.mutual.de/konto/ueberweisungsgebuehren-fuer-beleghafte-ueberweisung/#:~:text=Während%20die%20meisten%20Filialbanken%20für,bleiben%20Online%2DÜberweisungen%20i.d.R.%20kostenlos. Zugegriffen am 09.05.2024.
Paypal. 2023. https://www.paypal.com/de/webapps/mpp/paypal-safety-and-security. Zugegriffen am 09.05.2024.
SBS Legal. 2023. Was sind Utility Token? https://www.sbs-legal.de/lexikon/utility-token. Zugegriffen am 09.05.2024.
Startplatz. 2023. Was ist ein Start-Up? https://www.startplatz.de/was-ist-ein-startup-definition/#:~:text=Wie%20lange%20ein%20Startup%20ein,weniger%20als%20100%20Mitarbeitende%20hat. Zugegriffen am 09.05.2024.
Statista. 2018. Aus welchen Gründen lösen Sie Geschenkgutscheine nicht ein? https://de.statista.com/statistik/daten/studie/952225/umfrage/gruende-des-nicht-einloesens-von-geschenkgutscheinen-in-deutschland/. Zugegriffen am 09.05.2024.
———. 2024. Anzahl verfügbarer Kryptowährungen weltweit in ausgewählten Monaten von Juni 2013 bis April 2024. https://de.statista.com/statistik/daten/studie/1018542/umfrage/anzahl-unterschiedlicher-kryptowaehrungen/#:~:text=Im%20Mai%202023%20gab%20es,virtuellen%20Währungen%20nach%20Marktkapitalisierung%20an. Zugegriffen am 09.05.2024.

Techcrunch. 2022. Crypto. Super Bowl ads boosted crypto app downloads by 279%, led by Coinbase. https://techcrunch.com/2022/02/17/super-bowl-ads-boosted-crypto-app-downloads-by-279-led-by-coinbase/?guccounter=1&guce_referrer=aHR0cHM6Ly93d3cuZ29vZ2xlLmNvbS8&guce_referrer_sig=AQAAAEP1uvcNuNvVd6DQI2dQfE%2D%2D7VgNswnt1DdWO6X-k_Wi0k-PfYF-w44vbsYQwAeAHpqknPKWaQtJXbGuW6Wv3ZXQ2EqwlyF0V2Rl_LhUXIBj2did-z9LUPdwb8zBse9KSTHA7qJMEGk4gSr-uv26dlSEGYTdmXKa89KWtBbstrn3eL. Zugegriffen am 09.05.2024.

The Intercept. 2022. Starving Afghans use Crypto to Sidestep U.S. Sanctions, Failing Banks, and the Taliban. https://theintercept.com/2022/01/19/crypto-afghanistan-sanctions-taliban/. Zugegriffen am 09.05.2024.

Your Crypto Library. 2024. Was ist ein Equity Token. https://yourcryptolibrary.com/de/cryptocurrency-types/what-is-an-equity-token/. Zugegriffen am 09.05.2024.

5 Tokenomics – die Schnittstelle zur realen Welt?!

Zusammenfassung

Mit der fortschreitenden technologischen Revolution werden unsere wirtschaftlichen Organisationssysteme durch den Aufstieg der Informationsnetze verändert. Diese Phase der wirtschaftlichen Entwicklung zeichnet sich dadurch aus, dass sie unsere Wirtschaft dezentralisiert und ihre Tätigkeiten auf globale, informationsgestützte Netzwerke verlagert. Dies bringt eine Vielzahl an neuen Möglichkeiten und Herausforderungen mit sich. So können in diesem Zusammenhang Token einen Wert innerhalb von Organisationen und Unternehmen definieren. Das Marktsystem wird in diesem Zusammenhang als verteilter Koordinationsmechanismus für die Verwaltung und das Wachstum von Token genutzt.

Daraus folgt, dass jeder sowohl das Marktsystem als Investor und zugleich auch als Teilnehmer eines (oder mehrerer) Marktsysteme agieren kann. Wie das Zusammenspiel im Einzelnen aussieht, wird nachfolgend betrachtet.

Tokenomics ist eine Wortschöpfung, zusammengesetzt aus den beiden Wörtern „Token“ und „Economics“. Im Fokus steht die Analyse der wirtschaftlichen und monetären Aspekte von Kryptowährungen und Blockchain-basierten Systemen. Tokenomics umfasst Elemente wie die Verteilung, Erstellung und Nutzung von Token innerhalb eines Blockchain-Ökosystems und dient dem Zweck der Investment-Beurteilung.[1]

---

[1] https://cvj.ch/wissen/basiswissen/die-bedeutung-von-tokenomics/#:~:text=Tokenomics%20sind%20das%20Regelwerk%2C%20das,Bestrafung%20schlechter%20Akteure%20zu%20schaffen., eingesehen am 16.08.2023.

K. Krüger, *Tokenisierung als Finanzierungsform*, https://doi.org/10.1007/978-3-658-46340-3_5

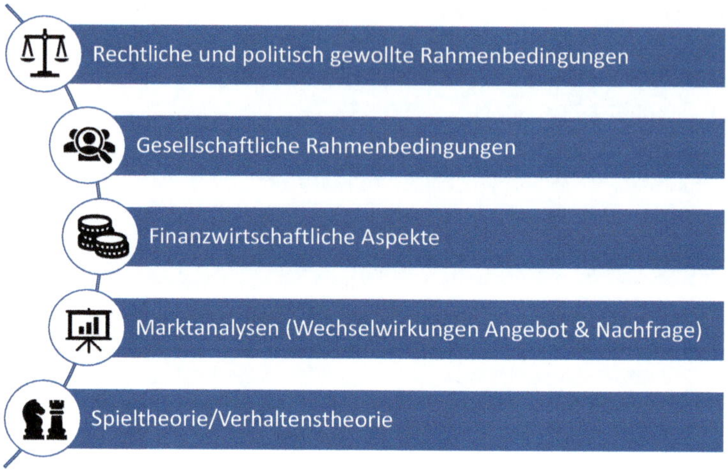

Abb. 5.1 Tokenomics – VWL-Ebene

Ähnlich wie der Begriff „Wirtschaft" (Economics) sich in zwei Hauptströmungen einteilen lässt (Volkswirtschaftslehre und Betriebswirtschaftslehre), kann man dies auch bei Tokenomics: Micro-Tokenomics fokussiert sich auf die einzelnen Projekte, den Parametern innerhalb des Projekts samt genutzter Blockchain, während Macro-Tokenomics sich mit dem gesamten Ökosystem befasst (inklusive rechtlicher und politischer Rahmenbedingungen) (vgl. Abb. 5.1).

Im Grunde ist die Idee der Wirtschaftstheorien, nachzuvollziehen, wie Menschen sich wofür und warum entscheiden, um ihren Nutzen zu maximieren. Vergleichbar mit der traditionellen Volkswirtschaftslehre sind auch in Bezug auf Tokenomics die Bereiche, die in Betracht gezogen werden, um die Wechselwirkungen zu identifizieren und zu beschreiben, sichtbar. Auf der volkswirtschaftlichen Ebene, oder Makroebene von Tokenomics wird analysiert, geprüft etc., um Rahmenbedingungen ableiten zu können. So werden nicht nur einzelne Unternehmen in ihrem Umfeld, sondern ganze Wirtschaftsräume wie z. B. die Europäische Union betrachtet. Ebenso sind Veränderungen bei Aktienkursen von Interesse, die Wertentwicklungen von Währungen (Krypto ebenso wie traditionelle), die Implikationen von Geldpolitik usw. Dies alles ist auch in Bezug auf die Token-Ökonomie bedeutsam.

Außerdem sind rechtliche Rahmenbedingungen wichtig, um Unternehme und Verbrauchern gleichermaßen einen Schutz zu bieten. Unternehmer werden nur dann in einem Land ihr Unternehmen entwickeln, wenn die politischen und rechtlichen Rahmenbedingungen unterstützend wirken. Die Bedeutung dieser Technologie zu verstehen und zu fördern, kann durch die Politik maßgeblich gestaltet werden. Sie hat Einfluss auf Entscheidungen wie z. B. die Besteuerung von Kryptowährungen. Steuern sind Lenkungsmechanismen eines Staates bzw. eines Wirtschaftsraumes.

Auch in der klassischen Volkswirtschaftslehre ist die Verhaltenstheorie ein wichtiger Bestandteil der Untersuchungen. Wenngleich jahrzehntelang rational handelnde Menschen[2] im Wirtschaftskontext angenommen wurden, und die sich daraus entwickelten Modelle von der Nutzen- und Gewinnmaximierung des Individuums als „Homo Oeconomicus“ sprechen, so hat sich mittlerweile durchgesetzt, dass der Mensch seine Entscheidungen mit einem Bias trifft. Die Verhaltensökonomie untersucht das menschliche Verhalten im Kontext neoklassischer ökonomischer Theorien auf Abweichungen zu den bisher gültigen Annahmen. Kahnemann hat die Theorie des dualen Entscheidungssystems etabliert, wonach Entscheidungen situationsabhängig von zwei Systemen beeinflusst werden: das intuitive System (schnell, mühelos, aber schwankend in den Leistungen) und das denkende System (aufwendig, langsam, aber insgesamt zuverlässiger). Diese führt (laut Theorie) dazu, dass das Individuum nur zu begrenzt rationalen Entscheidungen fähig ist. Und dies hat dann Auswirkungen auf die wirtschaftlichen Entscheidungen. In Bezug auf Tokenomics steckt dieser Forschungsansatz noch in den Kinderschuhen. In den täglichen Debatten um Kryptomärkte, Blockchain-Technologie etc. ist aber auch zu sehen, wie emotional die Diskussion teilweise geführt wird. Daher ist dieser verhaltensorientierte Ansatz in der holistischen Betrachtung der Märkte und ihres Zusammenspiels zu begrüßen.

Tokenomics, analog zur Betriebswirtschaftsebene, befasst sich dagegen mit dem Krypto-Ökosystem, wie Unternehmen innerhalb dieses Systems Infrastrukturen aufbauen und nutzen, welche Geschäftsmodelle auf dieser Infrastruktur entwickelt werden und wie sich die Interaktion mit dem soziologischen Ökosystem gestalten (vgl Abb. 5.2).

Das Narrativ ist, sich auf eine wachsende Nutzer-Community einzustellen und diese mit entsprechenden Angeboten zu versorgen. Plattformen spielen bei diesem Ansatz eine bedeutende Rolle, da Plattformen als Gatekeeper sowohl Unternehmen als auch Verbraucher miteinander auf vielfältige Weise vernetzen (können).[3,4]

Dabei spielt Tokenomics eine entscheidende Rolle bei der Gestaltung des Verhaltens und der Anreize der Teilnehmer innerhalb eines Blockchain – Netzwerkes. Im Rahmen von Anlagestrategien kann Tokenomics zur Bewertung des potenziellen Wertes und der Realisierbarkeit eines Blockchain-Projektes eingesetzt werden. (Dies bedeutet ein „Verwischen“ beider Ebenen, denn die Erkenntnisse aus der Verhaltenstheorie und/oder der Spieltheorie ermöglichen das Schaffen neuer Produkte.)

---

[2] Blanchard und Illing (2006), S. 793.

[3] Parker et al. (2016), S. 60.

[4] Plattformen können unterschiedlichste Ausprägungen und Eigenschaften haben. Zu unterscheiden ist in „Zwei-Seitige“-Plattformen, in der die Angebots- mit der Nachfrageseite verknüpft wird (klassische Beispiele: AirBnB, Uber). Bei „Multi-Side“-Plattformen übernimmt die Plattform eine Art Vermittlerrolle und verbindet mehrere Teilnehmergruppen. Dies ist verbunden mit dem Wertversprechen, diese Verknüpfungen einfach und unkompliziert für jeden Teilnehmer zu ermöglichen. Mehrseitige Plattformen produzieren weder die Inhalte noch die Produkte und bieten auch die Dienstleistungen nicht selbst an (z. B. Alibaba). Dieser Ansatz ist insbesondere für Tokenomics von Relevanz, da mehrseitige Plattformen den Netzwerk-Effekt ausnutzen und daher mehr Sogeffekt entwickeln können.

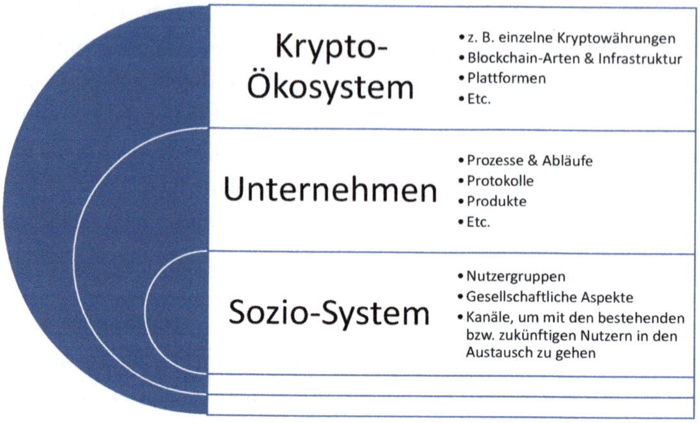

Abb. 5.2 Tokenomics – BWL-Ebene

Argumentiert wird u. a. damit, dass sich mit der Tokenisierung Vermögenswerte und Zahlungen effizienter und kostengünstiger als bisher händeln und verwalten lassen. Zusätzlich lassen sich neue Stückelungen/Tranchen erzeugen, die in der analogen Welt zu unwirtschaftlich sind. Transaktionskosten sinken signifikant. Mit und durch Token lassen sich neue Formen der Partizipation ermöglichen.

Nachfolgend wird ein Überblick über gängige Token-Standards dazu beitragen, zu verstehen, welche Token-Typen zu welchem Zweck nutzbar sein könnten. Außerdem werden an einem sehr einfachen Beispiel die technischen Komponenten eines notwendigen Smart Contract erläutert. Ebenfalls beispielhaft wird das Konzept einer Decentralised Autonomous Organisation (DAO) erläutert, um darzulegen, welches Potenzial aus Unternehmenssicht in diesem Layout steckt. Alle diese Ansätze müssen jedoch auch in Bezug zur Regulatorik gesehen werden. Daher wird das rechtliche Regelwerk näher erläutert, welches die Leitplanken setzt.

5.1 Die Schaffung von Token

Über Token ist schon in dem vorangegangenen Kap. 4 schon einiges gesagt worden. Für das erweiterte Verständnis werden hier noch einmal die unterschiedlichen technischen Details von Token sowie diverse Standards erläutert.

Die Fülle an unterschiedlichen Token-Arten zeigt eine positive Korrelation zu den sich dynamisch entwickelnden Anforderungen.

Diese Typen von Token sind im Markt:[5]

[5] Vgl. Kap. 4.

Digital- oder Kryptowährungen wie der Bitcoin sind quasi die Urform von Token. Da sie kein staatlich anerkanntes Zahlungsmittel sind, ist die Akzeptanz in der „realen“ Welt noch immer ausbaufähig. Kryptowährungen, die an Gold oder Fiatgeld (z. B. US Dollar, Euro, Yen etc.) gekoppelt werden, werden Stablecoin genannt.[6]

Security Token/Equity Token sind digitale Wertpapiere und unterliegen der Prospektpflicht.

Utility Token bieten eine spezielle Funktionalität oder dienen einem bestimmten Zweck.

Membership Token oder auch Asset Token repräsentieren bestimmte Privilegien für den Inhaber.

Mittlerweile haben sich einige Standards etabliert, um Token zu erzeugen, die die Vielfältigkeit der Anlässe abbilden. So kann ein Token als digitaler Vermögensgegenstand zur Abbildung eines real existierenden Vermögensgegenstandes (z. B. eine Luxusuhr, ein Auto oder ein Haus) ebenso genutzt werden wie um in einem Online-Spiel Kleidung für den eigenen Avatar zu erwerben. Eine vergleichbare Struktur ist hilfreich und kann durch Standardisierung geschaffen werden.

Damit unterstützen die Standards die Handelbarkeit ebenso wie die Vergleichbarkeit, die Interoperabilität und auch die Modularität von Token.[7] Dies generiert dann eine größere Akzeptanz, was die Standards per se wieder stärkt.

Tab. 5.1 gibt einen Überblick über die gängigen Ethereum-Standards und den Mechanismus.

Die hier aufgeführten, gängigen Token-Standards basieren auf den Vorschlägen und Regeln des Ethereum-Netzwerkes. Auf Ethereum gibt es unzählige Kryptowährungen, repräsentiert als Token. Um die Implementierung und Nutzung von Token zu vereinfachen, helfen die Standards. Jeder Token ist wiederum im Kern ein Smart Contract und um diese interagieren lassen zu können, bedarf es Regeln (= Standards).

Tab. 5.1 Ethereum Token-Standards

Standard	Erläuterung
ERC-20	Gedacht für fungible, d. h. austauschbare Token, Einsatz für z. B. Abstimmungs-Token oder virtuelle Währungen
ERC-721	Geeignet für nicht-fungible Token (NFTs); Einsatz z. B. ein Nachweis für ein Kunstwerk
ERC-777	Geeignet, um zusätzliche Funktionen auf Token zu ermöglichen; z. B. um eine Notfall-Wiederherstellung zu ermöglichen, wenn der Private Key verloren wurde,
ERC-1155	Fast eine Art Gold-Standard; hiermit wird der effizientere Handel und die Bündelung von Transaktionen ermöglicht, was Kosten einspart; ist sowohl für die Erzeugung von NFTs als auch von Utitlity/Krypto-Token nutzbar
ERC-4626	Relativ neu; ist ein tokenisierter Standard zur Optimierung und Vereinheitlichung der technischen Parameter ertragsträchtiger „Tresore“; dies ist insbesondere für Decentralised Finance Projekte von Bedeutung;

[6] Dünser (2022), S. 22, 23.

[7] Kurt und Kurt (2022), S. 179.

Der ERC-20-Standard, als der erste, hat die Zielsetzung, dass geschaffene Token auf der Ethereum-Plattform von anderen Anwendungen mitgenutzt werden können, z. B. Wallets, dezentrale Börsen etc.[8] Damit benötigen die Token keine eigene Blockchain und Mining Community, um sie zu verwalten. Stattdessen wird der ERC-20-Token zusätzlich, quasi on top, auf Ethereum gehandelt. Der auf der Ethereum-Blockchain basierte Smart Contract ermöglicht es, die Ausgabe und den Austausch der Token nachzuverfolgen.[9]

Auch wenn hier kurz die Reihenfolge verlassen wird, so rechtfertigt die inhaltliche Nähe des ERC-777-Standard als Weiterentwicklung des ERC-20-Standards diesen Schritt. Der ERC-777-Standard ist ebenfalls ein fungibler Token-Standard. Mit diesem Standard ist es möglich, dass der unterliegende Smart Contract auf eingehende bzw. ausgehende Token reagieren kann, indem er sogenannte „Hooks" (Haken) zulässt. Damit werden Eingangsmeldungen möglich, was unter dem ERC-20-Standard nicht machbar ist.[10]

Der ERC-721-Standard ermöglicht, einzigartige Vermögenswerte (Non-Fungible Token, NFTs) zu repräsentieren und ist damit eine Erweiterung zum ERC-20-Token. Mit diesem Standard ist es möglich, einen einzigartigen Vermögensgegenstand zu identifizieren, z. B. die Konzert-Eintrittskarten mit nummerierten Sitzplätzen. Dies wird durch die „uint Variable" namens „TokenId" möglich.

Die Gemeinsamkeit bei ERC-20 und ERC-721 ist, dass für jeden Token ein eigener Smart Contract erzeugt wird. Jedoch ist nicht vorgesehen, dass fungible und nicht-fungible Token im gleichen Smart Contract kombiniert werden können. Mit dem ERC-1155-Standard wird das ermöglicht. Damit können NFTs aus demselben Konto verwaltet und genutzt werden wie Zahlungen mit digitalen Währungen. Außerdem lassen sich verschiedene Token in einer Transaktion gebündelt versenden, was die Kosten senkt.[11]

Der ERC-4646-Standard ist verhältnismäßig neu und insbesondere für Decentralized Finance (DeFi) von Interesse. Dieser Standard verspricht, die Herausforderungen, die sich in Bezug auf DeFi ergeben, zu optimieren. Dazu werden die technischen Parameter für die in DeFi genutzten Tresore vereinheitlicht und optimiert. DeFi an sich (vgl. auch Kap. 6) hat drei Schwerpunkte: Kreditvergabe, Kreditaufnahme und dezentrale Börsen. Diese Tresore bündeln die erhaltene Anleger-Liquidität und investieren diese gemäß einer Strategie. Der ERC-4646-Standard unterstützt dieses und vereinfacht z. B. Ein- und Auszahlungstransaktionen und „Yield-Farming". Hierbei handelt es sich um eine Investmentstrategie, bei der Kryptoinhaber ihre Kryptowährungen verleihen, um im Gegenzug virtuelle Token als Zinszahlung zu erhalten.[12]

[8] Fertig und Schütz (2019), S. 436.

[9] Casey und Vigna (2018), S. 102.

[10] So kann z. B. in einer Wallet die Nachricht angezeigt werden, wenn ein neuer Token eingeht.

[11] Kurt und Kurt (2022), S. 183.

[12] https://blog.hubspot.de/marketing/yield-farming, eingesehen am 16.08.2023.

Unter folgenden URLs lassen sich die detaillierten Beschreibungen samt der Spezifikationen der Token nachlesen:

ERC-20: https://eips.ethereum.org/EIPS/eip-20,
ERC-721: https://eips.ethereum.org/EIPS/eip-721
ERC-777: https://eips.ethereum.org/EIPS/eip-777
ERC-1155: https://eips.ethereum.org/EIPS/eip-1155
ERC-4646: https://eips.ethereum.org/EIPS/eip-4626

So unterschiedlich die Vermögenswerte sind, so vielfältig sind die bereits etablierten und hier aufgeführten Standards. Sie ermöglichen eine Verknüpfung von realen Vermögensgegenständen und digitalen Repräsentanten.

5.2 Smart Contracts

Die grundsätzliche Idee von Smart Contracts als programmierbare, selbstausführende Verträge existiert schon seit den 1990er-Jahren. Und wir alle kennen dieses Grundprinzip spätestens dann, wenn wir unser Geld in eine Maschine werfen, um uns ein Getränk oder einen Schokoriegel auswerfen zu lassen.

$$Geld + Produktauswahl = ausgeworfenes\ Produkt$$

Nick Szabo formulierte 1997 dies folgendermaßen:[13]

> „The basic idea behind smart contracts is that many kinds of contractual clauses (such as collateral, bonding, delineation of property rights, etc.) can be embedded in the hardware and software we deal with, in such a way as to make breach of contract expensive (if desired, sometimes prohibitively so) for the breacher."

Nick Szabo weist zurecht darauf hin, dass Smart Contracts weit mehr leisten können, als die Ausgabe eines Schokoriegels oder eines Getränkes aus einer Verkaufsmaschine. Smart Contracts ermöglichen vielmehr die digitale Kontrolle von Eigentum (seien es Rechte, Anteile etc.).

Der Katalysator für das Konzept Smart Contracts ist die Blockchain-Technologie, auch wenn die ursprüngliche Bitcoin-Blockchain nicht auf Smart Contracts ausgerichtet ist, sondern „lediglich" auf Zahlungstransaktionen. Diese Weiterentwicklung erfolgte mit Ethereum. Ethereum, aber auch andere Anbieter, ermöglichen als Blockchain-Infrastrukturanbieter, dass nunmehr Software auf ihnen abgelegt werden kann.[14]

[13] Szabo (1997), S. 1.

[14] Wilkens und Falk (2019), S. 8.

Mit diesem Ansatz ist es nicht nur möglich, vertragliche Vereinbarungen zwischen Parteien zu automatisieren, sondern obendrein diese auf „Wenn-Dann-Bedingungen“ basierende Programme um Zahlungsfunktionen zu erweitern.[15] Hierbei kann beispielsweise auf die bestehende Infrastruktur wie existierende Bankkonten zurückgegriffen werden. Abwicklungen nach der Smart Contract Logik reduzieren den Einfluss von Intermediären erheblich. Dies und auch die Prozessdurchführung an sich ermöglichen (zumindest) aus technischer Sicht ein großes Kosteneinsparpotenzial.[16]

Die bei Ethereum zum Schreiben von Smart Contracts meist genutzten Programmiersprachen sind die objektorientierten Sprachen *Solidity* und *Vyper* (um Smart Contracts auszuführen und dezentral validieren zu lassen). Geschrieben in z. B. Solidity werden anschließend Smart Contracts in Bytecode kodiert (zusammengestellt), um über die Ethereum Virtual Machine (EVM) durch die Validierer ausgeführt zu werden. Hierzu weist das Blockchain-Netzwerk jedem Vertrag eine eindeutige Adresse zu.[17]

Diese dezentrale Validierung und Speicherung steht im direkten Kontrast zur herkömmlichen Client-Server-Struktur und ermöglicht, dass die Daten fälschungssicher und nachvollziehbar gespeichert werden.[18] Updates, insbesondere bei fehlerhaften Codes, sind dennoch möglich, da sich Smart Contracts verlinken lassen, um Smart Contracts zu modifizieren.

Für Entwickler stehen viele Tools zur Verfügung, um Smart Contracts sicher und verlässlich zu gestalten.[19]

Im Prinzip verläuft ein Smart Contract Ablauf folgendermaßen:

- Es werden Vertragsbedingungen im Programmcode festgehalten
- Das vorab definierte Ereignis tritt ein (Trigger Event)
- Dadurch wird der vertraglich fixierte Inhalt automatisch ausgeführt
- Und führt zu dem Ergebnis, dass (je nach Vertragsgestaltung) z. B. Eigentumsrechte übertragen werden.

In diesem Zusammenhang können Vertragstexte in vielfältigster Form frei gestaltet, zusammengesetzt und modular immer wieder neu genutzt werden, indem sie in Teile und Blöcke zerlegt werden.[20] Modularität ist somit ein Mittel, um mit Komplexität umzugehen.[21]

Abb. 5.3 zeigt anhand eines Beispiels, wie ein Smart Contract aufgebaut ist.[22]

Die erste Zeile weist darauf hin, dass der Quellcode unter GPL-3.0 lizenziert ist.

---

[15] Bechtel et al. (2020), S. 90 in Heckel/Waldenberger (Hrsg.).

[16] Z. B. Meisner (2021), S. 197.

[17] Bahga und Madesetti (2017), S. 39, 118.

[18] Kurt und Kurt (2022), S. 33.

[19] Smart Contracts werden z. B. in Silidity geschrieben, anschließend in Bytecode kodiert und dezentral mit der Ethereum Virtual Machine (EMV) durch die Validierer ausgeführt.

[20] De Filippi und Wright (2018), S. 82.

[21] Smith (2006), S. 1176.

[22] https://docs.soliditylang.org/en/v0.8.21/introduction-to-smart-contracts.html#simple-smart-contract, eingesehen am 10.08.2023.

Abb. 5.3 Beispiel Smart Contract Speicherung Vertrag. (https://docs.soliditylang.org/en/v0.8.21/introduction-to-smart-contracts.html#simple-smart-contract, eingesehen am 10.08.2023)

```
// SPDX-License-Identifier: GPL-3.0
pragma solidity >=0.8.26;

contract SimpleStorage {
        uint stored data;

        function set (uint x) public {
        storedData = x;
        }

        function get () public view returns (uint) {
        return  storedData;
        }
}
```

Die zweite Zeile gibt an, welche Version für Solidity verwendet wird – in diesem Fall ist es die Version 0.8.26. Damit soll darauf hingewiesen werden, dass der Vertrag nicht mit einer neueren Version ausgeführt werden sollte, was dazu führen könnte, dass der Vertrag sich nicht ausführen lässt oder sich anders als geplant verhält.[23] Mit der Zeile *„Contract SimpleStorage“* geben wir unserem Vertrag einen Namen – in diesem Beispiel „SimpleStorage“. Es ist allgemein üblich, dass der Dateiname und der Vertragsname identisch sind. (So lässt sich ein Vertrag viel einfacher wiederfinden.)

Die vierte Zeile *unit StoredData;* zeigt die Zustandsvariable namens *„storedData“* vom Typ *„uint“* (Unsigned INT[24]) an. Diese Variable wird zum Speichern von Daten verwendet. Als nächstes wird in den Zeilen 5–7 eine Set-Funktion hinzugefügt, mit der der Wert der Variablen „storeData“ geändert werden kann. Hier akzeptiert die Set-Funktion einen Parameter X, dessen Wert in „storeData“ gespeichert wird. Darüber hinaus ist die Funktion als öffentlich gekennzeichnet und kann damit von jedem aufgerufen werden.

Mit der Get-Funktion an Zeile 8 ist es nun möglich, den Wert der Variable „storeData“ abzurufen. Diese Funktion ist als „view“ markiert, was dem Solidity-Compiler mitteilt, dass es sich um einen schreibgeschützte Funktion handelt. Darüber hinaus verfügt die Get-Funktion auch über Rückgabewerte (unit), was bedeutet, dass diese Funktion einen uint zurückgibt.

Dieses Beispiel eines Smart Contracts bewirkt lediglich, dass es jedem ermöglicht, eine einzelne Zahl zu speichern, die dann für jeden weltweit zugänglich ist. Die von Ihnen gewählte Zahl könnte sogar von jemand anderem überschrieben werden, und dennoch wird Ihre ausgewählte Zahl im Verlauf der Blockchain gespeichert bleiben. Dieses Beispiel soll nur dazu dienen, einen ersten Eindruck über die Struktur eines Smart Contracts zu erlangen. Tatsächlich sind solche programmierbaren Verträge komplex und ermöglichen vielfältige Parameter, um den Vertragsinhalt automatisiert auszuführen.[25]

---

[23] Pragmas sind gängige Anweisungen zum Umgang mit Quellcode.

[24] Der Datentyp UINT hat eine Länge von 16 Bit und enthält Zahlenwerte ohne Vorzeichen für Ganzzahlen, d. h. für positive Zahlen ohne Nachkommastellen.

[25] De Filippi und Wright (2018), S. 74.

Im Zusammenhang mit Smart Contracts soll an dieser Stelle noch auf die Notwendigkeit von „Oracles" als Schnittstelle zur realen Welt verwiesen werden, da Blockchain und Smart Contracts per se keine Schnittstelle zur „Außenwelt" haben. Oracles dienen als solche und ermöglichen somit den Zugriff auf vorhandene Datenquellen, Berechnungen etc. und ermöglichen es Smart Contracts, mit diesen Daten zu interagieren. Wenn beispielsweise ein Smart Contract auf Bedingungen zurückgreift, die als Voraussetzung für den Übertrag bestimmter Rechte definiert sind, dann muss der Smart Contract Code in der Lage sein, bestimmte Bedingungen außerhalb des Smart Contracts Code abzurufen (z. B. Person A hat einen Führerschein und kann damit den gewünschten PKW mieten).[26] Ist dieser Mietvorgang als automatisierter Vertrag aufgesetzt, welcher zugleich die Nutzung des entsprechenden PKWs auf einer Blockchain speichert, um im Schadensfall nachvollziehen zu können, wer wann wie lange mit dem PKW gefahren ist, dann werden die notwendigen Fahrerdaten über ein Oracle abgerufen. Oracles sind daher die Verbindung zur Welt außerhalb von Blockchains und Smart Contracts. Sie rufen Informationen ab, ohne diese zu prüfen bzw. prüfen zu können.

Dies hat zur Folge, dass hohe Sicherheitsbedenken bezüglich der Vertrauenswürdigkeit der Daten entstehen und es steht im Widerspruch zu den Grundprinzipien der Blockchain-Technologie.[27]Um dieses Problem zumindest ansatzweise lösen zu können, werden Oracles durch sogenannte „Multi-Sig-Contracts" zur Blockchain hinzugefügt. Hierbei handelt es sich um Smart Contracts, die von mehreren Parteien in der vordefinierten und programmierten Weise (= Bedingung) unterzeichnet werden müssen, um die Dienste des Oracles nutzen zu können.[28, 29] Anbieter von Oracle-Dienstleistungen stellen viele Sicherheitsmechanismen zur Verfügung, um die latente Gefahr vertrauensunwürdiger Daten zu minimieren.[30]

5.3 Decentralized Autonomous Organisation (DAO)

Das Konzept einer autonomen, sich selbst regulierenden demokratischen Organisation fand im Umfeld von Krypto und Blockchain-Technologie erstmals 2016 große Beachtung. Das Projekt „The DAO" hatte sich zum Ziel gesetzt, die DAO als autonomes Vehikel einzusetzen, um ein dezentrales Investitionsmanagement zu ermöglichen. Dazu wurden Token herausgegeben, die mit der Kryptowährung Ether erworben werden konnten. Innerhalb von vier Wochen wurden umgerechnet mehr als 150 Mio. US-Dollar eingesammelt.[31] Die Token-Inhaber sollten mit den von ihnen erworbenen Token das Recht erhalten, abzustimmen, in welche auf der Plattform angemeldeten Projekte das zur Verfügung stehende Geld fließen sollte.[32] Tragischerweise konnte ein Unbekannter ca. 50 Mio. US-Dollar in

[26] Masujima (2021) S. 114 in Kaji/Nakatsuma/Fukuhara.

[27] Voshmgir (2019), S. 92.

[28] Antonopoulos (2017), S. 149.

[29] Fertig und Schütz (2019), S. 110.

[30] Fertig und Schütz (2019), S. 357.

[31] De Filippi und Wright (2018), S. 155.

[32] Sims (2019) S. 12.

Ether von der DAO stehlen, bevor diese ins operative Geschäft startete, indem er die Schwachstellen in den Smart Contracts ausgenutzt hat. Dieser Vorfall hat dann auch dazu geführt, dass es eine „Hard Fork"[33] auf der Ethereum-Plattform gegeben hat.[34]

Auch wenn dieser erste große Versuch einer dezentralen, autonomen Organisation scheiterte, so ist das dahinterliegende Konzept beachtenswert.

Hasan und De Filippi definieren wie folgt: „A DAO is a blockchain-based system that enables people to coordinate and govern themselves mediated by a set of self-executing rules deployed on a public blockchain, and whose governance is decentralized (i.e., independent from central control)."[35]

Decentralized Autonomous Organisation ist somit ein Konzept, bei dem das Vorhaben durch einen (komplexen) Smart Contract kontrolliert wird, der von den Token-Inhabern gelenkt und gesteuert wird.

Der Aufbau einer DAO besteht zunächst aus einem Governance Contract, in dem die Verwaltung samt allen Aufgaben geregelt ist. Idealerweise sollte eine DAO keinem gehören, um den demokratischen Ansatz nicht durch einen zentralistischen zu zerstören. In einem gleichberechtigten so genannten Peer-to-Peer Ansatz arbeiten und gestalten die Teilnehmer des entsprechenden DAO-Netzwerkes das Projekt, wobei DAOs für vielfältige Zwecke eingerichtet werden können. Open Source Plattformen sind quasi die Inspiration für das Konzept der Zusammenarbeit in DAOs. Die Blockchain-Technologie fördert dieses und ermöglicht das Zuweisen bestimmter Rechte, die nachvollziehbar, transparent und unveränderbar sind.[36]

Das Zusammenspiel von herausgegebenen Token und Smart Contracts erlaubt es der DAO, den Token-Inhabern entweder direkt oder indirekt Kontrolle über die zur DAO (bzw. zum Projekt) gehörenden Vermögenswerte zu gewähren.[37] Diese Token können beispielsweise im Austausch einer Kryptowährung erworben oder auch als Belohnung (z. B. Airdrop)[38] ausgegeben werden.

Der strukturelle Aufbau einer DAO unterscheidet sich signifikant von den traditionellen Unternehmenshierarchien. Daher sind in der Literatur zunächst auch vielfältige Gedankenexperimente zu finden, die sich mit den Vor- und Nachteilen traditioneller Organisationen beschäftigen, um insbesondere die Nachteile zu überwinden, indem das Konstrukt der DAO durchdacht wird.

---

[33] Eine Hard Fork (rigide Trennung) entsteht, wenn aus der Ursprungsvariante sich eine neue Blockchain mit einem neuen Konsens-Algorithmus bildet.

[34] Dupont (2017), S. 2.

[35] Hassan und De Filippi (2021), S. 2.

[36] De Filippi und Wright (2018), S. 136.

[37] De Filippi und Wright (2018), S. 101, S. 136.

[38] Organisationen können, sofern sie DAO-Strukturen in ihren Projekten ermöglichen, Mitarbeitern Token als Belohnung zukommen lassen. Die Ausgestaltung der Token kann vielfältig erfolgen. Denkbar ist beispielsweise, dass ein Token einen (Teil-)Anspruch auf Unternehmensgewinne repräsentiert. Oder, der Token-Inhaber kann nunmehr an anderen Entscheidungen teilhaben, zu denen er unter normalen Bedingungen keinen Zugang hätte. Damit wird das Partizipationsprinzip im Unternehmen gestärkt.

Die Vielfalt, wie Unternehmen und Organisationen sich organisieren, um dem Geschäftszweck nachkommen zu können, ist groß und umfasst Partnerschaften, Unternehmen, Genossenschaftsmodellen, Unternehmen ohne eigene Rechtspersönlichkeit[39] etc. DAOs können diese existierenden Formen nachbilden und zugleich die Mitsprache- und Kollaborationsrechte erheblich verstärken, da klassische Hierarchien innerhalb des Peer-to-Peer-Netzwerkes nicht vorhanden sind.[40] (Vorsicht ist geboten, wenn ein plutokratisches Führungsprinzip vorzufinden ist, d. h. je mehr Token jemand besitzt, desto größer kann sein Einfluss auf Entscheidungen sein.[41] Dies lässt sich jedoch über eine geschickte Gestaltung der Smart Contracts kompensieren – daher sollte jeder potenzielle Teilnehmer einer DAO die dazugehörige Dokumentation sorgfältig lesen.)

Dezentrale Organisationen funktionieren auf Basis der von ihnen aufgestellten und über Smart Contracts automatisierten Regeln. Charakteristisch ist hierbei, dass Token-Inhaber gleichberechtigt über Vorschläge abstimmen und zu Entscheidungen kommen, es keine Hierarchien gibt und keine einzelne Person oder Organisation so viel Macht auf sich vereinen kann, um das System zu kontrollieren. Außerdem, so wird in der Literatur argumentiert, sind die Transaktionskosten der Organisation an sich günstiger, weil die DAO-Struktur die Art und Weise der Zusammenarbeit bei zugleich kostengünstiger Überprüfung des (Arbeits-)Ergebnisses und Governance-Auflagen senkt.[42]

Dies allein ist aber nicht der einzige Anlass/Beweggrund. Spätestens mit dem ins Bewusstsein kommenden Buzzword „Metaverse" sind vielfältige erweiterte Beispiele für den Einsatz einer DAO zu finden. Auch wenn sich „ein"[43] Blockchain-basiertes Metaversum in den Anfängen befindet, sind vielfältige Beispiele vorhanden, die ebenfalls einen Eindruck vermitteln können, was DAOs potenziell zu leisten vermögen. Die vielleicht prominentesten Beispiele sind *Decentraland* und *The Sandbox*, die nachfolgend näher beleuchtet werden.

Decentraland bietet eine virtuelle Welt an, die durch die Nutzer (von Entwicklern bis hin zu „einfachen" Konsumenten) gestaltet wird, ohne dass eine zentrale Stelle als Kontrollinstanz involviert ist.[44] *Decentraland* wurde 2015 gegründet und hat 2017 bei dem allgemeinen ICO-Hype gut 26 Mio. US-Dollar einsammeln können, um diese Plattform zu bauen und ermöglicht nun über das Konstrukt der DAO, dass jeder Teilnehmer, sofern

---

[39] Unternehmen ohne eigene Rechtspersönlichkeit sind rechtlich nicht von den Eigentümern getrennt (typisches Beispiel: offene Handelsgesellschaft (§ 105 HGB)).

[40] Sims (2019), S. 14.

[41] Plutokratien sind gekennzeichnet als Gesellschaften, in denen Vermögen als entscheidender Faktor für die Teilhabe an Herrschaft gilt.

[42] Sims (2019), S. 17, De Filippi und Wright (2018), S. 139.

[43] Es gibt kein „Das Metaversum", sondern es werden viele Metaversen parallel existieren und die aktuelle Herausforderung besteht darin, die sogenannte Interoperability zwischen den unterschiedlichen Welten zu schaffen, um einen nahtlosen, barrierefreien Übergang von einer Welt in die andere zu ermöglichen. Aus stilistischen Gründen ist hier jedoch auf das Singular zurückgegriffen worden.

[44] https://decentraland.org, eingesehen am 15.08.2023.

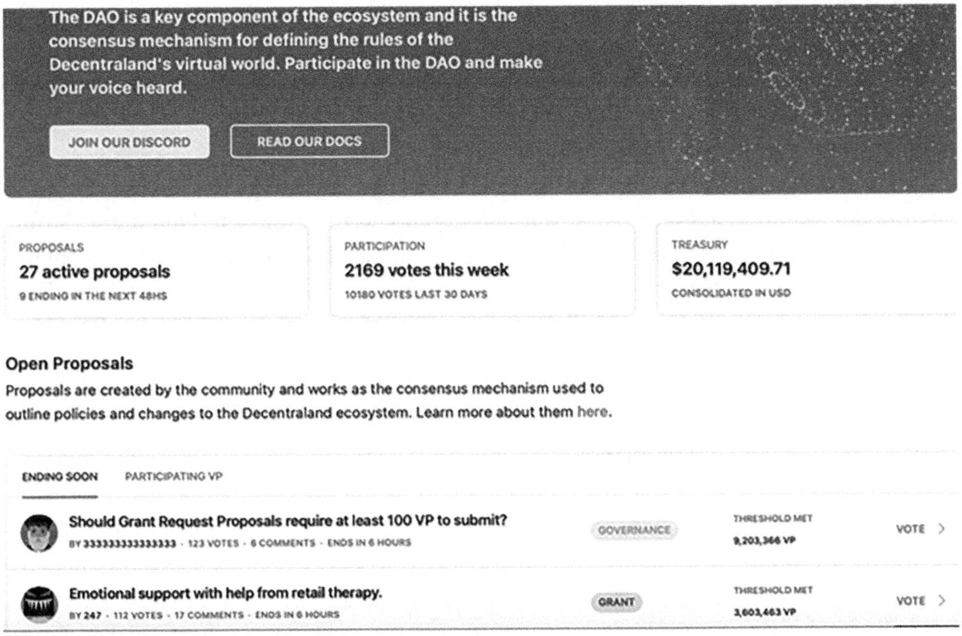

Abb. 5.4 Screenshot Decentraland vom 15.08.2023. (https://governance.decentraland.org, eingesehen am 15.08.2023)

gewünscht, am Entscheidungsprozess teilnehmen kann. Abb. 5.4 zeigt einen Screenshot mit einer aktuellen Übersicht vom 16. Juni 2024, aus der zu entnehmen ist, dass es derzeit einen aktiven Vorschlag zur Abstimmung gibt, dass bereits 47 Stimmen in dieser Woche (KW 24) abgegeben worden sind und dass sich das DAO-Fundvermögen auf gut 20 Mio. US Dollar beläuft:

Decentraland besteht aus ca. 90.000 Parzellen virtuellem Land, das mit der eigenen Kryptowährung MANA käuflich erworben werden kann.[45] Diese Parzellen (jeweils 16 x 16 m groß), wobei Parzellen als virtueller Inhalt über Non-Fungible Token (NFT) des Standards ERC-721 als LAND repräsentiert werden.[46] Neben den LAND NFTs ist auch jeder andere virtuelle Gegenstand als NFT abgebildet.

Genau wie Decentraland bindet auch The Sandbox die Community über eine Blockchain-basierte DAO in die Entwicklung und Entscheidungsfindung dieser Plattform ein. Der Fokus bei *The Sandbox* lag zunächst auf der Gaming-Welt und daher hat sich die Plattform vorgenommen, Spielern ein einzigartiges Spielerlebnis zu ermöglichen. Die Spiele Plattform besteht aus einer Reihe integrierter Produkte und einem Marktplatz, der den Handel mit NFT – ASSETS im Spiel ermöglicht. Das Ökosystem von The Sandbox

[45] Das Immobilienunternehmen Republic Realm erwarb 2021 für umgerechnet 913.000 US-Dollar 259 Parzellen, um u. a. ein virtuelles Einkaufszentrum zu errichten.

[46] Christodoulou et al, S. 146 in Lacity/Treiblmaier.

basiert auf der Ethereum-Blockchain. Alle Vermögenswerte werden unter Verwendung der Standards ERC-20, ERC-721 sowie ERC-1155 als fungible oder nicht fungible Token (NFTs) dargestellt. Mittlerweile hat sich die Plattform weiterentwickelt und der Handel (z. B. Marken wie Adidas und Gucci) nutzen diese Plattform ebenso wie Künstler, um virtuellen Events und Konzerte abzuhalten.[47]

Anhand dieser zwei Beispiele lässt sich zeigen, dass Unternehmen nicht mehr zwingend in der klassischen Form aufgebaut und geführt werden müssen. Durch die Einführung der DAO lassen sich ganz andere Konzepte und auch Geschäftsmodelle etablieren, die sehr von unserem bisherigen Verständnis abweichen. Und genau daher lohnt sich die Auseinandersetzung mit diesen Modellen, um u. a. auch die dahinterstehenden Regeln zu verstehen.

5.4 Regulatorik (MiCAR)

Themen wie Geldwäschebekämpfung, Verbraucherschutz, Marktverhalten und aufsichtsrechtliche Anforderungen etc. werden von den entsprechenden Aufsichtsbehörden an die Kryptomärkte und den allgemeinen „Kryptospace" adressiert. Es gibt weltweit immer mehr Anforderungen und Gesetze, die insbesondere zum Schutz von Verbrauchern entstanden sind.[48]

Neben dem EU-Geldwäscherichtlinie (AMLD5),[49] dem Gesetz für elektronische Wertpapiere (eWpG)[50] und weiteren (national wirksamen) Richtlinien und Gesetzen schafft die EU mit der „*Markets in Crypto-Assets Regulation*" (MiCAR)[51] für alle Beteiligten nun die Rahmenbedingungen, um Rechtssicherheit rund um die Ausgabe von Token und Kryptowerten zu gewährleisten. Das Europäische Parlament sowie der Europäische Rat haben im Frühjahr 2023 für dieses Gesetz gestimmt, dass in Teilen schon im Sommer 2024 verbindlich von allen Staaten, vollständig jedoch erst zum Ende des Jahres 2024 angewandt werden muss (siehe auch Abb. 5.5).

---

[47] https://www.sandbox.game/en/blog/what-is-the-metaverse-a-guide-to-the-future-of-the--web/3362/, eingesehen am 15.08.2023.

[48] Die Reihe von Skandalen, z. B. TerraLuna und auch FTX verdeutlichen die Notwendigkeit, das Vertrauen in Kryptomärkte (wieder) herzustellen, um Anleger besser zu schützen (vgl. auch Präfix (5) der MiCA-Regulierung).

[49] https://eur-lex.europa.eu/legal-content/DE/TXT/?uri=celex%3A32018L0843, eingesehen am 16.08.2023.

[50] https://www.gesetze-im-internet.de/ewpg/BJNR142310021.html, eingesehen am 16.08.2023

[51] Am 20.April 2023 hat das Europäische Parlament die MiCA-Regulierung verabschiedet und der Europäische Rat hat seinerseits seine Zustimmung zum Gesetz im Mai 2023 erteilt. (https://eur-lex.europa.eu/legal-content/EN/TXT/?uri=uriserv%3AOJ.L_.2023.150.01.0040.01.ENG&toc=OJ%3AL%3A2023%3A150%3ATOC).

Abb. 5.5 Inkrafttreten der MiCAR

Mit diesem Gesetz erkennt die europäische Gesetzgebung die Notwendigkeit an, Finanzdienstleistungen in eine zukunftssichere, digitale Wirtschaft einzubetten.[52] Mit einem harmonisierten und für alle Mitgliedsstaaten der EU geltenden Recht sollen Innovation und fairer Wettbewerb bei gleichzeitig verbesserten Anlegerschutz unterstützt werden.[53] Ziel ist u. a., das finanzielle Risiko (z. B. Volumen, Marktintegrität, Auswirkungen auf Finanzmärkte etc.) kontrollierbarer zu machen. Dies dient insgesamt der Standortstärkung Europas.

Laut Stellungnahme der BaFin (Bundesanstalt für Finanzaufsicht) sorgt die MiCA-Regulierung für eine risikogerechte Regulierung und stärkt zugleich nationales Recht bezüglich der Erlaubnispflicht von Finanzdienstleistungen und Kryptoverwahrgeschäften.[54]

Die MiCa-Regulierung definiert Kryptowerte als „digitale Darstellung von Rechten oder Werten, die mit Hilfe von Distributed-Ledger-Technologie oder einer ähnlichen Technologie (z. B. Blockchain-Technologie) elektronisch übertragen und gespeichert werden können“.[55]

Zusätzlich definiert die MiCA-Regulierung den Begriff „Kryptowerte“ dahin, dass sie drei Kategorien aufstellt:[56]

- E-Geld-Token
- Vermögenswertreferenzierte Token
- Utility Token

[52] Präfix (1), MiCA-Regulierung.

[53] Präfix (6), MiCA-Regulierung.

[54] https://www.bafin.de/SharedDocs/Veroeffentlichungen/DE/Fachartikel/2023/fa_bj_2305_Mica.html, eingesehen am 16.08.2023.

[55] Artikel 3 MiCa-Regulierung.

[56] Artikel 3 Abs. 2 und Abs. 5 MiCA-Regulierung.

E-Geld-Token nehmen auf eine offizielle Währung Bezug. Wertreferenzierte Token sind hingegen keine E-Geld-Token, sondern beziehen sich auf andere Werte und/oder Rechte. Diese beiden Kategorien können auch als Stablecoin verstanden werden. Token, die eine Zugangsberechtigung für bestimmte Produkte oder Dienstleistungen versprechen, werden als Utility Token definiert.

Die Anforderungen an Emittenten und Dienstleister werden umso strenger, je ähnlicher der Kryptowert einer herkömmlichen Währung wird und je größer das Volumen und/oder die Vernetzung mit dem traditionellen Finanzmarkt ist. Das bei einem Launch freiwillig mitgelieferte White Paper (vgl. auch Abschn. 4.4.4) wird nun verpflichtend und muss diese Angaben beinhalten. Zusätzlich werden – je nach Kryptowert – bestimmte Eigenmittelanforderungen und Vermögensreserven verlangt. Außerdem muss im White Paper beschrieben sein, welche Regeln sich das Unternehmen zur Entgegennahme von Geldbeträgen gegeben hat und wie diese Regeln eingehalten werden sollen. Diese Angaben werden bei der zuständigen Aufsichtsbehörde, bei der der Anbieter seine Erlaubnis beantragt, eingereicht, um die Zulassung zu erhalten.

Die BaFin erläutert außerdem die gemischten Zuständigkeiten auf EU- und nationaler Ebene. Grundsätzlich sind die Aufsichtsbehörden der jeweiligen Mitgliedsstaaten für die Zulassung ebenso verantwortlich wie für die Durchsetzung der MiCA-Regulierung. Jedoch werden die nationalen Aufsichtsbehörden von europäischen Behörden unterstützt, wenn der Emittent bzw. der Dienstleister eine bestimmte Größenordnung überschreitet. So erwartet die europäische Wertpapier- und Marktaufsichtsbehörde ESMA (European Security and Markets Authority)[57] beispielsweise von den nationalen Aufsichtsbehörden eine detailliertere Berichterstattung über Unternehmen, wenn diese als „signifikante Anbieter von Kryptowerte-Dienstleister" eingestuft werden. Dies erfolgt, wenn ein Anbieter mehr als 15 Mio. aktive Nutzer hat. Außerdem wird die ESMA den Verbraucherschutz stärken, indem sie eine so genannte „Schwarze Liste" führt, die die Anbieter auflistet, die die gesetzlichen Anforderungen der MiCA-Regulierung nicht erfüllen. Darüber hinaus wird die Europäische Bankenaufsichtsbehörde (EBA, European Banking Authority)[58] als Bestandteil des Europäischen Systems der Finanzaufsicht die Emittenten „signifikanter" vermögenswertereferenzierenden Token und E-Geld-Token beaufsichtigen.[59]

Damit ist im Großen und Ganzen ein regulatorisches Rahmenwerk entstanden. Doch was bedeutet das im Einzelnen für einen Emittenten? Auch wenn erst ab Mitte 2024 die MiCA-Regulierung vollends ihre Wirkung entfaltet, so sollten sich Unternehmen, die die Ausgabe eines Token (z. B. zur Wachstumsfinanzierung) planen, schon jetzt mit diesem Gesetz befassen und entsprechende Schritte einleiten. Dazu gehört auf jeden Fall die rechtliche Beratung.

[57] https://www.esma.europa.eu, eingesehen am 16.08.2023.

[58] https://www.eba.europa.eu/languages/home_de, eingesehen am 16.08.2023.

[59] https://www.bafin.de/SharedDocs/Veroeffentlichungen/DE/Fachartikel/2023/fa_bj_2305_Mica.html, eingesehen am 16.08.2023.

Um als Emittent tätig zu werden, bedarf es der schon weiter oben beschriebenen Erlaubnis. Diese Lizenz kann der Emittent bei der nationalen Aufsichtsbehörde beantragen und sie gilt europaweit als Nachweis, dass das Unternehmen die Anforderungen der MiCA-Regulierung einhält. Der Emittent wird dann zum offiziellen „Crypto-Asset Service Provider" (CASP) und kann/darf seine Dienstleistungen europaweit anbieten, ohne in den einzelnen Mitgliedsstaaten jeweils eine neue Lizenz beantragen zu müssen. Grenzüberschreitende Geschäftsmodelle wie das Anbieten von Token werden damit verbessert. Der Anbieter der Dienstleistung muss seiner nationalen Aufsichtsbehörde gegenüber mitteilen, welche konkreten Dienstleistungen erbracht werden sollen und in welchem Mitgliedstaat. Zusätzlich ist der Dienstleister verpflichtet, bei der Antragstellung anzugeben, ab wann er diese Dienstleistungen in den unterschiedlichen Mitgliedsstaaten anbieten will. In Deutschland ist die BaFin als Aufsichtsbehörde für die Erteilung der Lizenz zuständig. Ferner wird die BaFin Meldungen an die ESMA leisten, damit diese die Informationen in dem neu zu schaffenden Krypto-Dienstleisterregister veröffentlicht wird.[60, 61]

Was sich nach einem sehr großen zusätzlichen Verwaltungsaufwand für alle Beteiligten anhören mag, bietet sowohl aus behördlicher als auch aus Verbrauchersicht Transparenz und Verbraucherschutz. Aus Unternehmenssicht sind ebenfalls positive Aspekte zu vermerken. Jedes Unternehmen, das das MiCAR-Regelwerk einhält, zeigt damit, dass es beispielsweise über eine hinreichende Finanzdecke verfügt, die Compliance-Regeln einhält, über ein ausformuliertes Businessmodell sowie über ein Risikomanagement verfügt etc.[62] Dazu gehört, dass das Unternehmen transparente Betriebsregeln aufgestellt hat und diese pflegt (z. B. Genehmigungsprozesse inkl. Anti-Money-Laundering, Ausschlusskriterien, Gebühren, objektive Kriterien für eine effiziente Auftragsausführung etc.). Selbstverständlich sollte es sein, dass der Dienstleister nicht auf eigene Rechnung auf der von ihm betriebenen Plattform handelt und auch, dass Krypto-Assets vor der Zulassung auf der eigenen Plattform auf ihre Eignung geprüft werden.[63] Diese Transparenz wird dazu beitragen, die noch nicht marktreifen (bzw. auch unseriösen) Geschäftsmodelle aus dem Markt zu drängen, was den Vorgaben des Verbraucherschutzes entspricht.

Für Unternehmen bedeutet dies einen weitaus höheren Aufwand, um das eigene Geschäftsmodell in diese Token-Welt zu transferieren. Und auch mehr Expertenwissen ist notwendig, um den Anforderungen gerecht zu werden. Diese Auseinandersetzung führt zu einer besseren Einschätzung des eigenen Geschäftsmodells (samt Risikobewertung). In diesem Zusammenhang kann sich der Dienstleister/Emittent die Frage stellen, inwieweit die MiCAR-Lizenz zur Skalierung des eigenen Geschäftsmodells beitragen kann. Kurz: Lohnt sich der Aufwand oder sollte man besser Abstand nehmen?

---

[60] Dies ist ein der durch die MiCAR neue Errungenschaft und wird die Transparenz fördern.

[61] https://fin-law.de/2023/01/23/europe-goes-crypto-part-vi-passporting-von-kryptodienstleistungen-nach-micar/?et_fb=1&PageSpeed=off, eingesehen am 17.08.2023.

[62] Ab Artikel 75 der MiCAR wird das Anforderungsprofil detailliert beschrieben.

[63] Dies ist nur ein kleiner Ausschnitt dessen, was ein Emittent und/oder Dienstleister berücksichtigen sollte, wenn er sich um die MiCAR-Lizenz bewirbt.

5.5 Zwischenfazit

Die Betrachtung des Wirtschaftssystems erfolgt auf zwei Ebenen: der Makro – und der Mikroebene. Das Zusammenspiel von politisch und rechtlich gewollten Vorgaben und die sich daraus ergebenden Wechselwirkungen mit den Unternehmen sind auch in der Token-Ökonomie zu sehen.

Die sich bisher etablierten Token-Standards helfen Unternehmen bei der Umsetzung ihrer Geschäftsideen. Mittels (fortschrittlicher) Smart Contracts können mehr Rechte tokenisiert werden, was zu neuen Geschäftsmodellen führt. Insgesamt ist ein hoher Grad an Flexibilität erkennbar.

Diese Flexibilität bezüglich der Einsatzmöglichkeiten von Smart Contracts macht auch nicht vor der Organisation von Arbeit/Aufgaben halt. Über eine DAO lassen sich die notwendigen Arbeitsschritte innerhalb von Prozessen, aber auch in Bezug auf die Institution/das Unternehmen völlig neu denken.

Diese wunderbare, spannende Welt benötigt jedoch Leitplanken, um Asymmetrien (z. B. in Bezug auf Wissen etc.) nicht entstehen zu lassen. Mit der MiCA-Regulierung hat sich die Europäische Union diese Leitplanken gegeben, um den Wettbewerb zu stärken, Verbraucher zu schützen, Transparenz in den Markt zu bringen und um als Europäische Union den Anforderungen eines digitalen Finanzmarktes gerecht zu werden.

Literatur

Antonopoulos, Andreas M. 2017. *Mastering bitcoin, programming the open blockchain*, 2. Aufl. Sebastopol: O'Reilly.

Bahga, Arshdeep, und Vijay Madisetti. 2017. Blockchain applications, A Hands-on Approach, © 2017 Arshdeep Bahga & Vijay Madesetti (ISBN: 978 – 0 – 9960255 – 6 – 0).

Blanchard, Olivier, und Gerhard Illing. 2006. *Makroökonomie*, 4., akt. u. erw. Aufl. München: Pearson Studium.

Casey, Michael J., und Paul Vigna. 2018. *The truth machine, the blockchain and the future of everthing*. London: HaperCollins.

De Filippi, Primavera, und Aaron Wright. 2018. *Blockchain and the law, the rule of code*. Cambridge: Harvard University Press.

Dünser, Thomas G. 2022. *Stable Money, Was wir von Bitcoin, Libra und Co. lernen können*, 3., leicht überarb. Ausgabe. Norderstedt: BoD.

DuPont, Quinn. 2017. Experiments in algorithmic governance: A history and ethnographs of "The DAO", a failed decentralized autonomous organisations. In *Bitcoin and beyond: Cryptocurrencies, blockchains and global governance*, Hrsg. Macolm Campbell-Verduyn. London: Routledge.

Fertig, Tobias, und Andreas Schütz. 2019. *Blockchain für Entwickler, Grundlagen, Programmierung, Anwendung*. Bonn: Rheinwerk Verlag.

Hassan, Samer, und Primavera De Filippi. 2021. Decentralized autonomous organisation. *Internet Policy Review* 10(2). https://doi.org/10.14763/22021.2.1556.

Heckel, Markus, und Franz Waldenberger. 2022. *The future of financial systems in the digital age, perspectives from Europe and Japan*. Singapore: Springer.

Kaji, Sahoko, Teruo Nakatsuma, und Masahiro Fukuhara, Hrsg. 2021. *The economics of Fintech*. Singapore: Springer.

Kurt, Lidia, und Domenic Kurt. 2022. *Digitale Assets & Tokenisierung, Grundlagen umfassend verstehen*. Wiesbaden: Springer Gabler.

Lacity, Mary C., und Horst Treiblmaier, Hrsg. 2022. *Blockchains and the token economy, theory and practice*. Cham: Palgrave Macmillan.

Meisner, Harald. 2021. *Finanzwirtschaft in der Internetökonomie*, 3. Aufl. Wiesbaden: Springer Gabler.

Parker, Geoffrey, Van Alstyne, W. Marshall, und Sangeet Paul Choudary. 2016. *Platform revolution*. London: W.W. Norton.

Sims, Alexandra. 2019. *Blockchain and Decentralised Autonomous Organisations (DAOs): The evolution of companies? SSRN Scholarly Paper ID 3524674*. New York: Social Science Research Network.

Smith, Henry E. 2006. Modularity in contracts: Boilerplate and information flow. *Michigan Law Review* 104:1175–1222.

Szabo, Nick. 1997. Smart contracts: Formalizing and securing relationships on public networks. *First Monday* 2:9–1. September 1997.

Voshmgir, Shermin. 2019. *Token economy, how blockchains and smart contracts revolutionize the economy*, 1. Aufl. Berlin: BlockchainHub Berlin.

Wilkens, Robert, und Richard Falk. 2019. *Smart Contracts, Grundlagen, Anwendungsfelder und rechtliche Aspekte*. Wiesbaden: Springer Gabler.

Online

Bundesanstalt für Finanzdienstleistungsaufsicht. 2023. Europäische MiCa-Verordnung: Regel-Fundament für Kryptowerte. https://www.bafin.de/SharedDocs/Veroeffentlichungen/DE/Fachartikel/2023/fa_bj_2305_Mica.html. Zugegriffen am 09.05.2024.

Bundesministerium der Justiz. 2021. Gesetz über elektronische Wertpapiere. https://www.gesetze-im-internet.de/ewpg/BJNR142310021.html. Zugegriffen am 09.05.2024.

Crypto Valley Journal. 2023. Die Bedeutung von Tokenomics. https://blog.hubspot.de/marketing/yield-farming, https://cvj.ch/wissen/basiswissen/die-bedeutung-von-tokenomics/#:~:text=Tokenomics%20sind%20das%20Regelwerk%2C%20das,Bestrafung%20schlechter%20Akteure%20zu%20schaffen. Zugegriffen am 09.05.2024.

Decentraland. 2023. https://decentraland.org. Zugegriffen am 09.05.2024.

Ethereum Improvement Proposals. 2015. ERC-20: Token Standard. https://eips.ethereum.org/EIPS/eip-20. Zugegriffen am 09.05.2024.

Eur-Lex Access to European Union Law. 2018. Richtlinie (EU) 2018/843 des Europäischen Parlaments und des Rates vom 30. Mai 2018 zur Änderung der Richtlinie (EU) 2015/849 zur Verhinderung der Nutzung des Finanzsystems zum Zwecke der Geldwäsche und der Terrorismusfinanzierung und zur Änderung der Richtlinien 2009/138/EG und 2013/36/EU. https://eur-lex.europa.eu/legal-content/DE/TXT/?uri=celex%3A32018L0843. Zugegriffen am 09.05.2024.

European Banking Authority. 2023. https://www.eba.europa.eu/languages/home_de. Zugegriffen am 09.05.2024.

European Securities and Markets Authority. 2023. https://www.esma.europa.eu. Zugegriffen am 09.05.2024.

Fin Law. 2023. Europe goes Crypto (Part VI) – Passporting von Kryptodienstleistungen nach MiCAR. https://fin-law.de/2023/01/23/europe-goes-crypto-part-vi-passporting-von-kryptodienstleistungen-nach-micar/?et_fb=1&PageSpeed=off. Zugegriffen am 09.05.2024.

Hubspot. 2023. Yield Farming: Die Investmentstrategie für den DeFi-Markt. https://blog.hubspot.de/marketing/yield-farming. Zugegriffen am 09.05.2024.

Solidity:Log. 2023. Introduction to smart contracts. https://docs.soliditylang.org/en/v0.8.21/introduction-to-smart-contracts.html#simple-smart-contract. Zugegriffen am 09.05.2024.

The Sandbox. 2023. What is the Metaverse? A guide to the future of the web. https://www.sandbox.game/en/blog/what-is-the-metaverse-a-guide-to-the-future-of-the-web/3362/. Zugegriffen am 09.05.2024.

Decentralized Finance (DeFi) 6

Zusammenfassung

Decentralized Finance ist ein aufstrebender Bereich in der Finanzindustrie, der an der Schnittstelle von Blockchain-Technologie, digitalen Vermögenswerten und Finanzdienstleistungen angesiedelt ist. DeFi-Protokolle haben das Ziel, das bestehende Finanzwesen zu dezentralisieren und zu transformieren, indem sie sowohl etablierte aus auch innovative Dienstleistungsmodelle einsetzen, um Finanztransaktionen und -dienste ohne zentrale Vermittler (wie Banken) bereitzustellen.

Der DeFi-Sektor strebt danach, Finanzdienstleistungen wie z. B. Kreditvergabe, Sparprodukte, Versicherungen etc. auf eine Weise zu reorganisieren, die es ermöglicht, Transparenz, Sicherheit und finanzielle Inklusion zu erhöhen. Seit 2020 hat dieser Markt einen z. T. spektakulären Aufschwung erlebt, angetrieben durch das wachsende Interesse an Blockchain und Kryptowährungen sowie dem Potenzial, Finanzdienstleistungen effizienter und kostengünstiger zu gestalten.

Der Begriff „Decentralized Finance“ (DeFi) steht für eine Blockchain-basierte Finanzinfrastruktur und hat den grundsätzlichen Anspruch Finanzbausteine, die uneingeschränkte finanzielle Freiheit durch umfassende Nutzerverantwortung ermöglichen, zur Verfügung zu stellen.[1] DeFi ist demnach ein dezentrales Finanzdienstleistungssystem, dass Transaktionen unter Umgehung von Banken bzw. Finanzdienstleistern ermöglicht. Decentralized Finance ist dabei als übergeordneter Begriff zu verstehen, unter den die vielfältigen Anwendungen des Krypto-Asset-Markts fallen. Es ist als Open-Source-Software angelegt, d. h. der Quellcode ist frei verfügbar und kann von

[1] De la Roche und Zichichi (2023), S. 4, Schär (2021), S. 1.

K. Krüger, *Tokenisierung als Finanzierungsform*, https://doi.org/10.1007/978-3-658-46340-3_6

jedem genutzt werden, um diesen nach den eigenen Vorstellungen zu verwenden, zu verändern und dann entsprechend weiterzugeben.[2]

Sämtliche Dienstleistungen, die von Banken angeboten werden, lassen sich auch auf DeFi-Plattformen finden. Darüber hinaus werden neue Produkte und Dienstleistungen geschaffen, die es in der traditionellen Bankenwelt (noch) nicht gibt.

Laut Weltbank besitzen 71 % der Bevölkerung aus den Industrienationen ein Bankkonto, welches ihnen ermöglicht, Zahlungen zu empfangen und zu versenden. Jedoch sind weltweit noch immer 1,4 Mrd. Menschen ohne Bankkonto und damit abgeschnitten von diversen wirtschaftlichen Aktivitäten.[3] Finanzielle Eingliederung ist wichtig. Wenn Menschen ein Finanzkonto haben, können sie auch andere Finanzdienstleistungen wie Sparen, Zahlungen und Kredite in Anspruch nehmen. DeFi-Anwendungen nutzen „permissionless" Blockchains, die somit für jeden zugänglich sind.[4] Digitale Zahlungen sind in der Regel sicherer und bequemer und können der Einstieg in die Nutzung anderer Finanzdienstleistungen sein. Außerdem können Finanzdienstleistungen schneller und evtl. auch kostengünstiger durchgeführt werden, weil der Schritt über die Bankinstitute entfällt.

Außerdem basieren alle DeFi-Protokolle und Anwendungen auf Smart Contracts. Diese Smart Contracts ermöglichen ein modulares Angebot, sodass neue Angebote (beispielsweise Rechnungen mit QR-Code) sich sehr einfach mit anderen Angeboten verbinden lassen (z. B. Affiliate Marketing). Außerdem sind diese Smart Contracts über die öffentliche Blockchain-Infrastruktur vollständig einsehbar und zugänglich, was eine bisher nicht dagewesene Transparenz ermöglicht.[5]

Decentralized Finance ist demnach als virtueller Marktplatz zu verstehen, auf dem verschiedene Kryptowährungen angeboten werden. Damit können Nutzer auf einer DeFi-Plattform die von ihnen gehaltenen Kryptowährungen beispielsweise verleihen und damit Zinsen verdienen. Ebenso können Nutzer Kredite aufnehmen, jedoch üblicherweise nur in der Höhe der von ihnen in der eigenen Wallet gehaltenen Kryptos.

Es steht zu vermuten, dass DeFi auch in der Verbindung mit Web 3.0 eine elementare Rolle spielen wird. Daher rührt insgesamt die Euphorie, DeFi als „Gamechanger" zu verstehen, auch wenn DeFi noch als Nischenphänomen einzustufen ist.

6.1 Aktuelle Entwicklung – Marktdaten

Seit 2020 wächst der DeFi-Markt exponentiell.[6]

[2] Financial Stability Board (2023), Report, S. 5.

[3] https://www.worldbank.org/en/news/feature/2022/07/21/covid-19-boosted-the-adoption-of-digital-financial-services#:~:text=Globally%2C%20some%201.4%20billion%20adults,go%2C%20much%20more%20is%20needed., eingesehen am 20.08.2023.

[4] Kurt und Kurt (2022), S. 83.

[5] Schär (2021), S. 2.

[6] European Blockchain Observatory and Forum (EUBOF) (2022), S. 17.

Die Größe des Marktes wird mit der Kennzahl „Total Value Locked“ (TVL) gemessen.[7] Diese Kennzahl dient zur Messung des Gesamtwertes digitaler Vermögenswerte, die in einer bestimmten dezentralen Plattform (DeFi) oder einer verteilten Anwendung (DApp) hinterlegt sind. Je höher der TVL, desto vertrauenswürdiger wird die Plattform oder DApp eingestuft.[8]

Laut *Fortune Business Insight* wird die Größe des globalen DeFi-Marktes für das Jahr 2023 auf gut 59 Mrd. US-Dollar geschätzt. Weiterhin wird angenommen, dass der Markt bis 2030 auf mehr als 337 Mrd. US-Dollar bei einer durchschnittlichen Wachstumsrate von 28 % anwachsen wird (vgl. Abb. 6.1).[9]

2023 hat sich der Markt abgekühlt, nachdem 2022 der sogenannte Kryptowinter (vgl. auch Abschn. 7.5) ausgebrochen ist. Aktuell beträgt der Total Value Locked etwas über 101 Mrd. US-Dollar. Im Sommer 2023 beträgt der Einbruch über 75 % (Ausgangswert vom 03.04.2022 mit rund 161 Mrd. US-Dollar im Vergleich zum Wert im August 2023, der mit ca. 38 Mrd. US-Dollar gemessen wurde). Makro-ökonomische Effekte tragen hierzu ebenso bei, wie Skandale in der Industrie und die hohe Marktvolatilität. Laut der Studie des Financial Stability Boards (FSB) sind derzeit noch keine Wechselwirkungen zum traditionellen Finanzmarkt auszumachen, was sich ändern kann, wenn der DeFi-Space so

Abb. 6.1 Screenshot Total Value Locked von DeFiLlama. (https://defillama.com, zuletzt eingesehen am 16.06.2024)

[7] Schär (2021), S. 2, 3.

[8] Techopedia: https://www.techopedia.com/definition/total-value-locked-tvl#:~:text=What%20is%20Total%20Value%20Locked,DApp%20is%20perceived%20to%20be., eingesehen am 22.08.2023.

[9] https://www.fortunebusinessinsights.com/decentralized-finance-technology-market-107823#, eingesehen am 22.08.2023.

wächst, wie es z. B. von Fortune Business Inside angenommen wird.[10] Mittlerweile befindet sich der Markt wieder in der Erholungs- und Konsolisidierungsphase, was man einerseits an der obigen Abbildung aber auch am täglichen Handelsumsatz erkennen kann.

6.2 Anwendung – Beispiele

Zurzeit ist DeFi ein selbstreferenziertes System, dass keine Dienstleistungen für die Realwirtschaft erbringt. Die von DeFi bereitgestellten Krypto-Asset-Dienste ähneln jedoch den traditionellen Finanzmarktfunktionen. Am häufigsten erleichtern sie die Kreditvergabe und die Kreditaufnahme, den Handel (einschließlich auf Marge), die Vermögensverwaltung und den Handel mit Derivaten.

Kreditvergabe und Kreditaufnahme gehören zu den ersten DeFi-Anwendungen, die populär wurden. Bei der dezentralen Kreditvergabe und -aufnahme handelt es sich lediglich um Transaktionen zur Übertragung bzw. Rückgabe von Krypto-Währungen zu einem festen oder variablen Zinssatz, bei denen Smart Contracts zum Einsatz kommen. Da DeFi offen und öffentlich ist und keine zentrale Behörde oder Bank dazwischen geschaltet ist, die entscheidet, ob die Kreditvergabe bzw. -aufnahme stattfinden kann (oder nicht), entfallen auch die sonst typischen Bonitätsprüfungen. Das mag man merkwürdig oder verantwortungslos finden, jedoch ist der Mechanismus in der DeFi-Welt so aufgebaut, dass Kredite überbesichert sind oder es werden ergänzende vertragliche Vereinbarungen getroffen, die die Rückzahlungen gewährleisten. Dieses offene System ermöglicht, dass jeder sein Guthaben gegen die Gewährung von Zinsen verleihen kann. In Zeiten, in denen die Inflation hoch und die Guthabenzinsen bei traditionellen Banken gering sind, ist das durchaus eine attraktive Alternative. Ebenso kann jeder einen Kredit aufnehmen, solange hinreichend Sicherheiten gewährt werden – dies unterscheidet dann den DeFi-Markt nicht vom traditionellen Markt.

Eine Anmerkung: Es scheint, als ob man in der DeFi-Welt ganz einfach Kredite aufnehmen beziehungsweise mit seinem Guthaben Zinsen verdienen kann. Ganz so einfach ist es dann aber doch nicht. Die Anbieter von DeFi-Plattformen sind ebenfalls verpflichtet, sich an die Rechtsprechung und entsprechende Regeln zu halten. Damit sind die Vorschriften zum Geldwäschebekämpfungsgesetz ebenso einzuhalten wie beispielsweise der Anlegerschutz.

Handel bzw. Decentralized Exchange (als dezentrale Börsen) ist ein weiterer großer Anwendungsbereich. In der traditionellen Finanzwelt sind Börsen zentral organisiert, d. h. der Handelsplatz wird bereitgestellt, das Zusammenführen von Angebot und Nachfrage erfolgt zentralisiert ebenso wie die Veröffentlichung der Tageskurse (Preise) und die Einhaltung der rechtlichen Vorgaben.[11] Kryptobörsen wie z. B. Coinbase, eToro, Bitpanda etc. sind zunächst ebenso organisiert – zentral! Sie ermöglichen zwar den einfachen Zugang zu

[10] Financial Stability Board (2023), Report, S. 4.

[11] Vgl. z. B. Deutsche Börse Frankfurt, New York Stock Exchange etc.

Kryptowährungen, jedoch orchestrieren sie, genau wie traditionelle Börsen, die Handelsfunktionen über ihren Handelsplatz/Plattform.

Decentralized Exchanges (DEX) erweitern diesen Ansatz, indem der Handelsplatz vollständig automatisiert über und durch Smart Contract Protokolle geregelt wird. Schär verweist in seinem Aufsatz auf vier unterschiedliche Ausprägungen von DEXes:[12]

- **Dezentralisiertes Orderbuch**: Hierbei wird das Orderbuch dezentral geführt und dies kann sowohl „on-chain" als auch „off-chain" erfolgen. Bei On-Chain-Orderbüchern wird jeder Auftrag in einem Smart Contract gespeichert und durch die dezentrale Netzwerkstruktur entfällt in diesem Fall das Einbinden eines weiteren Dienstleisters, der die Speicherkapazität zur Verfügung stellen müsste. Nachteil dieser Variante ist jedoch, dass jede Transaktion eine Blockchain-Transaktion ist – mit der Konsequenz, dass der Orderprozess träger und langsamer ist, denn es bedarf der Validierung durch das Blockchain-Netzwerk. Aus diesem Grund nutzen viele DeFi-Exchange-Protokolle sogenannte Off-Chain-Orderbücher. Dabei werden Off-Chain-Auftragsbücher von zentralen Dritten gehostet und aktualisiert. Diese Dienstleister stellen den Abnehmern die Informationen zur Verfügung, die sie benötigen, um eine Bestellung auszuwählen, die sie abgleichen möchten. Auch wenn hier zentralisierte Komponenten und gewisse Abhängigkeiten im System eingeführt sind, so bleibt die Rolle der Dienstleister begrenzt. Sie haben weder Kontrolle über die Gelder noch führen sie die Aufträge selbst aus. Sie stellen lediglich geordnete Angebotslisten (teilweise gegen Gebühr) zur Verfügung. Da ist es sinnvoll, sich über die Anbieter und deren Gebührenmodelle zu informieren.
- **Constant Function Market Maker (CFMM)**: Hierbei handelt es sich um einen Smart Contract-basierten Liquiditätspool, der aus mindestens zwei verschiedene Krypto-Assets als Reserve besteht. Jeder kann in diesem Pool beispielsweise auf die eine Kryptowährung (z. B. Bitcoin) einzahlen und in gleicher Höhe den Gegenwert der anderen Währung entnehmen. Smart Contracts unterstützen die Bildung des notwendigen Wechselkurses. Ein Liquiditätspool, der diesen Ansatz nutzt, kann nicht ausgeschöpft werden (illiquide werden), da Token bei geringeren Reserven teurer werden. Schär verweist darauf, dass diese Liquiditätspools nicht von externen Preismechanismen abhängen, sondern über einen automatisierten Konvergenzmechanismus verfügen, der Sorge trägt, dass beide Pools sich immer wieder in Richtung des aktuellen Marktpreis angleichen.
- **Smart Contract-basierte Reserve Aggreation:** Hierbei werden Liquiditätsreserven durch einen Smart Contract konsolidiert. Dies ermöglicht somit großen Liquiditätsanbietern, sich zu vernetzen und Preise für bestimmte Handelspartner bekannt zu geben. Beispielsweise kann ein Benutzer, der Token X gegen Token Y eintauschen möchte, eine Handelsanfrage an den Smart Contract senden. Der Smart Contract vergleicht nun die Preise aller Liquiditätsanbieter und akzeptiert im Namen des Benutzers

[12] Schär (2021), S. 9 ff.

das beste Angebot. Dieser Ansatz agiert daher im Sinne eines Gatekeepers, der zwischen Benutzern und Liquiditätsanbietern die beste Ausführung gewährleistet.

- **Peer-to-Peer**: oder auch **„Over-the-counter"-Protokolle:** Hier erfolgt die Preisfindung bilateral zwischen zwei Teilnehmern. Bei Einigung wird der Handel über einen Smart Contract auf der Blockchain ausgeführt.

Die Website Koinly identifiziert, ähnlich wie andere Websites, folgendes für bedeutsame Decentralized Exchanges (vgl. Abb. 6.2):[13]

Zu erkennen ist, dass nicht nur die Exchanges aufgelistet werden, sondern zugleich auch die Empfehlung für den Anwendungsfall genannt wird. So ist Uniswap beispielsweise die größte dezentrale Börse für Ethereum-Anwendungen mit einem Total Value Locked (TVL) von mehr als 4 Mrd. US-Dollar. Übersichten dieser Art geben dem Nutzer gute Hinweise für das eigene potenzielle Investment.

Neben den dezentralen Börsen gibt es weitere Anwendungen, die auf DeFi zu finden sind. Vermögensverwaltung und die dazugehörigen Protokolle nutzen Smart Contracts, um von Einzelpersonen hinterlegte Krypto-Assets in einem Portfolio zu bündeln. Vollständig dezentralisierte on-chain Fonds verwenden programmierbare Codes anstatt

Best For	DEX	Token	TVL
Best for Ethereum	Uniswap	UNI	$4 billion+
Best for BNB Smart Chain	PancakeSwap	CAKE	$2 billion+
Best for stablecoins	Curve	CRV	$4 billion+
Best for derivatives	dYdX	DYDX	$350 million+
Best for weighted pools	Balancer	BAL	$1 billion+
Best for low fees	1inch	1INCH	$5 million+
Best for liquidity provider rewards	SushiSwap	SUSHI	$400 million+
Best for Tron	SunSwap	SUN	$420 million+
Best for Cardano	SundaeSwap	SUNDAE	$7 million+
Best for Cosmos SDK	Osmosis Dex	OSMO	$150 million+

Abb. 6.2 Top10 DEX 2023. (Vgl. Website Koinly)

[13] https://koinly.io/blog/best-decentralized-exchanges/, zuletzt eingesehen am 16.06.2024.

eines Portfolio Managers. Innerhalb dieser Codes kann die automatische Neuausrichtung des Portfolios festgelegt sein (inklusive der dazugehörigen notwendigen Triggerpunkte) und damit sicherstellen, dass der Fond einer vordefinierten Strategie folgt (inklusive Risikoprofil).[14]

Eine weitere Möglichkeit besteht mit dem sogenannten „Yield Farming“. Hierbei handelt es sich um den Anspruch der Anleger, Erträge zu maximieren, indem sie über verschiedene DeFi-Plattformen die eigenen Krypto-Assets verleihen und im Gegenzug Zinsen verdienen.[15]

Auch der Derivatehandel wird über DeFi-Plattformen abgewickelt. Dort initiierte Derivate werden mithilfe von Tokens erstellt, deren Wert aufgrund von Schwankungen in einem oder mehreren verknüpften Vermögenswerten oder beobachteten Größen variiert. Diese Derivate können verschiedene Quellen haben, ähnlich wie traditionelle Aktien, und Rohstoffe, andere Krypto-Assets oder auch prognostizierte Ereignisse als Bezugsgröße nutzen. Wichtig zu wissen ist, dass Derivate auf DeFi-Plattformen den Wert des Vermögensgegenstandes abbilden und nicht den Vermögensgegenstand an sich. Das heißt, wer ein Bitcoin-Derivat besitzt, ist nicht im Besitz des Bitcoins.[16] Im Gegensatz zur traditionellen Finanzwelt, wo Clearingstellen oder Händler als Vermittler fungieren, verlassen sich tokenisierte Derivate auf die Governance-Regeln, Pflege des Codes und automatische Sicherheitsmechanismen, die durch Smart Contracts gesteuert werden.

Staking wird ebenfalls immer wieder in Zusammenhang mit DeFi gebracht. In der traditionellen Finanzwelt würde man hier von Festgeldzinsen sprechen. In der DeFi-Welt werden ausgewählte Kryptowährungen für einen festen oder auch flexiblen Zeitraum an eine Plattform abgegeben. Diese Plattform nutzt nun die erhaltenen Kryptowährungen und arbeitet mit ihnen, um eine Rendite zu erwirtschaften. Diese Rendite wird aufgeteilt zwischen der Plattform und dem einzelnen Individuum, welches die Kryptowährungen zur Verfügung gestellt hat. Hebeleffekte werden in diesem Zusammenhang genutzt, um die teilweise absurd hohen Renditeversprechen zu halten. Daher ist hier der Hinweis wichtig, sich als Nutzer des Risikos bewusst zu sein und sich vorab hinreichend über einen Anbieter zu informieren.

Tab. 6.1 zeigt einen Vergleich zwischen den traditionellen, zentral ausgerichteten Börsen und den dezentralen Börsenplätzen. Während die traditionelle Finanzindustrie Informationen als Verbindung zu „echten“ Vermögenswerten versteht, wird in der DeFi-Welt das Datum an sich als Wert verstanden.

Es wird deutlich, dass bei DeFi die Eigenverantwortung gefordert ist, während im traditionellen Banking die Absicherung durch gesetzliche Vorgaben im Laufe der letzten Jahrzehnte gewachsen ist.

[14] Financial Stability Board (2023), Report, S. 15.

[15] Financial Stability Board (2023), Report, S. 15.

[16] https://www.handelsblatt.com/vergleich/bitcoin-kaufen/#:~:text=Bei%20Derivaten%20erwerben%20die%20Anleger,als%20auch%20auf%20Verluste%20möglich., eingesehen am 03.09.2023.

Tab. 6.1 Vergleich zentral und dezentralen Börsenplätzen in Anlehnung an Bericht der EU Blockchain Observatory & Forum

	Traditionelle Börsenplätze	Dezentrale Börsenplätze
Trading Model	Orderbuch	Automated Market Maker
Verwahrung	Börsenkonto	Eigene Wallet des Users; Kryptos jederzeit unter eigener Verwahrung (möglich)
Zugangsvoraussetzungen	Internetverbindung, Bankkonto, Anmeldungsprozess mit Legitimationsnachweis der Identität und nach Geldwäschegesetz	Internetverbindung, Krypto-Wallet, Die sogenannte „Travel Rule“ ist im Sommer 2023 in Kraft getreten, nach der verschärfte Anforderungen an Krypto-Transaktionen in Kraft treten; insbesondere Geldwäsche soll vermieden werden
Verbraucherschutz	Einlagensicherungsgesetz bis 100.000 €; gewisse IT-Sicherheit; Kundendienst	Wird an den Nutzer delegiert; Eigenverantwortung, ändert sich aber derzeit
Krypto-Angebot	Eingeschränktes Angebot	Für alle Token offen, uneingeschränktes Angebot
Abrechnung	Tendenziell mit Verzögerung, z. T bis zu > 1 Tag	Unverzügliche Abrechnung
Gebühren	Diverse Gebühren: Handelsgebühren, Ordergebühren, Ein- und Auszahlungsgebühren; relativ hoch	Blockchain-Gebühren; Handelsgebühren an Liquiditätsgeber, vergleichsweise gering
Datenintegrität	Kontrollierter und gemanagter Schreibe- und Lesezugang, exklusiver Ansatz	Alle haben Zugang, Daten sind unveränderbar
Regulierung	Gesetzliche Vorgaben, Verordnungen	Teilweise gesetzliche Vorgaben, Regulierung durch Code
Infrastruktur	Private Datenbanken	Öffentliche Blockchain/DLT

Die Travel Rule besagt, dass Informationen über die Quelle des Vermögenswertes und seinem Empfänger mit der Transaktion „reisen“ und auf beiden Seiten der Übertragung gespeichert werden. Das Europäische Parlament hat im April 2023 dieses für Kryptowerte beschlossen, um Finanztransaktionen zurückzuverfolgen und ggfs. verdächtige Transaktionen blockieren zu können. https://www.europarl.europa.eu/news/de/press-room/20230414IPR80133/neue-regeln-zur-ruckverfolgung-von-kryptowertetransfers-in-der-eu, eingesehen am 24.08.2023
Datenintegrität bedeutet Korrektheit, Vollständigkeit und Konsistenz der Daten

6.3 Herausforderungen bei Decentralized Finance

Der DeFi-Markt ist noch immer ein sich aus der Nische heraus rasch entwickelnder Markt. Auch wenn sich DeFi zum Ziel gesetzt hat, den traditionellen Banken- und Finanzmarkt zu ersetzen, so ist es dahin ein weiter Weg. Zumal, schreibt das Financial Stability Board in seinem Bericht, dass DeFi viele Schwachstellen aus dem traditionellen Banken- und

Finanzmarkt innehat.[17] Hierzu gehören insbesondere Liquidität- und Laufzeitinkongruenzen,[18] die Verschuldung und Vernetzung sowie operative Schwachstellen. Denkbar ist eine Verstärkung dieser Schwachstellen durch die neuen technologischen Eigenschaften, den hohen Grad an strukturellen Verflechtungen zwischen den DeFi-Teilnehmern sowie die Nichteinhaltung bestehender regulatorischer Anforderungen.

Governance Vereinbarungen, die z. B. zu wenig klar oder manipulierbar sind, können Nutzern einer DeFi-Plattform sehr schaden (siehe auch FTX-Skandal, Abschn. 7.5). Die Abhängigkeit von dem Blockchain-Netzwerk bzw. der genutzten Blockchain-Infrastruktur stellt einen weiteren Schwachpunkt dar.

Smart Contracts können ebenfalls ein Einfallstor für potenzielle Schäden darstellen, da sie die Anwendungen sehr verschachteln (können) und damit den Grad der Komplexität massiv steigern. Dieses hohe Maß an Komplexität wiederum erhöht das Fehlerpotenzial.[19]

Oracles als Verbindung zwischen der Blockchain-DeFi-Welt und der Daten außerhalb stellen ein gewisses Sicherheits- und Abhängigkeitsrisiko dar. Abhängigkeit einerseits von Drittanbietern, von denen die Daten geliefert werden und andererseits das Sicherheitsrisiko, das mit den Daten einhergeht. So ist es möglich, dass im Falle eines Fehlers oder eines Angriffs die Oracle-Daten unerwartete bis unerwünschte Aktionen bei den DeFi-Protokollen auslösen.

Die Fristen- und Laufzeitkongruenz, schon eine gewisse Herausforderung im traditionellen Finanzmarkt, kann zu starken Verwerfungen in der DeFi-Welt führen. Bei DeFi können diese Arten von Liquiditätsrisiken insbesondere bei Stablecoins auftreten.[20] Im Sommer 2022 hat der Zusammenbruch von TerraUSD/Luna gezeigt, welche Wechselwirkungen zu beobachten sind: TerraUSD/Luna als Kryptowährung weist im August 2023 einen Wertverlust von nahezu 100 % auf und auch andere DeFi-Protokolle sind im Zuge dieses Kollapses in Mitleidenschaft gezogen worden.

Das Financial Stability Board führt noch weitere Risiken/Herausforderungen auf. Regulatorische Anforderungen rücken daher immer stärker in den Vordergrund (vgl. auch Abschn. 5.4).

---

[17] Financial Stability Board (2023), Report, S. 16.

[18] Laufzeitkongruenz bedeutet, dass Banken langfristige Finanzierungen mit langfristigen Mitteln refinanzieren und ebenso bei kurzfristigen Laufzeiten darauf, dass die Fristen nicht unterhalb der Laufzeit sind. Da Banken heutzutage ein eher niedriges bilanzielles Eigenkapital aufweisen, benötigen sie den Zugang zu diversen Geldquellen wie z. B. Spareinlagen, Anleihen, Giroeinlagen etc. Diese Geldquellen erwarten die Rückzahlung zu einem festgelegten Termin (Laufzeit). Diese Mechanismen sind auch in der DeFi-Welt zu sehen – daher ist auch hier die Laufzeitverpflichtung ein grundsätzliches Risiko.

[19] Kurt und Kurt (2022), S. 91.

[20] Financial Stability Board (2023), Report, S. 19.

6.4 Zwischenfazit

DeFi wird das Potenzial zugestanden, die Finanzwelt stark zu verändern. Es gibt keine zentrale Behörde oder Instanz, die Zugriff oder Kontrolle über Vermögenswerte hat. Stattdessen verwalten die Teilnehmer über ihre privaten Schlüssel ihre digitalen Vermögenswerte (siehe Blockchain Technologie). Das Netzwerk/die Community steht im Mittelpunkt und sie ist in der Lage, Einfluss auf das bestehende DeFi Protokoll zu nehmen, da es sich um Open Source handelt. Partizipationsrechte dieser Art ermöglichen andere Wege der Finanzierung beziehungsweise Kreditvergabe. Die im Entstehen befindliche Regulatorik ist ein notwendiger Baustein, um eine sich entwickelnde DeFi-Szene zu ermöglichen. Sie gibt allen Teilnehmern (DeFi-Plattformen wie Nutzern) die notwendige Sicherheit in Bezug auf Finanzierung und Investition.

Auch aus Unternehmenssicht kann die Auseinandersetzung mit DeFi interessant sein. So lässt sich abwägen, ob Kredite eventuell kostengünstiger und unkomplizierter über DeFi- Plattformen erhältlich sind. Dennoch ist eine Risikoanalyse notwendig, insbesondere, wenn man als Kreditsicherheit Kryptowährungen zu hinterlegen hat, die per se höchst volatil sind.

Literatur

De la Roche, Mariana, und Mirko Zichichi. 2023. *Bringing clarity to the DeFi sector, A cross-sector proposal for a unified DeFi definition*. Berlin: IOTA Foundation.

European Blockchain Observatory and Forum (EUBOF). 2022. *Decentralized Finance (DeFi), An initiative of the European Commission*. Brussel.

Financial Stability Board (FSB). 2023. *The financial stability risk of decentralized finance*. Basel.

Kurt, Lidia, und Domenic Kurt. 2022. *Digitale Assets & Tokenisierung, Grundlagen umfassend verstehen*. Wiesbaden: Springer Gabler.

Schär, Fabian. 2021. *Decentralized finance: ON blockchain- and smart contract-based financial markets*. Research Gate Publication – 340061422.

Online

Defi Llama. 2023.Total value locked. https://defillama.com. Zugegriffen am 09.05.2024.

Europäisches Parlament. 2023. Neue Regeln zur Rückverfolgung von Kryptowertetransfers in der EU. https://www.europarl.europa.eu/news/de/press-room/20230414IPR80133/neue-regeln-zur-ruckverfolgung-von-kryptowertetransfers-in-der-eu. Zugegriffen am 09.05.2024.

Fortune Business Insights. 2023. Decentralized finance technology market. https://www.fortunebusinessinsights.com/decentralized-finance-technology-market-107823#. Zugegriffen am 09.05.2024.

Koinly. 2023. 10 Best Decentralized Exchanges in 2023. https://koinly.io/blog/best-decentralized-exchanges/. Zugegriffen am 09.05.2024.

Techopedia. 2023. Total Value Locked (TVL). https://www.techopedia.com/definition/total-value-locked-tvl#:~:text=What%20is%20Total%20Value%20Locked,DApp%20is%20perceived%20to%20be. Zugegriffen am 09.05.2024.

The World Bank. 2022. Covid-19 boosted the adaption of digital financial services. https://www.worldbank.org/en/news/feature/2022/07/21/covid-19-boosted-the-adoption-of-digital-financial-services#:~:text=Globally%2C%20some%201.4%20billion%20adults,go%2C%20much%20more%20is%20needed. Zugegriffen am 09.05.2024.

7 Aktuelle Entwicklungen

Zusammenfassung

Im allgemeinen wirtschaftlichen Tagesgeschehen mögen Kryptowährungen noch keine prominente Rolle einnehmen. Dennoch sollte dies nicht verstanden werden, als ob Kryptowährungen „nur" etwas für Nonkonformisten sei. Weltweit sind Bestrebungen zu sehen, dass sich Zentralbanken rund um digitale Währungen positionieren. In diesem Kapitel werden diese Bemühungen als auch die Entwicklungen auf den Finanz- und Kryptomärkten untersucht. Darüber hinaus wird aufgezeigt, wie die Schaffung von Token neue Ansätze von Wertschöpfungsketten ermöglichen.

Die Digitalisierung der Finanzwelt verändert diese und ermöglicht zugleich neue Formen an Zahlungsmöglichkeiten. Verwerfungen bleiben in diesem Kontext, der durch eine hohe Dynamik gekennzeichnet ist, nicht aus. So ist zwar der digitale Euro (CBDC) geplant, aber es stehen noch immer Fragezeichen im Raum, inwieweit er sich technisch so ausgestalten lässt, dass er eine echte Alternative zu den existierenden Angeboten darstellt.

Dennoch, auch Zahlungsmittel unterliegen einem Wandel. Beispielsweise kann man mittlerweile mit seinem Mobiltelefon Zahlungen anweisen – derartige Angebote waren noch vor zehn Jahren nicht möglich.

Kurt und Kurt erläutern, dass „heutige elektronische Zahlungsmittel wie EC- und Kreditkarten" kein elektronisches Bargeld sind, sondern nur „den Anspruch auf Zahlung gegenüber einem Intermediär abbilden."[1] Es geht also um eine evolutionäre Weiterentwicklung von Zahlungsmitteln, wenn wir uns näher mit den aktuellen Entwicklungen auseinandersetzen.

[1] Kurt und Kurt (2022), S. 75.

K. Krüger, *Tokenisierung als Finanzierungsform*, https://doi.org/10.1007/978-3-658-46340-3_7

Das Bundesfinanzministerium erklärt in seinem Monatsbericht von April 2023, dass weltweit 114 Staaten, die über 95 % des weltweiten Bruttoinlandsproduktes repräsentieren, Studien und Prototypen zur Entwicklung von digitalem Zentralbankgeld vorantreiben.[2]

Aus diesem Grunde soll hier nachfolgend dargelegt werden, welche Entwicklungen es gibt und was das möglicherweise für Klein- und Mittelstandsunternehmen bedeutet.

7.1 Digitales Zentralbankgeld (CBDC/Central Bank Digital Currency)

Zentralbankgeld ist der Schmierstoff, der die Wirtschaft zusammenhält. Aus gutem Grunde haben Zentralbanken weltweit die Hoheit, Geld zu drucken und im Wirtschaftsraum zu verteilen (vergleiche Kapitel drei). Spätestens jedoch nachdem Meta, ehemals Facebook, 2019 angekündigt hat, eine eigene Währung zu etablieren, haben sich weltweit alle Zentralbanken mit dem Thema beschäftigt.[3] Um keine Verwerfungen auf den Finanzmärkten hervorzurufen, sondern um Stabilität auf den Märkten im Interesse aller Marktteilnehmer zu gewährleisten, ist das Währungsmonopol (politisch gewollt) an die Zentralbanken abgetreten worden. Dies ermöglicht die Anerkennung von Geld als gesetzliches Zahlungsmittel, das jeder annehmen muss. Kryptowährungen haben diesen Status nicht und daher besteht auch keine Verpflichtung, weder durch Unternehmen noch Privatpersonen, diese Währungen im Leistungsaustausch anzunehmen und zu akzeptieren.

Zentralbanken, Forscher und politische Entscheidungsträger diskutieren, um die mit der Einführung von Zentralbankgeld „richtigen" Ziele zu bestimmen. Die Förderung der finanziellen Inklusion, eine verbesserte Effizienz im Zahlungsverkehr, die Förderung von Innovationen bei Finanzdienstleistungen, der Schutz der Privatsphäre sowie die Aufrechterhaltung der Finanzstabilität werden vom Massachusetts Institute of Technology (MIT) als relevante Ziele identifiziert.[4]

Zentralbankgeld unterliegt nicht den Mechanismen von Angebot und Nachfrage. Vielmehr sorgen Zentralbanken mit ihren geldpolitischen Instrumenten für die Wertstabilität der von ihnen ausgegebenen Währungen.

Central Bank Digital Currencies, kurz CBDCs wären, sofern eingeführt, ein anerkanntes digitale Zahlungsmittel und es ist dann möglich, zwischen den anerkannten klassischen Zahlungsmitteln (Euro, Dollar etc.) und den CBDCs einfach zu wechseln.[5]

---

[2] Monatsbericht April 2023 des BMF, S. 22.

[3] https://www.deutschlandfunk.de/kryptowaehrung-libra-warnung-vor-facebooks-digitalem-geld-100.html, eingesehen am 23.08.2023.

[4] https://dci.mit.edu/cbdc-central-bank-digital-currency, eingesehen am 23.08.2023.

[5] Auch das digitale Zentralbankgeld wird in einem sicheren, transparenten Blockchain-Umfeld interagieren, um eine unveränderliche Aufzeichnung aller Transaktionen zu erstellen und eine (nachträgliche) Änderung der Daten bzw. eine Manipulation der Daten unmöglich zu machen.

Dieses neue digitale Zentralbankgeld wird in Retail- und Wholesale-CBDC unterteilt, wobei letztere allein auf Finanzinstitutionen und Geschäftsbanken beschränkt sein wird und dem Interbankenmarkt dienen sollen.[6] Der Retail-CBDC hingegen ist für jeden Individualnutzer gedacht.

Allen gemein ist, dass das digitale Geld in einer digitalen Geldbörse (Wallet) gespeichert wird. Diese Wallet wird im Zuge der eIDAS (Electronic IDentification, Authentication and Trust Services) 2.0-Verordnung gefördert, wonach alle EU-Mitgliedstaaten ihren Bürgern eine zertifizierte digitale Brieftasche zur Verfügung stellen müssen.[7] Digitales Geld unterstützt das sich im Umlauf befindliche Bargeld – es soll nicht langfristige Bankguthaben ersetzen.

Für die oben genannte Unterteilung sind zwei Varianten im Gespräch:

- Account-basierter CBDC, d. h. jede Rechtspersönlichkeit hat ein bei der Zentralbank hinterlegtes Konto, das auch zugleich die der Rechtspersönlichkeit zugewiesenen Werte enthalten.
- Token-basierter CBDC, d. h. der Token repräsentiert als Wertgutschein das Zahlungsmittel, das in der Realwirtschaft zu nutzen ist.

Insbesondere in Bezug auf das Identitätsmanagement, die Zugriffsverwaltung, Kosten und Design ist die Unterscheidung mehr als nur technischer Natur. Ein Account-basierter CBDC verweist auf ein Kontensystem, das über einen aufgezeichneten Saldo verfügt. Die Konten werden entsprechend belastet und erhalten Gutschriften. Kritisch vermerkt wird bei dem Ansatz die Entstehung von (unnötigen) Gemeinkosten und die Notwendigkeit zusätzlicher Verifizierungsschritte.[8] Somit scheint sich der Account-basierte CDBC tendenziell eher für den Wholesale CBDC zu eignen. Hingegen repräsentiert ein Token-basiertes System einzelne Vermögenswerte als Token und weist diesen Token einem Schlüsselinhaber zu. Durch die Nutzung von der Blockchain- oder (übergeordneten) Distributed-Ledger-Technologie ist es möglich, jede Transaktion einer Wallet (digitalen Geldbörse) zuzuordnen. Der Nutzer kann im Rahmen einer Transaktion beweisen, dass er der Token-Inhaber ist (Signatur mit dem privaten Schlüssel). Dieser Ansatz kommt einem bargeldähnlichem sehr nah, denn es erfordert kein Konto bei einer Bank.[9]

---

[6] Dünser verweist in seinem Buch auf das noch immer existierende Effizienzproblem im heutigen Bankensystem (vgl. Dünser (2022), S. 218). Mit einem Wholesale CBDC würde der Abstimmungsaufwand (jede Bank führt ein Hauptbuch, das am Tagesende mit den Zentralbanken und den anderen Geschäfts-Partnerbanken abgeglichen werden muss) entfallen.

[7] https://digital-strategy.ec.europa.eu/de/policies/eidas-regulation, eingesehen am 25.08.2023.

[8] Zusätzliche Verifizierungsschritte können dazu führen, dass ähnliche Fehler wie bei heutigen (Legacy) Systemen auftreten. Außerdem kann die Notwendigkeit einer dritten Partei als Verifizierungsinstanz potenzielle Governance-Probleme hervorrufen.

[9] https://nchain.com/account-vs-token-based-cbdc/, eingesehen am 06.09.2023.

Im Januar 2023 kündigte Ripple[10] an, eine Plattform für digitale Zentralbankwährungen (CBDC) zu betreiben, die es Zentralbanken, Regierungen und Finanzinstituten ermöglicht, ihre eigenen digitalen Währungen auszugeben. Über die Plattform von Ripple können staatliche Institutionen den gesamten Lebenszyklus der CBDC verwalten und anpassen, einschließlich Prägung, Verteilung, Rücknahme und „Verbrennen" von Token. Auch Finanzinstitute können mit dem CBDC interinstitutionelle Abrechnungs- und Verteilungsfunktionen verwalten und daran teilnehmen. Laut den Angaben von Ripple können Zentralbanken mit den Ripple-Diensten sowohl an Großkunden als auch Privatkunden CBDCs ausgeben, mit denen auch Offline-Transaktionen durchgeführt werden können.[11]

7.1.1 Digitaler Euro

Am 28. Juni 2023 stellte die Europäische Zentralbank (EZB) ihr Projekt „Digitaler Euro" vor.[12] Ziel der EZB ist es, dass Zentralbankgeld für die Allgemeinheit verfügbar ist und im gesamten Euroraum für alltägliche Transaktionen verwendet werden kann. Dabei ist der digitale Euro die virtuelle Version und weist den gleichen Wert auf. Herausgeber des digitalen Euros ist die Europäische Zentralbank und dieser Euro wird durch sie gedeckt.[13] Da der digitale Euro als gesetzliches Zahlungsmittel anerkannt ist, müssen Unternehmen dieses Geld annehmen. Das Vorhaben der EZB soll so gestaltet sein, dass die Zentralbank keinen Zugriff auf die Transaktionsdaten erhält, auch wenn diese zentral über das System der EZB abgewickelt werden.[14] Im Gesetzentwurf heißt es weiterhin, dass der digitale Euro kein „programmierbares Geld" sein wird. Damit sollen im digitalen Euro keine intrinsisch definierten Ausgabebedingungen für den Kauf nur bestimmter Waren oder Dienstleistungen festlegbar sein.[15]

[10] Ripple ist ein Open-Source-Protokoll für ein Zahlungsnetzwerk, um grenzüberschreitende Zahlungen in unterschiedlichen Währungsräumen kostengünstiger und effizienter abwickeln zu können.

[11] https://ripple.com/solutions/central-bank-digital-currency/, eingesehen am 25.08.2023.

[12] Bundesministerium für Finanzen: April 2023: Monatsbericht des BMF, Analysen und Berichte, Digitales Zentralbankgeld und der digitale Euro.

[13] https://www.ecb.europa.eu/pub/pdf/other/key_objectives_digital_euro~f11592d6fb.en.pdf, eingesehen am 23.08.2023.

[14] https://netzpolitik.org/2023/digitaler-euro-expertinnen-warnen-vor-ueberwachungspotential/#:~:text=Grundsätzlich%20will%20die%20EU%2DKommission,EZB)%20bei%203.000%20Euro%20liegen., eingesehen am 25.08.2023.

[15] Proposal for a Regulation of the European Parliament and of the Council on the establishment of the digitale euro (55).

Die europäische Zentralbank nennt folgende Gründe für die Einführung:[16]

- Die Digitalisierung der europäischen Wirtschaft soll vorangetrieben werden, und zugleich die strategische Unabhängigkeit der EU sichergestellt und gefördert werden.[17]
- Die internationale Rolle des Euros wird gestärkt.
- Der digitale Euro dient als Ergänzung zum bisherigen Euro.
- CBDCs können als geldpolitischer Impulsgeber dienen.
- Geld und Zahlungssysteme werden kostengünstiger und der ökologische Fußabdruck wird verringert.
- Die Bedeutung von Bargeld schwindet.

Der digitale Euro wird Innovationen fördern (nicht nur im Banken- und Finanzsektor) und zu Effizienzgewinnen im Zahlungsverkehr führen. Die Bank für Internationale Zusammenarbeit (BIS; Bank for International Settlement) erläutert in diesem Zusammenhang, dass im Erfolgsfall CBDCs dafür sorgen, dass die Gesellschaft/Wirtschaft Zugang zur sichersten Form von Geld behält: als Forderung gegenüber der Europäischen Zentralbank. Auch die BIS betont, dass mit CBDCs grenzüberschreitende Zahlungen schneller und günstiger werden (können), die finanzielle Inklusion gefördert und sogar Steuertransfers möglich werden.[18]

Voraussetzung für eine Erfolgsstory des digitalen Euros ist aber die Akzeptanz bei den Nutzern (Unternehmern und Verbrauchern gleichermaßen).[19] Solange der Mehrheit der Bevölkerung der Unterschied zwischen Giralgeld und digitalem Geld (digitalen Euro) nicht verständlich ist, werden Vorbehalte bestehen bleiben.[20] „Warum sollte ein digitaler Euro mir persönlich Vorteile bringen – ich habe doch schon digitales Geld über meine Kreditkarte. Und meine Kontoauszüge sind ebenfalls nur noch online erhältlich … Warum etwas Neues nutzen?“

---

[16] https://www.ecb.europa.eu/pub/pdf/other/key_objectives_digital_euro~f11592d6fb.de.pdf, eingesehen am 23.08.2023.

[17] Europa hat noch immer keine einheitliche, europaweite Bezahllösung für Kassen, für den Onlinehandel und zwischen Privatpersonen. Das hat zur Folge, dass Verbraucher bei Zahlungen im und ins Ausland (auch in der Eurozone) auf die Angebote der außereuropäischen Anbieter (Tech-Giganten wie Apple Pay, Paypal etc.) angewiesen sind.

[18] https://www.bis.org/about/bisih/topics/cbdc.htm, eingesehen am 24.08.2023.

[19] https://bankenverband.de/digitaler-euro/der-digitale-buerger-euro-braucht-das-vertrauen-der-menschen/, eingesehen am 24.08.2023.

[20] Giralgeld (oder Buchgeld) wird nicht von der Zentralbank herausgegeben, sondern ist als Guthaben auf dem Konto einer Bank sichtbar. Daher stellt es einen Anspruch an die kontoführende Bank dar. Die Bank ihrerseits nutzt das auf ihren Konten vorhandene Guthaben im Tagesgeschäft, um „Geld zu schöpfen“ – dies erfolgt in der Vergabe von Krediten. Zentralbankgeld hingegen wird als Bargeld herausgegeben. [Lizensierte Banken können Einlagen auf Konten bei der Zentralbank haben – dies ist dann ebenfalls Zentralbankgeld.]

Daher sind sprachlich verständliche Informationsangebote neben den angekündigten Vorteilen wie einfache Nutzung, niedrige Kosten, hohe Geschwindigkeit, Sicherheit, Verbraucherschutz und Offline-Nutzung vorrangig notwendig.

In Bezug auf die Ausgestaltung des digitalen Euros wird auch diskutiert, wie viel Guthaben der Einzelne bei der Zentralbank haben kann und soll. Die im Gespräch befindliche Obergrenze, mit der jeder Bürger der EU ein Guthaben gegenüber der Zentralbank halten kann, soll bei 3000 € liegen, im Gesetzesentwurf ist jedoch kein konkreter Betrag genannt.[21]

Europaweit wird der digitale Euro kontrovers diskutiert. Kritiker befürchten, dass Transaktionen grundsätzlich zurück verfolgbar sind und damit der digitale Euro keineswegs ein Ersatz des Bargeldes sein kann. Der Schutz der Privatsphäre könnte durchbrochen sein.[22] Außerdem, für Bargeld gibt es bisher keine einheitlichen Obergrenzen, wenngleich in Deutschland bei Barzahlungen über 10.000 € ein Herkunftsnachweis eingefordert wird, um Geldwäsche zu verhindern. Dennoch gibt es Befürchtungen, dass es bei der Einführung des digitalen Euro zu einer Finanzmarkt-Instabilität kommen könnte, weil die Bevölkerung ihre Guthaben von den Konten der Geschäftsbanken auf ein ausfallsicheres Konto bei der Zentralbank verschieben kann. So ein Banken-Run kann über ein Limit reguliert und abgewendet werden.[23]

Noch ist aber nichts entschieden. Es bleibt spannend.

7.1.2 Digitaler Yuan

Nicht nur in Europa ist man an einer digitalen Central-Bank-Währung interessiert. China ist da sogar schon einen Schritt weiter. Nachdem der digitale Yuan, oder e-CNY, 2020 zunächst als eng eingegrenztes regionales Pilotprojekt startete, weitet die chinesische Regierung die Regionen jetzt weiter aus. Der digitale Yuan wird für Transaktionen zwischen Verbrauchern und Händlern, öffentlichen Verkehrsmitteln und auch für staatliche Dienstleistungen (z. B. Gebühren) genutzt.[24] Mittlerweile ist der digitale Yuan landesweit verfügbar und einsetzbar, auch wenn in wirtschaftlich wenig entwickelten Gebieten einige Händler diesen nicht verwenden und annehmen können.[25]

Um die Akzeptanz dieser Währung zu steigern, werden seit dem Sommer 2023 in ersten Städten die Gehälter in e-Yuan auf die entsprechende Wallet überwiesen.

---

[21] https://www.freiheit.org/de/deutschland/der-digitale-euro-eine-wichtige-ergaenzung-zum-bargeld, eingesehen am 25.08.2023.

[22] https://edpb.europa.eu/news/news/2022/edpb-adopts-wish-list-procedural-aspects-first-eu-data-protection-seal-and-statement_en, eingesehen am 24.08.2023.

[23] Dünser (2022), S. 227.

[24] https://cryptomonday.de/news/2021/11/05/digitaler-yuan-transaktionen-erreichen-10-mrd/, eingesehen am 24.08.2023.

[25] Bestätigung durch persönlichen, in China lebenden Kontakt der Autorin.

Auch in China war die Entwicklung des e-Yuan zeitintensiv. Inspiriert durch den Bitcoin hat die chinesische Regierung schon 2014 die Marschroute ausgegeben, einen digitalen e-Yuan zu entwickeln, um anderen digitalen Währungen wie z. B. dem Bitcoin Einhalt zu gebieten. 2017 wurde das Digital Currency Research Institute gegründet, um die Entwicklung der digitalen Währung zu ermöglichen.[26]

Die Deutsche Bank hat den Entwicklungsweg des e-Yuan, mit den relevanten Stationen und weltweiten anderen Ereignissen grafisch aufbereitet (vgl. Abb. 7.1). Zu erkennen sind dabei auch die Aktivitäten der „Konkurrenz"/anderer Zentralbanken. Beispielsweise hat die schwedische Nationalbank den weltweit ersten Retail CBDC eingeführt (vgl. Abschn. 7.1.3). Die EZB, aber auch die amerikanische Zentralbank Fed (Federal Reserve System) arbeiten an der Einführung von CCs.

In diesem Zusammenhang erläutert das Finanzinstitut JP Morgan, warum Zentralbankwährungen von hohem Interesse sind. Als „multi-currency central bank digital currency" (mCBDC) könnten sie ein Einsparpotenzial von rund 100 Mrd. US-Dollar jährlich ermöglichen, weil die grenzüberschreitenden Überweisungen schneller, automatisiert und damit einfacher 7 Tage/24 h umzusetzen sind.[27]

China hat 2021 die eigene Zentralbankwährung in ausgewählten Regionen eingeführt. Diese Währung basiert auf der Binance Smart Chain-Blockchain.[28] Weitere Tech-Riesen wie z. B. WeChat Pay von Tencent, Alibaba und Alipay sind bei der Entwicklung involviert und nehmen selbstverständlich auch diese Währung als Zahlungsmittel an.

Seit Jahresbeginn 2023 ist ein Upgrade des e-Yuan verfügbar, der neue Smart-Contract-Funktionen anbietet, die die Akzeptanz steigern sollen und um die bestehenden Vorbehalte in der Bevölkerung bezüglich der Nutzung des e-Yuan abzubauen.

Mit der erweiterten Funktionalität kann man beispielsweise mit der Meituan-App Essen bestellen oder sonstige Einkäufe tätigen. Der interessante Trigger dieser App besteht darin, dass wenn ein Nutzer eine Bestellung auslöst und diese mit der E-CNY-Wallet bezahlt, ein Smart Contract ausgelöst wird. Dieser Smart Contract sucht nach bestimmten Wörtern und vergleicht sie mit der Bestellung. Hat der Nutzer etwas gekauft, das für den heutigen Tag beispielsweise als Wort des Tages deklariert ist, dann nimmt der Nutzer automatisch an einer Verlosung teil, die ihm im Erfolgsfalle einen roten Umschlag (Hongbao 红包)[29] mit einem Wert bis zu 8888 e-Yuan (umgerechnet zum heutigen Tag entspricht das einer Summe von 1141 €[30]) verspricht. Dies ist ein spannendes Beispiel, wie politisch gewollte Anreize zur Nutzung des digitalen Geldes mit der Wirtschaft verzahnt werden können. Neu ist auch, dass nun über die E-CNY-Wallet Wertpapiere erworben werden können.[31] Eine Erweiterung zur klassischen digitalen Zahlweise besteht außerdem darin,

[26] https://ecnydigitalyuan.com/about-e-cny-currency/, eingesehen am 24.08.2023.

[27] Oliver Wyman & JP Morgan Report (2021), S. 5.

[28] https://ecnydigitalyuan.com/ecny-wallet/, eingesehen am 24.08.2023.

[29] Gemäß der chinesischen Kultur ist rot die Farbe des Glücks und die „roten Päckchen"/Briefumschläge werden zu allen Festtagen an Freunde und Familie verschenkt.

[30] Am 24.08.2023 beträgt der Wechselkurs für einen Renminbi Yuan 0,13 Eurocents.

[31] https://www.cs.com.cn/qs/202301/t20230116_6319196.html, eingesehen am 24.08.2023.

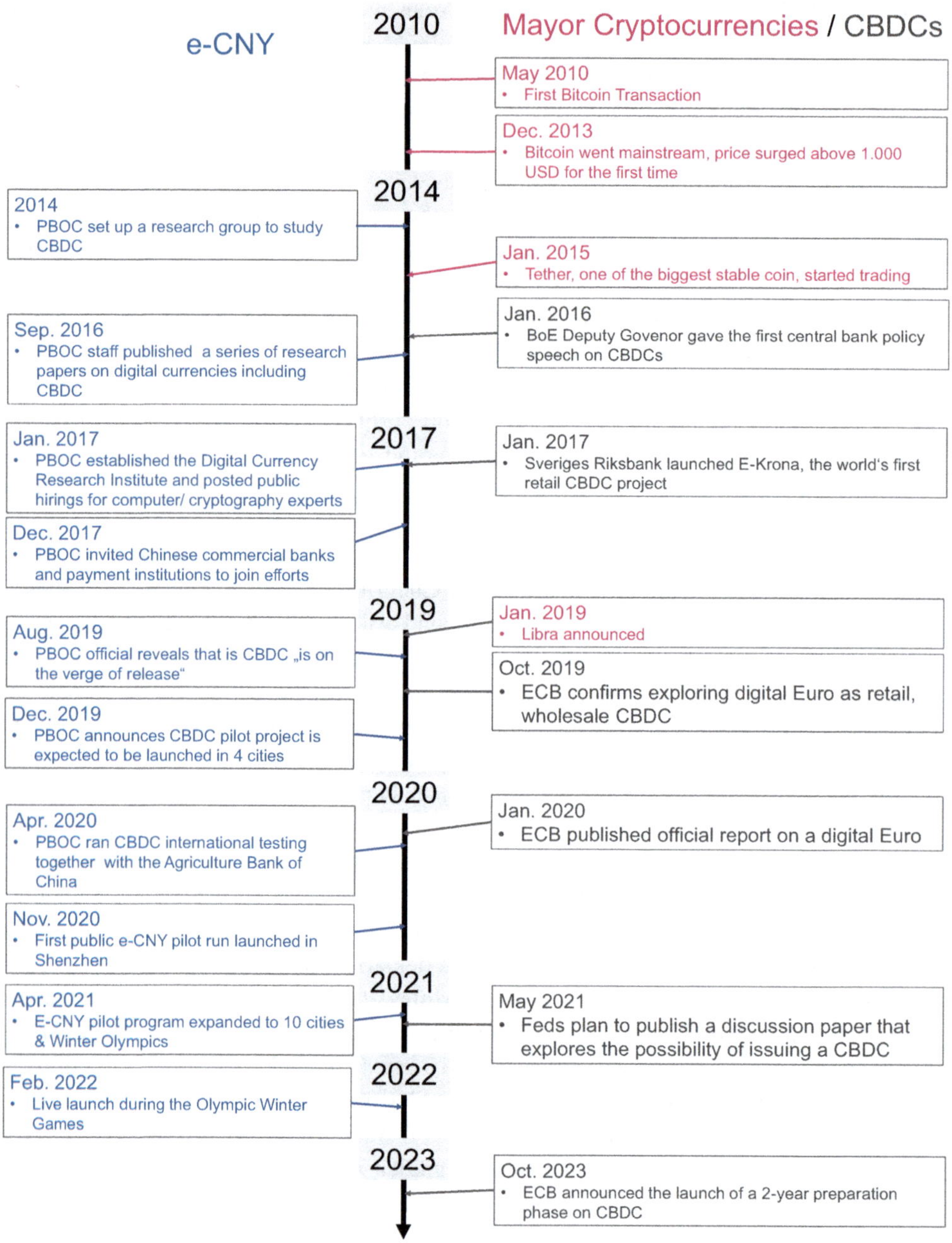

Abb. 7.1 Historie des E-Yuan (eCNY). (Mit freundlicher Genehmigung der Deutschen Bank)

dass Nutzer der E-CNY-Wallet diese selbst dann für das kontaktlose Zahlen verwenden können, wenn ihr Akku leer ist oder das Gerät keinen Internetzugang hat.[32]

Neben den hier genannten Funktionen gibt es darüber hinaus das Vorhaben, dass China sein Netzwerk über die neue Seidenstraßen-Initiative zieht. Hierzu nutzt China sein „Blockchain Service Network (BSN)“, das über Smart-Contract-Funktionalitäten verfügt, die mit dem e-Yuan verknüpfbar sind.[33] Das ermöglicht ein großes Spektrum in Bezug auf das Managen von Lieferketten. Dies wird unter dem Begriff „Digital Silk Road“ erfasst. Die Digital Silk Road (DSR), 2015 vorgestellt, wird alles umfassen, was mit Technologie zu tun hat und umschließt Aspekte wie die Entwicklung des digitalen Dienstleistungssektor wie z. B. grenzüberschreitenden E-Commerce, Smart Cities, Telemedizin bis hin zur Beschleunigung des technologischen Fortschritts unter Nutzung von Big Data, Künstliche Intelligenz, Blockchain-Technologie, Internet of Things etc.[34] Man kann ahnen, welchen Einfluss dann die Verbindung zu dem e-Yuan darstellen wird, auch wenn derzeit noch das SWIFT-Verfahren für die Zahlungen genutzt wird.[35]

Nur, und das muss man sich auch fragen, warum sind die Vorbehalte in China gegenüber dem e-Yuan offenbar groß? Einerseits steht der Vorwurf im Raum, dass mit der digitalen Währung der Staat über ein (weiteres) Überwachungsinstrument verfügt. Andererseits hat dieses Land eine sehr gute digitale Infrastruktur. Über Anbieter wie WeChat Pay oder Alipay sind alle diese Funktionen schon etabliert. Es bleibt spannend, zu beobachten, wie sich dieses Projekt weiterentwickelt.

7.1.3 Digitale Krona (e-Krona)

Schweden ist eines der Vorreiter Länder weltweit, wenn es um digitale Zentralbank Währungen geht. Wie schon aus der Grafik der Deutschen Bank hervorgeht, hat Schweden bereits 2017/2018 den ersten Retail-CBDC eingeführt (vgl. Abb. 7.1).[36] Passend zum e-Krona gibt es auch die Plattform e-Krona, auf der Anleger den CBDC kaufen und verkaufen können.

Die schwedische Nationalbank verfolgt mit der Ausgabe der E-Krone ähnliche Ziele wie alle anderen Zentralbanken. Beispielsweise soll die Ökonomie im Wirtschaftsraum gestärkt und zukunftssicher gemacht werden. In Schweden wird immer seltener Bargeld genutzt und die schwedische Nationalbank hegt die Befürchtung, dass die Bevölkerung den Zugang zu staatlichem Geld verliert. Die Riksbank sieht den CBDC als Ergänzung zu

[32] https://www.yicaiglobal.com/news/e-yuan-app-adds-payment-function-for-when-mobiles-are-offline-out-of-power, eingesehen am 24.08.2023.

[33] https://www.cnbc.com/2022/05/16/china-blockchain-explainer-what-is-bsn-.html, eingesehen am 24.08.2023.

[34] https://www.iiss.org/de-DE/online-analysis/online-analysis/2022/12/digital-silk-road-introduction/, eingesehen am 24.08.2023.

[35] http://www.china.org.cn/opinion/2022-01/11/content_77982822.htm, eingesehen am 24.08.2023.

[36] Das Konzept wurde 2017 veröffentlich, die Durchführung erfolgte 2018 und ist unter https://www.riksbank.se/globalassets/media/rapporter/e-krona/2017/handlingsplan_ekrona_171221_eng.pdf nachzuvollziehen, eingesehen am 24.08.2023.

anderen, privatwirtschaftlichen Angeboten (z. B. Paypal, Visa, Mastercard etc.), um sowohl die Geldversorgung als auch Zahlungsdienstleistungen zu (ver-)stärken. Die Nationalbank weist darauf hin, dass es wichtig ist, bei eventuellen Störungen im System von Banken und oder Kreditkarten Unternehmen eine Alternative anbieten zu können. Auch sieht die schwedische Nationalbank mit der Schaffung des CBDCs Möglichkeiten, grenzüberschreitende Transaktionen im internationalen Bankenmarkt effizienter abzuwickeln und diese neue Infrastruktur für neue Teilnehmer zu öffnen.[37]

Für 2023 hat sich die schwedische Nationalbank vorgenommen, das Projekt weiter voranzutreiben[38] und

- die Auswirkung einer e-Krona auf die schwedische Wirtschaft (weiter) zu untersuchen,
- die technische Lösung (weiter) zu testen mit einem Schwerpunkt auf Offline-Zahlungen,
- die Auswirkungen der e-Krona auf das aktuelle Mandat der Riksbank zu prüfen und ggfs. notwendige rechtliche Änderungen anzuregen, damit die Nationalbank die e-Krona ausgeben kann,
- in den Dialog mit verschiedenen Behörden und dem Markt zu treten,
- Benutzerstudien durchzuführen sowie
- die internationale Entwicklung zu verfolgen und zu berücksichtigen.

Man kann erkennen, dass auch hier vieles am Entstehen ist. Es gilt die unterschiedlichen Interessen ebenso zu berücksichtigen wie die technischen Möglichkeiten.

7.1.4 Indian Rupee als CBDC[39]

Auch wenn bereits viele andere Staaten erste Piloten für digitale Zentralbankwährungen erstellt haben und sich in Testphasen befinden, so soll doch hier das Augenmerk auf die indische Variante gelegt werden. Indien ist eines der bevölkerungsreichsten und zugleich eine der jüngsten Bevölkerungen der Länder weltweit. Es ist zu vermuten, dass die Akzeptanz von CBDCs in Indien wirtschaftliche Effekte auf andere Staaten haben wird.

In ihrer Rede zum Haushaltsplan 2021/2022 kündigte die indische Finanzministerin an, dass die Reserve Bank of India (RBI, indische Zentralbank) eine digitale Währung einführen wird.[40] Indien hat laut Angaben der RBI große Fortschritte bei den Innovationen im digitalen Zahlungsverkehr gemacht. So hat Indien ein separates Gesetz für Zahlungs- und

---

[37] https://www.riksbank.se/en-gb/payments%2D%2Dcash/e-krona/, eingesehen am 24.08.2023.

[38] https://www.riksbank.se/en-gb/payments%2D%2Dcash/e-krona/, eingesehen am 24.08.2023.

[39] Verwirrend kann sein, dass es auch einen e-rupi gibt, der aber eigentlich nur einen digitalen Gutschein darstellt, den ein Begünstigter per SMS oder QR-Code auf das Telefon erhält. Es ist vorab auf den Gutschein eingezahlt worden und jeder Begünstigte kann diesen Gutschein dort einlösen, wo er akzeptiert wird. Vgl. https://pib.gov.in/PressReleasePage.aspx?PRID=1743056, eingesehen am 24.08.2023.

[40] https://t3n.de/news/indien-fuehrt-digitale-rupie-ein-kryptowaehrung-steuer-1448467/, eingesehen am 24.03.2023.

Abrechnungssysteme erlassen. Dies bedeutet, dass heute hoch moderne Zahlungssysteme auch in Indien erschwinglich, zugänglich, bequem, effizient, sicher und rund um die Uhr an 365 Tagen im Jahr verfügbar sind. Außerdem hat die indische Zentralbank eine auffällige Verschiebung der Zahlungspräferenz festgestellt, die die Schaffung robuster und rund um die Uhr verfügbarer elektronischer Zahlungssysteme notwendig macht. Mit den CBDCs knüpft die indische Zentralbank nun an die sich abzeichnende Weiterentwicklung von Zahlungssystemen unter Berücksichtigung des technischen Fortschritts an.[41]

Auch die indische Zentralbank definiert CBDCs als staatlich herausgegebenes Zahlungsmittel, das mit den bestehenden austauschbar sein soll. Ebenso wie die Europäische Zentralbank sieht die Indische, dass CBDCs zur Inklusion beitragen, die Widerstandsfähigkeit und die Effizienz der Finanzindustrie stärken und die Kosten bei grenzüberschreitenden Transaktionen sowie operativer Betriebskosten senken können.

Auch die RBI plant, sowohl einen Wholesale als auch einen Retail CBDC zu entwickeln und einzuführen. Vom Design her erwägt die indische Zentralbank entweder einen Token-basierten oder einen Konto-basierten CBDC zu entwickeln. Der Token-basierte CBDC ist ein Inhaberinstrument, ähnlich wie Banknoten. Das bedeutet, dass derjenige, der die Token zu einem bestimmten Zeitpunkt hält, auch der Eigentümer dieser Token ist. Ein Konto-basiertes System würde die Führung von Aufzeichnungen über Salden und Transaktionen aller CBDC-Inhaber erfordern und den Besitz als Geldguthaben angeben. Bei einem Token-basierten CBDC prüft der Tokeninhaber, dass sein Token echt ist. Hingegen prüft bei einem Konto-basierten CBDC ein Vermittler die Identität des Kontoinhabers. Es ist zu erkennen, dass ein Konto-basiertes CBDC weitaus komplexer in den Anforderungen ist als ein Token-basiertes – daher neigt die indische Zentralbank gemäß eigenen Aussagen auch dazu, die letztgenannte Variante zu bevorzugen.[42]

Die hier aufgeführten Beispiele sind nur einige wenige von vielen. Auf der Website CBDC Tracker[43] kann man sich einen Überblick darüber verschaffen, wie der aktuelle Stand der Entwicklungen in den einzelnen Nationen ist. Die Website gibt Auskunft darüber, ob sich eine Zentralbank noch im Researchstadium befindet (wie z. B. Großbritannien, Mexiko, Argentinien) oder einen Proof-of-Concept verfolgt (z. B. USA, Canada, Ukraine, Iran). Nationen wie Indien, China, Ghana und die Europäische Union haben Pilotprojekte etabliert. Digitale Währung eingeführt haben tatsächlich die Zentralbanken der Bahamas, Jamaica, Nigeria und Zimbabwes.

Festzustellen ist, dass Central Bank Digital Currencies von den Zentralbanken weltweit auf Praktikabilität untersucht werden. CBDCs wird dabei zugestanden, u. a. finanzielle Inklusion zu ermöglichen und insgesamt die weltweiten Zahlungssysteme sicherer und effizienter zu gestalten.

---

[41] https://rbi.org.in/Scripts/PublicationReportDetails.aspx?UrlPage=&ID=1218, eingesehen am 24.08.2023.

[42] https://rbi.org.in/Scripts/PublicationReportDetails.aspx?UrlPage=&ID=1218, eingesehen am 24.08.2023.

[43] https://cbdctracker.org, zuletzt eingesehen am 23.06.2024.

7.2 Tokenisierung von Immobilien

Ein weiterer, viel zitierter Anwendungsfall ist die Tokenisierung in der Immobilienwirtschaft. Die Argumentation richtet sich dabei auf Investitionsmöglichkeiten für Kleinanleger. Die Ausgabe von Token könnte ein Immobilieninvestment zu wesentlich geringeren Kosten anbieten, da sich diese auf mehr Interessierte als bisher verteilen lassen.

Das hört sich zunächst interessant und auch plausibel an. Jedoch sind die Kosten beim Erwerb von Immobilien per se sehr hoch. Auch wenn einzelne Nebenkostenpositionen pro Bundesland variieren, so fallen immer die sogenannten Grunderwerbskosten, Notar- und Grundbuchgebühren und gegebenenfalls Maklerprovision an. Selbst ohne die Maklerprovision können diese Nebenkosten zwischen 7 % und 8 % auf den zu zahlenden Kaufpreis ausmachen. Plausibel ist, dass, wenn diese Nebenkosten auf viele Token-Eigentümer aufgeteilt werden, für den Einzelnen die Belastung sinkt. Nur benötigt es dafür keine Token-Struktur.

Gemäß der Branchenstudie der Hamburg Commercial Bank in Zusammenarbeit mit dem Frankfurt School Blockchain Center im September 2021, in der zwischen einer engen und einer weiten Token-Struktur zu unterscheiden ist, wäre die klassische Miteigentümerschaft als enge Tokenisierung zu verstehen. Der Token-Inhaber hat einen direkten Anspruch auf einen entsprechenden Eigentums-Bruchteil und den aus der Immobilie zu erzielenden Ertrag (nach Abzug aller Kosten). Den Token-Inhaber treffen anteilsmäßig alle Rechte und Pflichten als Immobilieneigentümer.[44]

Die weit gefasste Definition der Immobilien -Tokenisierung beinhaltet Wertpapiere, wie zum Beispiel nachrangige Schuldverschreibungen oder Aktien, aus denen sich ein Anspruch aus dem Cashflow der Immobilie ableiten lässt.[45]

Technisch ist das alles umsetzbar. Jedoch fragt man sich, ob insbesondere die enge Definition tatsächlich als Immobilien-Token herausgegeben werden sollte. In Deutschland haben wir als eines der wenigen Länder weltweit schon seit langer Zeit die Möglichkeit, Kleinsparer und Investoren an Projekten zu beteiligen, die sie allein nicht finanzieren können. Sowohl offene als auch geschlossene Immobilienfonds ermöglichen die Teilhabe bereits mit relativ kleinen Beträgen. Bei geschlossenen Immobilienfonds ist die Anzahl der Teilnehmer/Gesellschafter begrenzt. Sowie durch alle Gesellschafter das notwendige Kapital eingesammelt worden ist, wird der Fond geschlossen und in die entsprechende Immobilie/Liegenschaft investiert. Geschlossen bedeutet in diesem Zusammenhang auch, dass, nachdem der Fond geschlossen ist, sich kein weiterer Gesellschafter mehr beteiligen kann.[46] Die Größe dieses Fondsmarktes wird auf rund 155 Mrd. € taxiert und typische Anleger in geschlossenen Fonds sind Kapitalsammelstellen wie z. B. Versicherer und Versorgungswerke.[47]

---

[44] Branchenstudie (2021), S. 6.

[45] Branchenstudie (2021), S. 6.

[46] Gondring (2009), S. 716.

[47] https://www.bvi.de/fileadmin/user_upload/Statistik/Research/Fokus_Portfoliomanagement.pdf, eingesehen am 24.08.2023.

Anders sieht es beim offenen Immobilienfonds aus. Sowohl die Anzahl der Gesellschafter als auch die Investitionen (sowohl als Summe als auch als Objekte) sind theoretisch unbegrenzt.[48] Die von Statista veröffentlichten Zahlen für offene Immobilienfonds weisen für 2022 ein Fondsvermögen von rund 131,1 Mrd. € in Deutschland aus, das ist eine Steigerung in den letzten drei Jahren um 23,5 Mrd. €.[49]

Obwohl diese schiere Größe des Marktes beeindruckend ist, ist es noch immer kaum möglich, auf dem so genannten Zweitmarkt börsentäglich Immobilienanteile handelbar zu machen. Bedingt durch die Finanzkrise 2008 haben auch die Immobilienfonds Änderungen vornehmen müssen. Anleger müssen ihre Anteile nunmehr mindestens zwei Jahre lang halten und den Verkauf ihrer Anteile ein Jahr im Voraus ankündigen. In der Konsequenz heißt es, dass ein Anleger bis zu drei Jahren warten muss, ehe er wieder an sein Geld kommt.[50] Daher wirkt die Idee der Tokenisierung von Immobilien sehr verlockend, wenn man sich der eher weiter gefassten Definition anschließt. Dennoch kommen auch die Autoren der Branchenstudie zur Erkenntnis, dass es zumindest in Deutschland noch ein langer Weg sein wird, die Tokenisierung von Immobilien als Vermögensstrategie zu etablieren. Kostenvorteile wie zum Beispiel das Verwahren der Token über eine Blockchain (im Vergleich zu dem Verwahren der Wertpapiere über die Girosammelverwahrung) sprechen für die Tokenisierung ebenso wie die Hoffnung, viele Prozesse rund um den Immobilienerwerb und die Immobilienverwaltung durch das Nutzen von Smart Contracts zu automatisieren und damit kostengünstiger zu gestalten. Insgesamt könnten Prozesse verschlankt werden.[51] Jedoch ist festzustellen, dass die notwendige Infrastruktur, die zur Verschlankung der Prozesse notwendig ist, noch nicht gegeben ist. Das spiegelt sich auch in den Angeboten von Immobilien- Token wider. Die Marktreife ist noch nicht erreicht.

7.3 Tokenisierung der Lieferketten (Supply Chain)

Im Zusammenhang mit Lieferketten spielen neue Zahlungsmodelle eine große Rolle. Ist die Industrie komplett digitalisiert, d. h. die reale Welt mit der virtuellen Welt durchgehend vernetzt, dann können Maschinen und intelligente Geräte selbstständig miteinander kommunizieren. Als beliebtes Beispiel wird das Auto genannt, das nach dem Tankvorgang direkt automatisch die Zahlung anweist. Oder auch der Kühlschrank, der eine Bestandsprüfung durchführen und automatisch Ware nachbestellen kann. Utopie? Nein, tatsächlich sind diese Szenarien in greifbarer Nähe. Außerdem sei noch einmal auf das chinesische Vorhaben der Digital Silk Road Initiative verwiesen.

[48] Gondring (2009), S. 717.

[49] Statistik Report zu offenen Immobilienfonds von Statista, S. 10.

[50] https://www.verbraucherzentrale.de/wissen/geld-versicherungen/sparen-und-anlegen/offene-immobilienfonds-eine-langfristig-sichere-anlage-11429, eingesehen am 24.08.2024.

[51] Branchenstudie (2021), S. 19.

Lieferketten sind je nach Produkt, Prozess und Bestimmungsort heterogen. Das Management dieser Lieferketten bezieht sich auf die Prozesse des gesamten Waren- und Dienstleistungsflusses, d. h. von den eingesetzten Rohstoffen samt Herkunftsnachweis bis hin zum Endprodukt, das an den Verbraucher geliefert wird. Dennoch lassen sich Lieferketten in diese Bestandteile herunterbrechen, was dann den Einsatz von Token interessant macht:[52]

- Lieferkette-Prozess: Wann wird wo welches Produkt in welcher Menge und Zustand übergeben.
- Produktidentität: Seriennummern oder andere Produktidentifikationsinformationen, um beispielsweise die Echtheit des Produkts zu garantieren.
- Monitoring/Überwachen: Nachverfolgung des Produktes entlang seiner Prozessstufe innerhalb der Lieferkette.

Es geht prinzipiell um die digitale Verzahnung von Lieferketten mit Zahlungslösungen, angefangen bei der Beschaffung, über die Produktion bis zum Transport der Ware zum Kunden. Die Nachverfolgbarkeit eines Produktes (oder auch Containers) lässt sich programmieren und an bestimmten, neuralgisch wichtigen Stellen mit dem umgehenden Zahlungsausgleich verknüpfen (z. B. wenn der Produzent seine Ware im Hafen zum Export anliefert, dann können nicht nur digitale Frachtpapiere den Nachweis über die Lieferung bestätigen, sondern es könnten zugleich auch anteilige Zahlungen für den Exporteur angewiesen werden. Die vollständige Bezahlung erfolgt am Ende, wenn der Empfänger die Ware erhalten und die vertraglich vereinbarte Güte geprüft hat.)

Spielt man dieses Szenario theoretisch durch, dann ist zu erkennen, dass hierbei viel Liquidität freigesetzt wird. Wenn Produzenten als Lieferanten früher ihre Rechnungen beglichen bekommen, dann reduzieren Zulieferer Außenstände und erhöhen somit ihre eigene Resilienz, weil sie schneller wieder über finanzielle Mittel verfügen, als im herkömmlichen Ablauf.

Es gibt mittlerweile genügend Beispiele und Case Studies, um das Potenzial aufzuzeigen:[53]

- Maersk, die weltweit zweitgrößte Containerschiff-Reederei, setzt z. B. auf konsequente Digitalisierung der Lieferketten und nutzt dabei auch Blockchain-Technologie.[54]
- Der Logistikkonzern Kühne und Nagel[55]
- Nagel Group, zusammen mit T-Systems und Commerzbank[56]

---

[52] Elrom (2019), S. 485.

[53] https://www.bito.com/de-at/fachwissen/artikel/blockchain-in-der-logistik/, eingesehen am 26.08.2023.

[54] https://www.maersk.com/news/articles/2021/09/06/iffco-joins-the-future-of-supply-chain, eingesehen am 26.08.2023.

[55] https://kryptoszene.de/news/kuehne-nagel-nutzt-blockchain-fuer-mehr-als-800-000-transaktionen-im-monat/, eingesehen am 26.08.2023.

[56] https://www.nagel-group.com/2023/03/pilotprojekt-t-systems-commerzbank-und-nagel-group-vernetzen-physische-und-finanzielle-lieferketten/, eingesehen am 26.08.2023.

Der Einsatz von Token in den Lieferketten ermöglicht die Identifikation des Artikels/ Produkts, und jeder Empfänger kann die Echtheit nachvollziehen. Produktpiraterie oder die Umgehung festgelegter Vorschriften können damit eliminiert werden. Damit kann man über Blockchain-Lösungen und den Einsatz von Token dem seit dem 1. Januar 2023 in Kraft getretenen Lieferkettensorgfaltspflichtengesetz nachkommen und damit auch Compliance- Regeln einhalten.[57]

7.4 NFTs in der Kunst

Ein NFT (Non-Fungible Token) wird dann genutzt, wenn etwas (oder auch jemand) auf einzigartige Weise identifiziert werden soll. Möglich wurde das mit der Einführung des ERC-721-Standards (vgl. auch Abschn. 5.1) im Januar 2018. Das Team William Entriken, Dieter Shirley, Jacob Evans und Nastassia Sachs haben ihn entwickelt und seitdem ist es möglich, eine Programmierschnittstelle (ABI; Application Binary Interface) innerhalb von Smart Contract einzubinden, um diese Einzigartigkeit zu definieren.[58]

Insbesondere die digitale Kunstszene hat sich dieses zu eigen gemacht und die klassische Kunstszene hat nachgezogen. Zunächst war die Idee, Digital-Künstlern, die Möglichkeit zu verschaffen, ihre Werke auf entsprechenden Plattformen hochzuladen und verkaufen zu können. Die Problematik bei digitaler Kunst liegt darin, dass jeder sich eine Kopie aus dem Internet ziehen kann, ohne dass der Künstler dafür vergütet wird.[59] Mit der Koppelung an einen Non-Fungibel-Token kann der Künstler das Kunstwerk nicht nur digital vermarkten, sondern auch mit Sammlern direkt in Interaktion gehen.

Der Handel mit NFTs und damit mit einzigartigen digitalen Kunstwerken hat einen besonderen Hype erlebt, ohne dass sich für den normalen Benutzer von digitalen Werken viel geändert hat. Der NFT umfasst nämlich nicht das Copyright, sondern den Eintrag zum Nachweis der Originalität auf der entsprechenden Blockchain.[60] Dieser Eintrag ist unveränderlich und kann nicht gelöscht werden.

Nehmen wir z. B. das Kunstwerk „Everyday: The First 5000 Days“ von Beeple, das im Frühjahr 2021 für rund 69 Mio. US-Dollar an einen Kunstliebhaber über Christie's

[57] https://www.bgbl.de/xaver/bgbl/start.xav?startbk=Bundesanzeiger_BGBl&jumpTo=bgbl121s2959.pdf#__bgbl__%2F%2F*%5B%40attr_id%3D%27bgbl121s2959.pdf%27%5D__1693077798074, eingesehen am 26.08.2023.

[58] https://ethereum.org/de/developers/docs/standards/tokens/erc-721/#:~:text=Der%20ERC%2D721%20(Ethereum%20Request,innerhalb%20von%20Smart%20Contracts%20implementiert., eingesehen am 25.08.2023.

[59] Wir alle haben digitale Kunst auf unseren Mobiltelefonen in Form von Musikstücken, zumeist heruntergeladen von Spotify. Aber auch die Coupons von Discountern und Einzelhändlern sind digitale Wertgegenstände. Über digitale Kanäle sind diese Wertgegenstände unendlich kopierbar und bieten somit den Künstlern keinen Schutz ihres geistigen Eigentums.

[60] https://www.cnbc.com/2021/03/26/digital-artist-beeple-common-misunderstanding-about-nfts.html, eingesehen am 25.08.2023.

veräußert wurde.[61] Jeder von uns kann sich noch immer dieses Kunstwerk im Internet als Kopie herunterladen und für eigene Zwecke nutzen. Nur eine einzige Person hat jedoch den dazugehörigen Original-Code als Eintrag/Adresse auf der Ethereum-Blockchain. Insgesamt war das der Startschuss für einen irren Hype im Kunstmarkt, den auch Künstler traditioneller Art bzw. deren Agenten und Agenturen für sich entdeckt haben.

Gefüttert wird dieser Hype durch folgende Eigenschaften:[62, 63]

- Beweisbarkeit der Urheberschaft: Durch den Einsatz der Blockchain-Technologie ist die Urheberschaft für alle Zeit auf der Blockchain festgeschrieben und dieses kann jederzeit geprüft und nachverfolgt werden
- Verbesserung der Bezahlungsmechanismen für den Künstler: Durch den Nachweis der Urheberschaft lassen sich Vertragskonditionen in den Smart Contract einbetten, der bei zukünftigen Weiterverkäufen den Künstler bis zu einem gewissen Anteil an einer potenziellen Wertsteigerung partizipieren lässt. Dies ist insbesondere für junge, noch unbekannte Künstler von hoher Bedeutung. Der klassische Kunstmarkt vergütet spätere Bekanntheit und die damit einhergehende Wertsteigerung nicht.
- Neue Konzepte zur Preisgestaltung: Künstler können ihre Werke beispielsweise in Anpassung an die Nachfrage bepreisen: hohe Nachfrage – hoher Preis; sinkende Nachfrage – sinkende Preise. Außerdem lassen sich über Lizenzgestaltungen neue Konzepte der Preisfindung generieren – z. B. für ein Kunstwerk können verschiedene Lizenzen mit unterschiedlicher Ausgestaltung erzeugt werden.
- Unabhängigkeit von stationären Agenturen: NFTs müssen nicht über eine bestimmte Plattform oder durch einen Agenten gehandelt werden, sondern werden als Peer-to-Peer direkt zwischen dem Künstler und dem Käufer (aus-)gehandelt.

Die Plattform Open Sea gilt als einer der wichtigsten Marktplätze, auf der Nutzer NFTs erwerben, verkaufen oder auch selbst erstellen können.[64] Unter nachfolgendem Link lassen sich einige der (ehemals) erfolgreichsten NFT-Kollektionen finden, inklusive der Beschreibung zu den Bored Ape Yacht Club Bildern. Hierbei handelt es sich um eine Kollektion von 10.000 unterschiedlichen Affenbildern, die gelangweilte Affen künstlerisch mit 170 unterschiedlichen Merkmalen darstellen (siehe Beispiel in Abb. 7.2). Über diese unterschiedlichen Merkmale wird der Grad der Seltenheit bestimmt und dies hat Auswirkungen auf den Preis: https://cryptoticker.io/de/diese-3-nft-kollektionen-haben-das-meiste-trading-volumen-ueberhaupt/

[61] https://onlineonly.christies.com/s/beeple-first-5000-days/beeple-b-1981-1/112924, eingesehen am 25.08.2023.

[62] Kurt und Kurt (2022), S. 93.

[63] https://www.theatlantic.com/ideas/archive/2021/04/nfts-werent-supposed-end-like/618488/, eingesehen am 25.08.2023.

[64] https://opensea.io, eingesehen am 25.08.2023.

Abb. 7.2 Bored Ape Yacht Club # 3603, gehandelter Preis: 78.800 USD. (https://www.nft-stats.com/collection/boredapeyachtclub, eingesehen am 25.08.2023)

Neben den Kunst-NFTs werden NFTs auch beim Gaming, im Metaverse, in der Musik, im Web 3.0 genutzt und eingesetzt. Das Spektrum ist groß, auch wenn bisher die Erwartungen an dieses Marktsegment nicht erfüllt worden sind. Selbst Fußballvereine haben NFTs in ihr Merchandising-Geschäft aufgenommen. Der renommierte Fußballverein Paris Saint-Germain hat z. B. im Rahmen seiner Japan-Tour Eintrittskarten als NFT zu extrem hohen Preisen angeboten.[65] Auch die Bundesliga erzielt Erlöse über den Verkauf von NFts.[66]

Das Fraunhofer Institut für Arbeitswirtschaft und Organisation (IAO) hat im August 2023 eine Studie zur Nutzung von NFTs im Hotel- und Gastronomiegewerbe veröffentlicht, in der sie den NFTs ein hohes Einsatzpotenzial in der Tourismusindustrie zusprechen. So können NFTs entlang der Wertschöpfungskette z. B. eingesetzt werden, um Gäste zu belohnen, wenn sie sich für exklusive Leistungen entscheiden. Oder, NFTs können als Zugang zum Metaverse genutzt werden, um das Hotel und die Umgebung vorab kennenzulernen. Kapitalbeschaffung ist laut Studie ebenso denkbar wie der Aufbau einer Creator Community, um Hotelzimmer durch Künstler neu gestalten zu lassen.[67]

Das Anwendungspotenzial von NFTs ist vielfältig und damit größer, als nur für die Schaffung von Sammelbildern. NFTs ermöglichen es, bisher immaterielle Güter mit einem Wert zu versehen. Das bringt neue Möglichkeiten entlang der Wertschöpfungsketten, die bisher noch nicht entdeckt und durchdacht sind.

Unbestritten ist aber auch, dass mit dem Beginn des Kryptowinters die große Ernüchterung bei den NFts eingesetzt hat. Die Spekulationen auf immer höhere (teils absurde) Preise für NFTs ist zum Erliegen gekommen. Dies betrifft vorrangig Sammelbilder und

[65] https://forkast.news/headlines/psg-nft-tickets-first-japan-tour-27-years/, eingesehen am 25.08.2023.

[66] https://www.bundesliga.com/de/bundesliga/news/topps-kick-off-22-23-bundesliga-nft-karten-hohepunkte-saison-21424, eingesehen am 25.08.2023.

[67] Fraunhofer Institut IAO: Studie „FutureHotel – Token Economy. The Use of Non-Fungible Tokens for Hotel Business".

auch Kunstwerke. Es ist vielleicht nur die Zeit der Marktbereinigung, ehe das Konzept der NFTs als einzigartiges Wertaufbewahrungsmittel Massentauglichkeit erlangt.

7.5 Blockchain Technologie und Künstliche Intelligenz

Zum Jahresende 2022 zog mit ChatGPT eine Anwendung in das Bewusstsein der breiten Bevölkerung, die Staunen und Sorgen gleichermaßen auslöste. Staunen darüber, was so genannte Künstliche Intelligenz alles vermag und die daraus erwachsenden Sorgen, ob menschliche Arbeit durch Tools[68] wie ChatGPT ersetzt wird. ChatGPT, um bei diesem Beispiel zu bleiben, ist von OpenAI als Chatbot entwickelt worden und ermöglicht mit dem kostenlosen Zugang, Texte schnell zu verfassen, komplizierte Matheaufgaben zu lösen oder einfach nur zu recherchieren.[69]

GPT steht als Abkürzung für „Generative Pre-trained Transformer", ein Deep-Learning-Modell, das eine Encoder-Decoder-Architektur nutzt, um Daten zu verarbeiten und um eine Ausgabe (nämlich den Text) zu erzeugen.[70] Nach dem ersten großen Staunen kam aber auch die Ernüchterung. Unter anderem ist die Frage nach dem Datenschutz nicht ausreichend geklärt und die deutschen Aufsichtsbehörden prüfen, ob sich ChatGPT mit den Richtlinien der Datenschutz-Grundverordnung in Einklang bringen lässt.[71]

Das Europäische Parlament definiert Künstliche Intelligenz als „die Fähigkeit einer Maschine, menschliche Fähigkeiten wie logisches Denken, Lernen, Planen und Kreativität zu imitieren".[72] Trainiert werden diese Systeme mit großen Mengen von Daten. Neben den Trainingsdaten benötigt das System neuronale Netze und maschinelle Lernverfahren wie Deep Learning. Wichtig ist in diesem Zusammenhang, dass die Systeme nur so gut sein können, wie es die Trainingsdaten ermöglichen. Unterscheiden sich später die Eingabedaten von den Trainingsdaten, dann werden die Ergebnisse fehlerhaft sein.[73]

Wir sehen also künstliche Intelligenzsysteme, die große Mengen an Daten benötigen. In diesem Zusammenhang werden immer neue Daten auch aus den bestehenden Angeboten (siehe Chat GPT) und von Sensoren, die in fast jedem Gerät vorhanden sind, genommen, um die Systeme weiter zu trainieren. Dies wirft Fragen zur Verwendung von

[68] Die Anzahl von solchen Tools wie ChatGPT ist mittlerweile exponentiell angestiegen und offeriert dem Nutzer ein fast unüberschaubares Angebot. Es gibt Tools für das Schreiben von Texten, für das Designen von Webseiten, das Erstellen von Pitch Decks, Content-Erzeugung für Webseiten etc ….

[69] https://chatgpt.ch, eingesehen am 27.08.2023.

[70] https://www.einstein1.net/chat-gpt/, eingesehen am 27.08.2023.

[71] https://www.reutlingen.ihk.de/service/service-themen/urheberrecht-und-datenschutz-bei-chat--gpt/, eingesehen am 27.08.2023.

[72] https://www.europarl.europa.eu/news/de/headlines/society/20200827STO85804/was-ist-kunstliche-intelligenz-und-wie-wird-sie-genutzt, eingesehen am 27.08.2023.

[73] https://www.bsi.bund.de/DE/Themen/Verbraucherinnen-und-Verbraucher/Informationen-und-Empfehlungen/Technologien_sicher_gestalten/Kuenstliche-Intelligenz/kuenstliche-intelligenz_node.html, eingesehen am 27.08.2023.

Daten auf, um sowohl z. B. Diskriminierungen, Fehlinformationen bis hin zu Fake News und gezielte Streuung von falschen Informationen zu verhindern, als auch Fragen nach dem Datenschutz und dem Schutz der Privatsphäre auf. Die Blockchain-Technologie ermöglicht, dass Nutzer Informationen schnell und gezielt austauschen können unter Einhaltung des Datenschutzes und der Sicherung der Privatsphäre.

Die ersten Use Cases/Pilotprojekte sind in der Testphase. Tab. 7.1 zeigt einige erfolgversprechende Einsatzfelder beider Technologien:

Tab. 7.1 Anwendungsbeispiele für Blockchain-Technologie und KI

	Use Case
Gesundheitsindustrie/ Pharmaindustrie	Sicherung der Gesundheitsdaten eines Versicherten über die Blockchain-Technologie, aber auch Personaldaten, Budgetplanungen, Logistik, Rechtsstreitigkeiten etc. verursachen eine Fülle an Daten, die im Zusammenspiel von KI und Blockchain-Technologie zu sichern sind. Die Sicherung der Privatsphäre und der sensiblen Daten ist von extremer Bedeutung bei zeitgleicher Nutzung der Daten. Die Zusammenarbeit unterschiedlicher Bereiche (z. B. Pharma-Industrie, Krankenhäuser, Ärzte, Abrechnungszentren, Krankenkassen, um nur einige zu nennen) kann verbessert und effizienter gestaltet werden
Finanzindustrie	Das Zusammenspiel beider Technologien ermöglicht, sichere und effizientere Zahlungssysteme zu schaffen. KI kann Muster und damit frühzeitig betrügerische Aktivitäten erkennen. Mit der Blockchain-Technologie wird die Sicherheit und Integrität von Transaktionen gewährleistet. KI und Blockchain können helfen, die grenzüberschreitenden Transaktionen sowohl in Bezug auf Zeit als auch auf Kosten zu verbessern
Supply Chain Management	RPA (Robot Process Automation), eingesetzt in verschiedenen Bereichen unterstützt die automatisierte Bearbeitung von strukturierten Geschäftsprozessen und erzeugt viele Daten, die sicher und gesichert sein müssen; Blockchain-Technologie ermöglicht die Datensicherung und bringt zugleich Transparenz in die Lieferketten. Zusätzlich lassen sich die Nachhaltigkeitsaspekte (z. B. CO_2 Emissionen) über eine Blockchain tracken und bei Verwendung von KI bessere Routen planen, um CO_2 Emissionen in der Logistik zu reduzieren
Cyber Security	Cyberangriffe nehmen weltweit zu und fügen Unternehmen und Gesellschaft massiven Schaden zu. Die bisher herkömmlichen Methoden zur Sicherung der Systeme sind nicht mehr ausreichend. Mithilfe von KI können Bedrohungen leichter erkannt werden, da diese automatisiert aus den Milliarden-Vorgängen die sicherheitsrelevanten herausfiltern kann. Die Blockchain-Technologie steht für die Einhaltung und Sicherung der Daten und Datenintegrität. Durch die Kombination von beiden Technologien wird es möglich, sichere und effizientere Cybersicherheitssysteme zu schaffen

Tadge et al. (2021)
https://www.db.com/what-next/digital-disruption/better-than-humans/how-artificial-intelligence-is-changing-banking/index?language_id=3, eingesehen am 27.08.2023
https://research.aimultiple.com/supply-chain-ai/, eingesehen am 27.08.2023
Taylor et al. (2020)

In Bezug auf Kryptomärkte kann unter dem Einsatz von KI nicht nur Zahlungen zwischen zwei Konten automatisiert und effizienter ausgestaltet werden, sondern mit KI könnte am Markt noch intensiver spekuliert werden, als bisher. Zahlungen zwischen Maschinen sind ebenfalls eine Möglichkeit, die sowohl durch Blockchain-Technologie als auch durch KI optimiert werden könnte. Es ist zu erwarten, dass der Markt sehr zeitnah mit einer Vielzahl an neuen Geschäftsmodellen und Lösungen geflutet wird.

Heutzutage erzeugen wir permanent Daten. Diese Fülle an Daten wird von jedem Unternehmen in irgendeiner Form gesammelt. Nur leider können diese Daten vielfach gar nicht sinnvoll genutzt werden – es sind einfach zu viele. Künstliche Intelligenz hilft nicht nur, diese Daten zu nutzen, sondern sie lernt auch zugleich aus den Daten und kann damit eine verbesserte Grundlage für Unternehmensentscheidungen liefern. Mit der Nutzung der Blockchain-Technologie können die Daten aufgezeichnet werden, die eine maschinelle Lernentscheidung durchlaufen sollten. Die Blockchain Technologie kann bei der Zuordnung, dem Verständnis und der Rechtfertigung helfen. Das gesamte System kann bei Bedarf sinnvoll verifiziert, geprüft und angepasst werden, in dem die Hauptdatenteile als Transaktion in einer Blockchain gespeichert werden. Die Autorin ist überzeugt, dass die Verbindung dieser beiden Technologien weiter an Fahrt aufnimmt und in absehbarer Zeit als selbstverständlich angesehen wird.

7.6 Kryptowinter: Skandale in der Kryptowelt

Erschütterungen in der Kryptowelt tauchen regelmäßig auf. Ob man die japanische Handelsplattform Mt.Gox[74] nimmt, die 2014 Insolvenz anmelden musste und deren Gläubiger bis heute (August 2023) auf Entschädigung warten, Onecoin 2017[75] oder auch der Zusammenbruch des Marktes rund um den ICO-Hype 2017/2018,[76] Investoren mussten feststellen, dass die gemachten Versprechungen oft nicht eingehalten und am Ende viel Geld verbrannt wurde.

2022 war ein Jahr, das geprägt war von Katastrophen für den Markt und viele Tech-Visionen (somit nicht nur im Kryptomarkt) verdampften.[77] Seitdem die Notenbanken weltweit die Zinsen erhöhen, sind Tech-Werte und Digitalwährungen gleichermaßen von einem Abwärtstrend erfasst worden. Die Hiobsbotschaften schienen, insbesondere für den Kryptomarkt kaum ein Ende zu nehmen und kumulierten sicher im Versagen der Plattform FTX. Zuvor hat schon der Zusammenbruch von Terra USD und der damit verbundenen

[74] https://www.heise.de/news/Bitcoin-Boerse-Mt-Gox-sperrt-alle-Bitcoin-Abhebungen-2108053.html, eingesehen am 25.08.2023.

[75] https://www.faz.net/aktuell/finanzen/onecoin-skandal-ex-mann-von-kryptoqueen-vor-gericht-18868833.html, eingesehen am 25.08.2023.

[76] https://www.bafin.de/SharedDocs/Veroeffentlichungen/DE/Meldung/2017/meldung_171109_ICOs.html, eingesehen am 25.08.2023.

[77] Economist, Tech bubbles are bursting all over the place, Volume May 12th 2022, online version.

Kryptowährung LUNA zu heftigen Kurskorrekturen geführt. Hinter Terra Luna stand die Idee eines vollständig dezentralisierten, algorithmischen Stablecoins. Der Algorithmus dient als „Zentralbank“ und ist quasi Garant für die Währungsbindung und damit Stabilität.[78]

Hintergrund: im April 2022 machten zentralisierte StableCons (wie z. B. Tether) circa 80 % der Marktkapitalisierung des gesamten Stablecoin-Sektors aus. Terra Luna, mit dem dezentralen Ansatz, war da eine willkommene Erweiterung. Im Mai 2022 zerschellte Terra Luna auf spektakuläre Weise und ca. 20 Mrd. US-Dollar Marktkapitalisierung lösten sich in Luft auf.[79] Eine etwas ausführlichere Beschreibung zu Terra Luna ist im Anhang dieses Kapitels zu finden.

Als ob das nicht genug wäre, kollabierte im November 2022 die Plattform FTX. Sam Bankman-Fried (SBF) galt lange als Mischung aus Nerd und Genie. Seine Kryptobörse sollte laut eigenen Angaben die bestreguliertestе sein.

Bankman-Fried gründete 2017 zunächst die Handelsfirma Alameda Research, die ihr Geld mit so genannten Abitrage-Geschäften[80] machte. Im Mai 2019 gründete SBF dann die Kryptobörse FTX, eine Plattform für Kryptoderivate und andere Finanzprodukte. FTX konnte innerhalb von kurzer Zeit 900 Mio. US-Dollar Finanzierung bei einer Marktbewertung von 18 Mrd. US-Dollar erzielen, um seine Geschäftsidee weiter auszubauen.[81] Alameda Research wickelt einen großen Teil des täglichen FTX-Volumens ab.

Am 2. November 2022 wurde bekannt, dass es zu Unregelmäßigkeiten in der Bilanz von Alameda Research gekommen ist – und nun brach innerhalb von wenigen Tagen das Unternehmensnetz von SBF zusammen. In diesen 10 Tagen wurde ein Unternehmen mit einer Marktbewertung von rund 32 Mrd. US-Dollar und 10 Mrd. US-Dollar Kundengelder vernichtet.[82]

Abb. 7.3 zeigt die Ereignisse im November 2022, die zur Insolvenz von FTX geführt haben.

Und wie ist die Situation Ende August 2023? Noch immer ist zu erkennen, dass der Bitcoin weit entfernt von seinem Höchststand von knapp 60.000 € am 10. November 2021 ist.

---

[78] https://cvj.ch/fokus/hintergrund/der-einsturz-des-terra-luna-oekosystems-das-ende-fuer-algorithmische-stablecoins/, eingesehen am 25.08.2023.

[79] https://www.capital.de/geld-versicherungen/stablecoin-terra-crasht%2D%2Dwas-das-fuer-die-kryptoszene-bedeutet-31856016.html#:~:text=TerraUSD%20war%20vor%20dem%20Crash,1%20Dollar%20pro%20Coin%20liegt., eingesehen am 25.08.2023.

[80] Der Arbitragehandel ist eine Strategie, bei der ein Anleger eine beliebige Anlageklasse kauft mit dem Ziel, diese an einer anderen Börse mit Gewinn weiterzuverkaufen. Das sieht man bei klassischen Investments wie z. B. Aktien aber auch im Bereich von Kryptowährungen und weiteren Krypto-Assets.

[81] https://inside.com/campaigns/inside-tech-2021-07-21-28706/sections/243700, eingesehen am 25.08.2023.

[82] https://cvj.ch/fokus/hintergrund/ftx-dossier-skandal/, eingesehen am 26.08.2023.

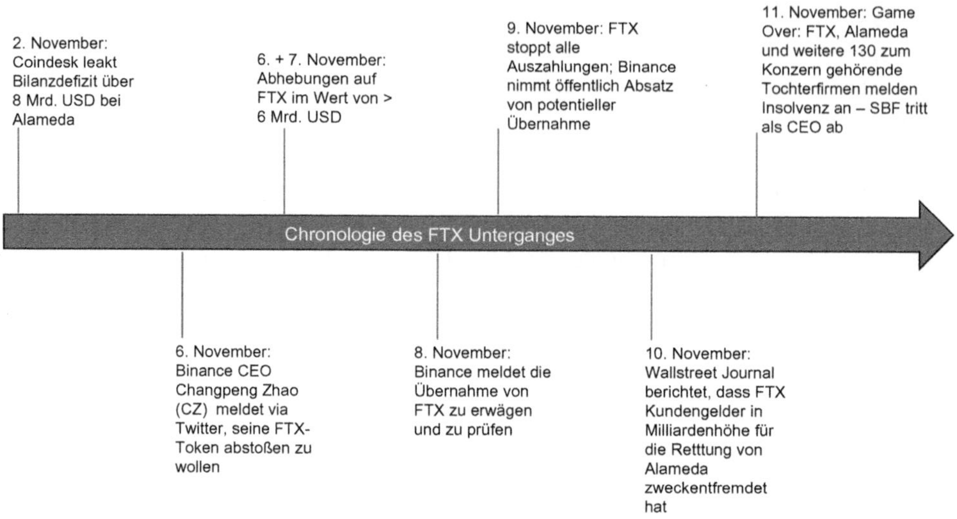

Abb. 7.3 Chronologie des FTX Unterganges

Der Kryptomarkt bleibt sehr volatil.[83] Mittlerweile haben wir Juni 2024 und der Bitcoin Kurs hat sich sehr positiv entwickelt. Begonnen hat diese Zunahme im vierten Quartal des Jahres 2023 und sein bisheriges Allzeithoch erreicht der Bitcoin Kurs am 13. April 2024 mit umgerechnet 67.289 €.[84]

Neben makroökonomische Effekte wie z. B. die Zinsentscheidungen der Amerikanischen Zentralbank wirken die eigenen Marktmechanismen auf Kryptowährungen.[85] Und sicher entwickelt sich der nächste Skandal auch in irgendeiner Form – doch man sollte das Kind nicht mit dem Bade ausschütten. Die Prüfung des Engagements in Kryptowährungen und Handelsplätzen gehört zum 1 × 1 des Investierens.

Anhang

Terra Luna -Steckbrief:

Stablecoin,

Token: UST, Stablecoin, orientiert sich am US-Dollar, wird stets bei 1 US-Dollar gehandelt

Ehemals Nr. 10 der Kryptowährungen, gemessen an der Marktkapitalisierung

---

[83] https://de.cryptonews.com/news/drei-bullische-on-chain-daten-fur-bitcoin-wahrend-sonik-550000-erreicht.htm, eingesehen am 26.08.2023.

[84] https://bisonapp.com/krypto/kurswerte/bitcoin/#:~:text=Es%20dauerte%20einige%20Wochen%2C%20bis,Stand%3A%201.05.24)., eingesehen am 23.06.2024.

[85] https://de.cryptonews.com/news/fed-vorsitzender-kommentiert-kommende-zinsstrategie-der-fed-das-bedeutet-dies-fur-bitcoin.htm, eingesehen am 26.08.2023.

Terra Luna ist ein algorithmischer, dezentraler Stablecoin, dessen Wert mit dem Proof-of-Stake Protokoll stabil gehalten wird, unabhängig von der Deckung der physischen Währung.[86] Ein Terra UST (Terra Luna Token) entspricht einem US-Dollar. Der Preis der Währung LUNA reagiert auf bestimmte Effekte im Markt und auf Angebot und Nachfrage.

Terra basiert auf einem Zwei-Token-System, genauer LUNA und terraUST, beide durch einen Algorithmus aneinander gekoppelt. Gemäß dem White Paper können Nutzer des Terra-Netzwerkes neue Stablecoins prägen, indem zuerst LUNA-Token verbrannt werden müssen, damit der Wert des jeweiligen Stablecoins steigt. Sinkt beispielsweise der Preis von terraUST unter einen Dollar, dann bekommen User attraktive Angebote, um Terra USD zu liquidieren und neue LUNA Token zu prägen. Sowie der Anreiz wirkt und sich eine höhere Nachfrage einstellt, pendelt sich auch der Wert von Stablecoin terraUST wieder um einen US-Dollar ein.

Solange alle Anleger an diese Bindung geglaubt haben, war das Ökosystem auf Terra Luna und die Nachfrage nach terraUST gut. Offenbar aber wurden Schattenspieler-Tricks genutzt. Angenommen, 1 UST entspricht 0,98 US-Dollar, dann fehlen 0,02 US-Dollar, um das versprochene Gleichgewicht von 1 Terra UST = 1 US-Dollar herzustellen. Anleger haben für 0,98 US-Dollar das Versprechen erhalten, einen Terra UST als Gegenwert zu bekommen. Für Arbitrageure winkt nun ein Geschäft, denn sie machen mit jedem UST 0,02 US-Dollar Gewinn, wenn sie den Stablecoin UST in Dollars umtauschen. Umgekehrt ist der UST im Wert höher als 1 US-Dollar, dann wandeln Arbitrageure LUNA im Wert von 1 US-Dollar in 1 UST und machen wieder ihren Gewinn mit der Differenz.

Umstrukturierungen im Protokoll, Angriffe von Short Sellern, die auf einen Wertverlust von LUNA wetteten und Renditeversprechen von 20 % auf der Anchor-Plattform verursachten dann den Zusammenbruch. Am 8. Mai 2022 lag der Wert von UST erstmals bei 0,95 US-Dollar, um am 09. Mai weiter auf bis zu 0,35 US-Dollar abzusinken. Am 12. Mai kollabierte LUNA, der Preis fiel unter 0,10 US-Dollar und der Handel an den Kryptobörsen wurde ausgesetzt.[87]

Literatur

Branchenstudie. 2021. *Studie zur Tokenisierung von Immobilien, Wie die Blockchain-Technologie den Immobilienmarkt revolutioniert*, Hrsg. Hamburg Commercial Bank und Frankfurt School Blockchain Center. Hamburg.

Bundesministerium für Finanzen. April 2023. *Monatsbericht des BMF, Analysen und Berichte, Digitales Zentralbankgeld und der digitale Euro*. Singapure.

Dünser, Thomas. 2022. *Stable Money, Was wir von Bitcoin, Libra und Co. lernen können*, 3., leicht überarb. Ausgabe. Noderstedt: BoD.

Economist. *Tech bubbles are bursting all over the place*, Volume May 12th 2022, online Version.

Elrom, Elad. 2019. *The blockchain developer*. New York: Apress.

[86] Terra Luna White Paper, S. 1.

[87] https://www.cryptopolitan.com/de/was-ist-mit-terra-luna-passiert-/, eingesehen am 26.08.2023.

Gondring, Hanspeter. 2009. *Immobilienwirtschaft, Handbuch für Studium und Praxis*, 2., vollst. überarb. Aufl. München: Franz Vahlen.

Kereiakes, Evan, Do Kwon, Marco Di Maggio, und Nicholas Platias. 2019. *Terra money, stability and adoption*. White Paper.

Kurt, Lidia, und Domenic Kurt. 2022. *Digitale Assets & Tokenisierung, Grundlagen umfassend verstehen*. Wiesbaden: Springer Gabler.

Proposal for a Regulation of the European Parliament and of the Council on the establishment of the digitale euro (55), nachzulesen unter. https://eur-lex.europa.eu/legal-content/EN/TXT/?uri=CELEX:52023PC0369

Tadge, Priti, et al. 2021. Blockchain and artificial intelligence technology in e-Health. *Environmental Science and Pollution Research*: 52810–52831. https://doi.org/10.1007/s11356-021-16223-0.

Taylor, Paul J., et al. 2020. A systematic literature review of blockchain cyber security. *Digital Communication and Networks* 6(2): 147–156.

Wyman, Oliver, und JP Morgan. 2021. *Unlocking $120 Billion Value in Cross-Border Payments, How banks can leverage central bank digital currencies for corporates*; copyright: Oliver Wyman and JPMorgan Chase & CO. All Rights Reserved.

Online

AI Multiple Research. 2023. AI in Supply Chain. https://research.aimultiple.com/supply-chain-ai/. Zugegriffen am 10.05.2024.

Bank for International Settlements. 2023. BIS Innovation Hub work in central bank digital currency (CBDC). https://www.bis.org/about/bisih/topics/cbdc.htm. Zugegriffen am 10.05.2024.

Börse Stuttgart; Bison App. 2024. Bitcoin Kurs live. https://bisonapp.com/krypto/kurswerte/bitcoin/#:~:text=Es%20dauerte%20einige%20Wochen%2C%20bis,Stand%3A%201.05.24. Zugegriffen am 23.06.2024.

Bundesamt für Sicherheit in der Informationstechnik. 2023. Künstliche Intelligenz – Wir bringen Ihnen die Technologie näher. https://www.bsi.bund.de/DE/Themen/Verbraucherinnen-und-Verbraucher/Informationen-und-Empfehlungen/Technologien_sicher_gestalten/Kuenstliche-Intelligenz/kuenstliche-intelligenz_node.html. Zugegriffen am 10.05.2024.

Bundesanstalt für Finanzdienstleistungsaufsicht. 2017. Verbraucherwarnung: Risiken von Initial Coin Offerings (ICOs). https://www.bafin.de/SharedDocs/Veroeffentlichungen/DE/Meldung/2017/meldung_171109_ICOs.html. Zugegriffen am 10.05.2024.

Bundesliga. 2023. Topps Kickoff – 22/23 Bundesliga-NFT-Karten: Herausragende Höhenpunkte der laufenden Saison. https://www.bundesliga.com/de/bundesliga/news/topps-kick-off-22-23-bundesliga-nft-karten-hohepunkte-saison-21424. Zugegriffen am 10.05.2024.

Bundesverband deutscher Banken. 2023. Der digitale „Bürger-Euro" braucht das Vertrauen der Menschen. https://bankenverband.de/digitaler-euro/der-digitale-buerger-euro-braucht-das-vertrauen-der-menschen/. Zugegriffen am 10.05.2024.

Bundesverband Investment und Asset Management e.V. 2023. Fokus Portfoliomanagement. https://www.bvi.de/fileadmin/user_upload/Statistik/Research/Fokus_Portfoliomanagement.pdf. Zugegriffen am 10.05.2024.

Capital. 2022. Crash eines Stablecoins: Was die Terra-Krise für die Kryptoszene bedeutet. https://www.capital.de/geld-versicherungen/stablecoin-terra-crasht%2D%2Dwas-das-fuer-die-kryptoszene-bedeutet-31856016.html#:~:text=TerraUSD%20war%20vor%20dem%20Crash,1%20Dollar%20pro%20Coin%20liegt. Zugegriffen am 10.05.2024.

ChatGPT. 2023. ChatGPT Deutsch. https://chatgpt.ch. Zugegriffen am 10.05.2024.

China Securities Journal. 2023. Als Branchenneuheit übernimmt Soochow Securities die Führung bei der Einführung digitaler RMB-Anwendungen im Wertpapierbereich. https://www.cs.com.cn/qs/202301/t20230116_6319196.html. Zugegriffen am 10.05.2024.

China.org. 2022. Digital silk road enables full utilization of physical BRI. http://www.china.org.cn/opinion/2022-01/11/content_77982822.htm. Zugegriffen am 10.05.2024.

Christie's. 2021. Beeple first 5000 days. https://onlineonly.christies.com/s/beeple-first-5000-days/beeple-b-1981-1/112924. Zugegriffen am 10.05.2024.

CNBC. 2021. Millionaire artist Beeple: Thias is the very important thing 'I think people don't understand' about buying NFTs. https://www.cnbc.com/2021/03/26/digital-artist-beeple-common-misunderstanding-about-nfts.html. Zugegriffen am 10.05.2024.

———. 2022. China has been quietly building a blockchain platform. Here's what we know. https://www.cnbc.com/2022/05/16/china-blockchain-explainer-what-is-bsn-.html. Zugegriffen am 10.05.2024.

Crypto Monday. 2023. Digitaler Yuan: Transaktionen erreichen 10 Mrd. $. https://cryptomonday.de/news/2021/11/05/digitaler-yuan-transaktionen-erreichen-10-mrd/. Zugegriffen am 10.05.2024.

Crypto Valley Journal. 2022a. FTX Dossier – Eine Übersicht zum Skandal. https://cvj.ch/fokus/hintergrund/ftx-dossier-skandal/. Zugegriffen am 10.05.2024.

———. 2022b. Der Einsturz des Terra Luna Ökosystems und dessen Konsequenzen. https://cvj.ch/fokus/hintergrund/der-einsturz-des-terra-luna-oekosystems-das-ende-fuer-algorithmische-stablecoins/. Zugegriffen am 10.05.2024.

Cryptonews. 2023a. Drei bullische On-Chain-Daten für Bitcoin, während SONIK 550.000 $ erreicht. https://de.cryptonews.com/news/drei-bullische-on-chain-daten-fur-bitcoin-wahrend-sonik-550000-erreicht.htm. Zugegriffen am 10.05.2024.

———. 2023b. Fed-Vorsitzender kommentiert kommende Zinsstrategie der FED – das bedeutet dies für Bitcoin. https://de.cryptonews.com/news/fed-vorsitzender-kommentiert-kommende-zinsstrategie-der-fed-das-bedeutet-dies-fur-bitcoin.htm. Zugegriffen am 10.05.2024.

Cryptopolitan. 2023. Quo Vadis, Terra Luna? (Vor und nach dem Absturz). https://www.cryptopolitan.com/de/was-ist-mit-terra-luna-passiert-/. Zugegriffen am 10.05.2024.

Deutschlandfunk. 2019. Kryptowährung Libra. Warnung vor Facebooks digitalem Geld. https://www.deutschlandfunk.de/kryptowaehrung-libra-warnung-vor-facebooks-digitalem-geld-100.html. Zugegriffen am 10.05.2024.

Digital Currency Initiative. 2023. cbdc | central bank digital currency. https://dci.mit.edu/cbdc-central-bank-digital-currency. Zugegriffen am 10.05.2024.

ECNY Digital Yuan. 2023. About E-CNY currency. https://ecnydigitalyuan.com/about-e-cny-currency/. Zugegriffen am 10.05.2024.

ECNY Wallet. 2023. Digital Yuan ECNY Wallet. https://ecnydigitalyuan.com/ecny-wallet/. Zugegriffen am 10.05.2024.

Einstein1 – digitales Gründerzentrum. 2023. Chat GPT: Das revolutionäre Sprachverarbeitungstool von Open AI. https://www.einstein1.net/chat-gpt/. Zugegriffen am 10.05.2024.

Ethereum. 2023. ERC-721 Nicht-fungibler Token-Standard. https://ethereum.org/de/developers/docs/standards/tokens/erc-721/#:~:text=Der%20ERC%2D721%20(Ethereum%20Request,innerhalb%20von%20Smart%20Contracts%20implementiert. Zugegriffen am 10.05.2024.

Europäische Kommission. 2023. eIDAS-Verordnung. https://digital-strategy.ec.europa.eu/de/policies/eidas-regulation. Zugegriffen am 10.05.2024.

Europäische Zentralbank. 2022. Argumente für einen digitalen Euro: Hauptziele und Gestaltungsaspekte. https://www.ecb.europa.eu/pub/pdf/other/key_objectives_digital_euro~f11592d6fb.de.pdf. Zugegriffen am 10.05.2024.

European Central Bank. 2022. The case for a digital euro: key objectives and design considerations. https://www.ecb.europa.eu/pub/pdf/other/key_objectives_digital_euro~f11592d6fb.en.pdf. Zugegriffen am 10.05.2024.

European Data Protection Board. 2022. EDPB adopts "wish list" of procedural aspects, first EU data protection seal and a statement on digital euro. https://edpb.europa.eu/news/news/2022/edpb-adopts-wish-list-procedural-aspects-first-eu-data-protection-seal-and-statement_en. Zugegriffen am 10.05.2024.

Forkast. 2022. PSG sells US$220,000 NFT tickets for first Japan tour in 27 years. https://forkast.news/headlines/psg-nft-tickets-first-japan-tour-27-years/. Zugegriffen am 10.05.2024.

Frankfurter Allgemeine. 2023. Ex-Mann von Krypto-Queen vor Gericht. https://www.faz.net/aktuell/finanzen/onecoin-skandal-ex-mann-von-kryptoqueen-vor-gericht-18868833.html. Zugegriffen am 10.05.2024.

Friedrich Naumann Stiftung. 2023. Der digitale Euro: Eine wichtige Ergänzung zum Bargeld. https://www.freiheit.org/de/deutschland/der-digitale-euro-eine-wichtige-ergaenzung-zum-bargeld. Zugegriffen am 10.05.2024.

Heise Online. 2014. Bitcoin-Börse Mt. Gox sperrt alle Bitcoin-Abhebungen. https://www.heise.de/news/Bitcoin-Boerse-Mt-Gox-sperrt-alle-Bitcoin-Abhebungen-2108053.html. Zugegriffen am 10.05.2024.

IHK Reutlingen. 2023. Urheberrecht und Datenschutz bei Chat GPT. https://www.reutlingen.ihk.de/service/service-themen/urheberrecht-und-datenschutz-bei-chat-gpt/. Zugegriffen am 10.05.2024.

International Institute for Strategic Studies. 2022. The Digital Silk Road: Introduction. https://www.iiss.org/de-DE/online-analysis/online-analysis/2022/12/digital-silk-road-introduction/. Zugegriffen am 10.05.2024.

NChain. 2022. Account vs token-based CBDC. https://nchain.com/account-vs-token-based-cbdc/. Zugegriffen am 10.05.2024.

Netzpolitik. 2023. Expert:innen warnen vor Überwachungspotential. https://netzpolitik.org/2023/digitaler-euro-expertinnen-warnen-vor-ueberwachungspotential/#:~:text=Grundsätzlich%20will%20die%20EU%2DKommission,EZB)%20bei%203.000%20Euro%20liegen. Zugegriffen am 10.05.2024.

Opensea. 2023. Landingpage. https://opensea.io. Zugegriffen am 10.05.2024.

Riksbank. 2017. The Riksbank' e-krona project, Action plan for 2018. https://www.riksbank.se/globalassets/media/rapporter/e-krona/2017/handlingsplan_ekrona_171221_eng.pdf. Zugegriffen am 10.05.2024.

———. 2023. E-Krona. https://www.riksbank.se/en-gb/payments%2D%2Dcash/e-krona/. Zugegriffen am 10.05.2024.

Ripple. 2023. CBDCs and Stablecoins. Accelerate payments and reduce costs. https://ripple.com/solutions/central-bank-digital-currency/. Zugegriffen am 10.05.2024.

T3. 2022. Indien führt die digitale Rupie ein – und erhebt hohe Steuer. https://t3n.de/news/indien-fuehrt-digitale-rupie-ein-kryptowaehrung-steuer-1448467/. Zugegriffen am 10.05.2024.

The Atlantic. 2022. NFTs weren#t supposed to end like this. https://www.theatlantic.com/ideas/archive/2021/04/nfts-werent-supposed-end-like/618488/. Zugegriffen am 10.05.2024.

Verbraucherzentrale. 2023. Offene Immobilienfonds: eine langfristige sichere Anlage? https://www.verbraucherzentrale.de/wissen/geld-versicherungen/sparen-und-anlegen/offene-immobilienfonds-eine-langfristig-sichere-anlage-11429. Zugegriffen am 10.05.2024.

Yicai Global. 2023. E-Yuan App adds Payment function for when mobiles are offline, out of power. https://www.yicaiglobal.com/news/e-yuan-app-adds-payment-function-for-when-mobiles-are-offline-out-of-power. Zugegriffen am 10.05.2024.

Mögliche Szenarien für KMUs

8

Zusammenfassung

Für Klein- und Mittelstandsunternehmen ermöglicht das Entwickeln der passenden Anwendungsstrategie die Beantwortung einer Vielzahl an typischen Fragen: Zu welchem Zweck wollen wir und mit Kryptowährungen auseinandersetzen? Wollen wir diese zukünftig annehmen können oder nicht? Wird die potenzielle Annahme von Kryptowährungen unser Image beeinflussen? Wenn ja, wie? Welche Risiken gehen wir als Unternehmen ein? Dieses Kapitel greift mögliche Szenarien auf, um diese (und evtl. weitere) Fragen näher zu beleuchten.

Insbesondere für Klein- und Mittelstandsunternehmen ist es eine Herausforderung, sich neben dem operativen Tagesgeschäft auch zukunftsorientierten und damit strategischen Themen hinreichend zu widmen. Bevor an den Einsatz von Kryptowährungen im eigenen Unternehmen, sei es als Herausgeber eigener Token oder auch „nur" als weiteres Zahlungsmittel, gedacht werden kann, sollten die Erwartungen mit der strategischen Ausrichtung abgeglichen werden. Die Annahme, durch die Ausgabe eines eigenen Token oder das Akzeptieren von Kryptowährungen zu einem coolen Unternehmen zu werden, das auf einen Schlag nun zusätzlich völlig neue Kunden bekommt, greift potenziell zu kurz.

8.1 Vorüberlegungen

Die Gründe, sich mit Kryptowährungen auseinanderzusetzen, sind in den vorherigen Kapiteln ausführlich beschrieben worden. Erkennbar ist jedoch, dass Kryptowährungen keine stabilen Währungen wie beispielsweise der Euro oder der Dollar sind. Aufgrund ihrer ex-

K. Krüger, *Tokenisierung als Finanzierungsform*, https://doi.org/10.1007/978-3-658-46340-3_8

tremen Volatilität sind sie sehr hohen Preisschwankungen ausgesetzt. Hinderlich ist ebenfalls das zum Teil begrenzte Transaktionsvolumen einzelner Blockchains – auch wenn dieses in absehbarer Zeit überwunden sein wird. All das führt jedoch zu Vorbehalten bei der Integration bzw. dazu, dass viele Unternehmen und Händler noch immer Kryptowährungen nicht als Zahlungsmittel akzeptieren.[1]

Außerdem läuft der Zahlungsverkehr reibungslos im Hintergrund. Warum sollten sich Unternehmen mit digitalen Währungen auseinandersetzen, zumal der traditionelle Zahlungsverkehr elektronisch abgewickelt wird? Wertschriften werden den Bankkunden per Buchung über ihre Depot- und Kontoauszüge bestätigt. Mittlerweile werden diese nur noch auf Wunsch dem Kunden auf Papier ausgestellt und der gesamte Zahlungsverkehr verläuft elektronisch. Aber, diese Guthaben auf den Bankkonten stellen lediglich einen Anspruch gegenüber der Bank dar (vgl. Abschn. 7.1.1).

Dennoch verweist die Autorin auf die Notwendigkeit, sich mit der Frage auseinander zu setzen, inwieweit das eigene Geschäftsmodell schon heute in der Lage ist, digitale Währungen anzunehmen und darüber hinaus, sich auf dem digitalen Finanzmarkt neue Finanzierungsquellen zu erschließen. Um passende Antworten entwickeln zu können, wird eine Digitalstrategie als ganzheitliche Ausrichtung im Unternehmen notwendig sein. Schallmo/Williams heben in diesem Zusammenhang hervor, dass neben der übergeordneten, ganzheitlichen Digitalstrategie der digitalen Transformation ebenso Aufmerksamkeit geschenkt werden muss wie der eigentlichen Umsetzung der Strategie.[2]

Es ist sichtbar geworden, dass Kryptowährungen zwar einerseits höchst volatil sind, andererseits jedoch in gewisser Weise in den Wirtschaftsalltag integriert werden (siehe CBDCs). Daher kann es für jedes Unternehmen nicht mehr die Frage sein, ob man sich mit damit beschäftigt, sondern es sollte vielmehr die Überlegung im Vordergrund stehen, wie dieser Teil der digitalen Transformation in das eigene Unternehmen eingebunden werden kann.

Der „Familie" der Reifegradmodelle ist durch das *Capability Maturity Model Integration* (CMMI) ein Rahmen gegeben, nachdem Unternehmen für unterschiedliche Anwendungsgebiete (von Software-Entwicklung bis hin zu Serviceerbringung) den Istzustand bewerten und darauf basierend Perspektiven entwickeln können (vgl. Abb. 8.1).[3]

Neben der Bewertung der Fähigkeitsgrade einzelner Prozessgebiete definiert CMMI auch Reifegrade ein Stufenmodell. Dabei umfasst ein Reifegrad eine Gruppe von Prozessgebieten, die mit dem entsprechenden Fähigkeitsgrad für diesen Reifegrad etabliert sein

---

[1] Hammond und Ehret (2022), S. 15 in Thomson Reuters (Hrsg.).

[2] Schallmo und Williams (2023), S. 10/11 in Schallmo et al. (Hrsg.).

[3] https://cmmiinstitute.com, eingesehen am 05.07.2023.

Das CMMI Institute und der Berufsverband für IT-Prüfer ISACA prüfen und ergänzen das CMMI-Modell (letztes Update im April 2023).

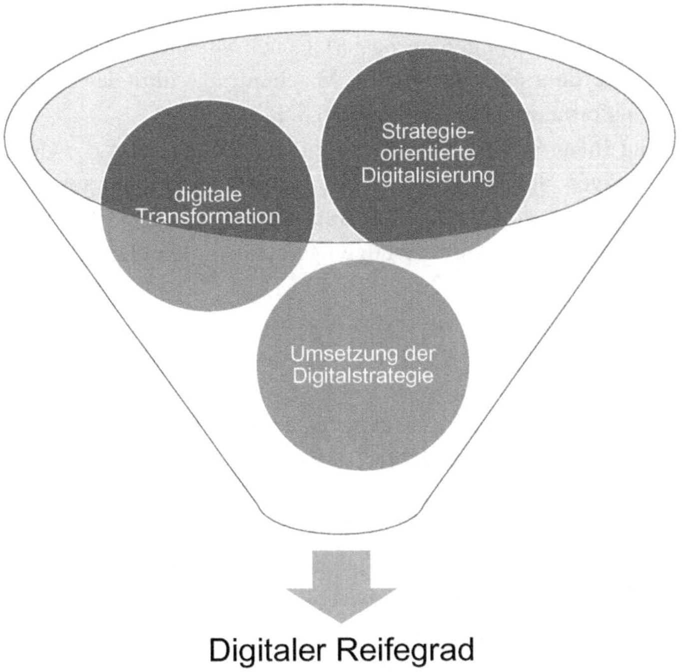

Abb. 8.1 Komponenten des digitalen Reifegrades des Unternehmens (in Anlehnung an Schallmo/Williams)

müssen. Jeder Reifegrad stellt eine Stufe der organisatorischen Prozessverbesserung dar. CMMI bietet daher eine Orientierungshilfe für Verbesserungsmaßnahmen, in dem es die Priorisierung der Prozessgebiete unterstützt. In diesem Zusammenhang sind folgende Reifegradstufen festgelegt:[4]

- Anfangsstufe 0 (Initial): Hier sind keine spezifischen Anforderungen gestellt und jede Organisation befindet sich automatisch auf dieser Reifegradstufe
- Stufe 1 (Performed): Projekte werden geleitet und die fachlichen Ziele werden erreicht; erkennbare Muster können auch in ähnlichen Projekten wiederholt werden und somit zu ähnlichen Ergebnissen führen
- Stufe 2 (Managed): Projekte werden geplant, durchgeführt und kontrolliert gemäß den Unternehmensvorgaben
- Stufe 3 (Defined): Projekte werden gemäß eines angepassten Standardprozesses und Best Practices durchgeführt und es gibt eine organisationsweite kontinuierliche Prozesssteuerung und -verbesserung

[4] Chaudhary und Chopra (2017), S. 10, 11.

Die Reifegrade sind in allen CMMI-Modellen grundsätzlich gleich, aber die Zuordnung der Prozessgebiete zu den Reifegraden variiert je nach Modell.[5] Für die digitale Reife kann festgehalten werden, dass es sich um eine Mischung aus digitaler Kompetenz und der Intensität des Transformationsmanagement handelt.[6]

Es geht um die Integration der Idee des digitalen Zeitalters in die Geschäftsmodelle. Die Idee des bisherigen elektronischen Zeitalters reicht nicht mehr aus, um wettbewerbsfähig im Markt agieren zu können. Die Integrationsfähigkeit des IT-Systems im Unternehmen muss den neu definierten Anforderungen gerecht werden können.

8.2 Vorgehensweise

An dieser Stelle soll noch einmal der Unterschied zwischen „Digitalisierung" und „Digitale Transformation" aufgegriffen werden. Im anglo-sächsischen Raum wird stets zwischen den beiden Begriffen differenziert, während wir im deutschsprachigen Raum dazu neigen, diese Begriffe zu vermengen.[7] Die digitale Transformation ist die umfassende Integration digitaler Technologien in alle Aspekte eines Unternehmens mit dem Ziel, Innovationen voranzutreiben und einen Wettbewerbsvorteil zu erlangen.

Digitalisierung verändert die Form, wie etwas nutzbar gemacht wird. Beispielsweise werden die Kontoauszüge nicht mehr auf Papier gedruckt, sondern können als digitale Datei gespeichert und einfacher zugänglich gemacht werden (nun kann die Steuerberaterin die Informationen schneller vom Buchhalter abrufen und entsprechend mit der Datei „arbeiten"). Transformiert wurde hier demnach nur die Handhabung. Digitale Transformation ist aber weitreichender, da mit ihr die bestehenden Prozesse auf ein neues Level gehoben werden und sich das Objekt verändert.

Dies bedarf eines umfassenden Fachwissens über die bestehenden Prozesse im Unternehmen sowie einer „Idee", in welche Richtung diese Umwandlung erfolgen soll. Dieses steht nicht im luftleeren Raum, sondern man wird immer kommunikative als auch iterative Ebenen benötigen, um festzulegen, wie digitale Technologien innerhalb ihrer Möglichkeiten genutzt werden, um die eigenen (Unternehmens-)Bedürfnisse abzudecken.[8]

---

[5] Glaser (2022) hat ab S. 290 eine gute Checkliste mit Leitfragen aufgeführt, um sich und das eigene Unternehmen hinsichtlich des Reifegrades zu (über-)prüfen.

[6] Glaser (2022), S. 281.

[7] Im anglo-sächsischen Raum spricht man von „digitization" und „digitalization" und gemeint ist einerseits die Umwandlung physischer Informationen in digitale Formate (digitization), während sich Digitalisierung auf die Nutzung digitaler Technologien zur Verbesserung von Geschäftsabläufen und zur Schaffung neuer Werte für Kunden bezieht.

[8] Friesike und Sprondel (2022), S. 12.

8.2.1 Strategie

Strategische Entscheidungen orientieren sich u. a. an der Vision, die ein Unternehmen für sich entwickelt hat. Eine Vision unterstützt die Transformation. Pertlwieser fügt hinzu, dass „Neugierde, Mut und kontrollierte Risikobereitschaft" die Zutaten sind, mit denen die Weiterentwicklung von Unternehmen gelingen wird.[9]

Aus Sicht der Autorin stehen zwei mögliche Szenarien im Raum: einerseits die strategische Frage, ob ein Unternehmen sich über die neuen Kryptomärkte Finanzmittel beschaffen möchte, und zu diesem Zwecke einen eigenen Token erzeugt. Oder, andererseits, ob die Notwendigkeit im Unternehmen besteht, digitale Währungen jeder Art anzunehmen. Mit der Einführung eines digitalen Euros durch die Europäische Zentralbank sind Unternehmen aufgefordert, diesen Euro als offizielles Zahlungsmittel zu akzeptieren. Auch wenn es bis zu einer Einführung noch dauert, sollten zeitnah die generellen Aspekte im Unternehmen überlegt und die strategische Ausrichtung (gegebenenfalls) angepasst werden.

Abb. 8.2 zeigt die Wechselwirkungen der strategischen Überlegungen, denn die eigene Strategie muss auch immer im Kontext zu makroökonomischen Strömungen und dem Mikroumfeld des Unternehmens passen. Während zur makroökonomischen Ebene übergeordnete Aspekte wie beispielsweise die Einführung eines digitalen Euros durch die EZB, Zins- und Inflationsentwicklungen, Arbeitsmarktdaten etc. gehören, werden auf der mikroökonomischen Ebene das Unternehmen innerhalb seiner Branche, die Wettbewerbssituation innerhalb der Branche, Entwicklungen bei Zulieferern und die Erwartungen der Kunden eine große Rolle spielen.

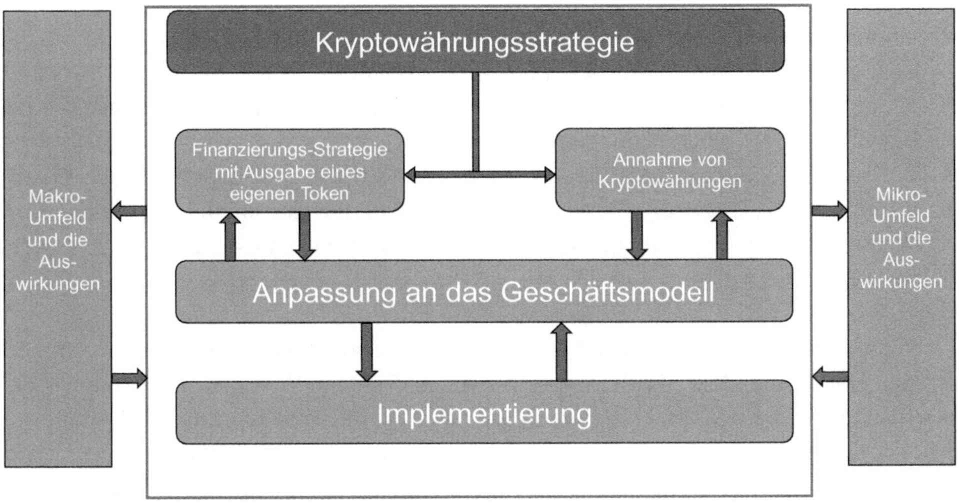

Abb. 8.2 Strategische Überlegungen zur Ausrichtung

[9] Pertlwieser (2022), S. 165.

Treiber der Kryptowährungsstrategie ist die Vision des Unternehmens. Zusätzlich werden die Mission, die allgemeinen strategischen Ziele und Ausrichtung des Unternehmens mitsamt den Erfolgsfaktoren, das Werteverständnis des Unternehmens sowie der in diesem Fall konkrete Anwendungsfall mit dem dahinter liegenden Zweck zu analysieren und zu bewerten sein.

Unabhängig davon, ob man sich strategisch zuerst mit der Annahme von digitalen Währungen nähert oder den Ansatz über das Herausgeben eines eigenen Token anstrebt, das Geschäftsmodell muss entsprechend angepasst werden. Strategisch stellt sich hier die Frage, ob man gegebenenfalls den Einstieg zunächst über einen Bereich innerhalb des gesamten Geschäftsmodells und der Produkt -/Serviceausrichtung erwägt, um aus den gemachten Erfahrungen zu lernen. Das könnte bedeuten, dass man entweder „nur" für eine überschaubare Anzahl an Produkten/Dienstleistungen die erweiterte Zahlungsoption „Kryptowährung" anbietet oder als Ergänzung zu einem Produkt/Dienstleistungen ein Token-Modell mit all den Facetten entwickelt. Es wird Wechselwirkungen geben, denn die Rückkopplungen aus den gemachten Erfahrungen helfen bei der strategischen Weiterentwicklung.

Wie immer wird die größte Herausforderung in der Implementierung der Strategie liegen. Dies umfasst die technische Umsetzung ebenso wie die Anpassung der Organisation und das Vorhandensein der notwendigen Fähigkeiten im Unternehmen (IT-Skills, ebenso Kryptowissen und das Wissen um finanzielle Zusammenhänge). Zusätzlich kann daraus das Erfordernis entstehen, auch die Unternehmenskultur anzupassen.[10]

Der Fokus bei alldem wird auf der eigenen Wertschöpfungskette liegen. Aspekte, wie die nachfolgend genannten, können dabei von Bedeutung sein:

- Interoperabilität für nahtlose Zusammenarbeit unterschiedlicher Zahlungsdienste und Dienstleister in digitalen Wertschöpfungsnetzwerken
- Vernetzte Produktionssysteme, die über die vielfältigen Zahlungsmöglichkeiten den Gewinn von Neukunden ermöglichen.
- Unternehmensübergreifende Vernetzungen innerhalb und außerhalb der Branche.
- Erfüllung des „Purposes": Unterstützt die Orientierung auf digitale Währungen mit allen ihren Facetten die Identifikation des Unternehmens und stärkt dieses die eigene Wertschöpfung.

Auch sollte gerade in Bezug auf die digitale Transformation strategisches Zusammenarbeiten (auch mit dem Wettbewerber) erwogen werden. Viele der existierenden Geschäftsmodelle werden zukünftig weniger erfolgversprechend sein, da die Komplexität und die Anforderungen schlicht steigen. Zu überlegen ist, wie man den Open Source Ansatz in seine eigene Ausrichtung einbinden kann. Open Source bedeutet, dass jedes Unternehmen auf Basis der verfügbaren, öffentlich zur Verfügung gestellten Software sein Busi-

[10] Schallmo und Williams (2023), S. 10/11 in Schallmo et al. (Hrsg.).

ness Modell weiterentwickeln kann – der Oberbegriff umfasst die methodischen, produktionstechnischen und geschäftlichen Aspekte der „freien“ Software.[11]

Weitere Gründe sprechen für die Zusammenarbeit in einem dynamischen, transformativen Umfeld:[12]

- Erweiterter Kontext: Durch die Zusammenarbeit auf horizontaler oder vertikaler Ebene erweitert sich der Bezugsrahmen und man kann voneinander lernen. Ideen befruchten sich gegenseitig, wenn Teams aus unterschiedlichen Unternehmen nach Lösungen suchen.
- Überwindung der kognitiven Grenzen: Gemäß der kognitiven Belastungstheorie[13] ist die Arbeitsgedächtnisressource begrenzt. Bei einem komplexen Projekt oder einer komplexen Mission benötigt man andere, die mitdenken. Innerhalb einer Gruppe kann man sich auf Teilaspekte fokussieren, um diese Teilaspekte später zum großen Ganzen zusammenzufügen. Auch das ermöglicht bessere Erfolge.
- Kreativität und Innovation brauchen Gemeinschaft: Um etwas Nützliches zu schaffen, müssen Sie mit anderen zusammenarbeiten und Unterstützung und Akzeptanz gewinnen. Zusammenarbeit ist entscheidend für den Erfolg jeder ehrgeizigen Idee.

Man muss jedoch nicht jedes Mal das Rad neu erfinden, sondern bestehende Punkte/bestehendes Wissen verbinden, um Neues zu schaffen. Ben Hecht hat in seinem Aufsatz in der Harvard Business Review auf die Vorbehalte, aber auch auf die enthaltenen positiven Aspekte hingewiesen, die Entscheider und Organisationen gleichermaßen dazu bringen, die Limitierung individueller Bemühungen zu überwinden.[14] Apples App Store zeigt beispielhaft, wie die Zusammenarbeit funktionieren kann: Die Mehrheit der auf dem App Store angebotenen Anwendungen stammt nicht von Apple direkt, sondern wird von Dritten angeboten (die dafür eine Mitgliedschaft mit Apple gegen Gebühr eingehen und zusätzlich noch eine Provision an Apple zu zahlen haben, wenn das eigene Produkt oder die Dienstleistung über den App Store von einem Nutzer erworben wird[15]).[16]

Auch und gerade auf der strategischen Ebene müssen Fragen nach den rechtlichen Anforderungen gestellt werden. Einerseits sind bestehende gesetzliche Auflagen und Vorgaben einzuhalten, andererseits müssen sich abzeichnende, neue Ansätze ins Konzept eingearbeitet werden, um die Folgen frühzeitig abschätzen zu können.

Nachdem die strategischen Ansätze erläutert worden sind, die Unternehmensleitung den Pfad entwickelt und vorgibt, soll die ausübende, operative Ebene beleuchtet werden.

---

[11] https://www.redhat.com/de/topics/open-source/what-is-open-source, eingesehen am 01.09.2023.

[12] Pertlwieser (2022), S. 139, 169.

[13] Sweller (1994), S. 303.

[14] Hecht (2013): Collaboration is the new competition, https://hbr.org/2013/01/collaboration-is-the-new-compe, eingesehen am 29.08.2023.

[15] https://applaunch.io/blog/app-store-kosten-veroeffentlichen/, eingesehen am 31.08.2023.

[16] https://www.heise.de/news/App-Store-Apple-veroeffentlicht-ersten-Transparenzbericht-9061871.html, eingesehen am 01.09.2023.

8.2.2 Operative Ebene/Umsetzung

Es handelt sich im Grunde genommen um zwei Optionen, die operativ umzusetzen sind: einerseits die Ausgabe eines eigenen Token und andererseits die Ausweitung der zu akzeptierenden Zahlungsmittel um Kryptowährungen. Da die Token-Emission schon in Kap. 4 eingehend besprochen worden ist, liegt nachfolgend der Fokus auf dem Prozess der Annahme von Kryptowährungen liegen. Für beide Optionen gilt gleichermaßen zu berücksichtigen, welche Auswirkungen diese auf das bestehende Geschäftsmodell haben und in welches (IT-)Umfeld die neu zu definierenden Anforderungen kommen. Daher sollten für beide Alternativen Kunden, Lieferanten, Mitarbeiter und die eigene IT-Infrastruktur auf die erweiterte Ausrichtung überprüft werden (vgl. Abb. 8.3).

Die Ebene eins ist unter Abschn. 8.2.1 besprochen worden. Die Ebene zwei fokussiert sich auf die strategisch taktische Ausrichtung und die dazugehörige Umsetzung. Wer ist von der Strategie betroffen? Mit welchen Auswirkungen ist zu rechnen? Auf der dritten Ebene steht die Umsetzung im Fokus. Mit welchen Software-Programmen lassen sich die Ziele erreichen? Welche internen Voraussetzungen müssen geschaffen werden, um das Ziel (siehe Ebene 1) zu erreichen? Kryptowährungen, und ganz besonders Bitcoin, werden mittlerweile schon von vielen Unternehmen als Zahlungsmittel akzeptiert (u. a. Microsoft, Paypal, AT&T, Mastercard, Sotheby's etc.).[17]

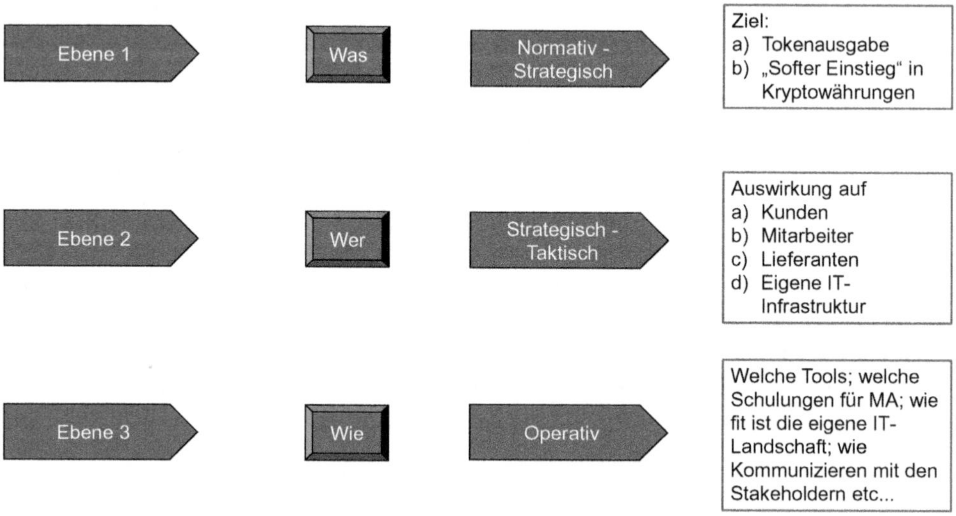

Abb. 8.3 Generelle Herangehensweise Krypto-Strategie

[17] https://cryptomonday.de/krypto/ressourcen/bei-diesen-firmen-kann-man-im-jahr-2022-mit-bitcoin-bezahlen/, eingesehen am 01.09.2023.

Beginnen werden wir mit der strategischen Vorgabe, zukünftig Kryptowährungen im Unternehmen als Zahlungsmittel zu akzeptieren. Dies kann als „weicher" Einstieg in Kryptowährungen interpretiert werden. Hat man als Unternehmen die Mechanismen von Kryptowährungen im Allgemeinen „verstanden", dann ist die Ausgabe eines eigenen Token nicht mehr als ein so großes und unwägbares Abenteuer zu sehen. Jedoch, nur der digitale Euro verspricht eine Konvertierbarkeit im Verhältnis 1:1. Alle anderen Kryptowährungen unterliegen z. T. heftigen Schwankungen. Unternehmen, die z. B. Bitcoin als Zahlungsmittel akzeptieren, stehen verschiedene Optionen zur Verfügung: Sie können die Preise für ihre Produkte/Dienstleistungen weiterhin in Euro festlegen und diese können auch in Euro bezahlt werden – Bitcoin würde dann lediglich das Medium sein, durch das die Transaktion ausgeführt wird. Oder, man kann einen Bitcoin-Zahlungsprozessservice nutzen. Dieser ist ein Zahlungsgateway und als Vermittlerservice kann man ihn auf der eigenen Unternehmenswebsite (bei Inanspruchnahme kostenpflichtig) integrieren.[18] Mit einem derartigen Dienstleister kann man das Volatilitätsrisiko stark einschränken und außerdem umgehend über sein Geld verfügen.

Weiterhin müssen im Vorfeld folgende Fragen geklärt sein:

- Neben dem Einbinden eines Zahlungs-Gateways (ja/nein) steht die Frage im Raum, ob man als Unternehmen evtl. Kryptowährungen halten möchte?
- Sollen evtl. eigene Lieferanten in Krypto bezahlt werden?
- Wie sollen Kryptowährungen gelagert werden? Hot Storage über eine Plattform als so genannte „gehostete Wallet",[19] Self-Custody-Wallet, die die volle Kontrolle über das Kryptovermögen ermöglichen, aber auch keine Sicherungsmechanismen haben, falls das Passwort verloren geht, oder eine Hardware-Wallet als physisches Gerät (sieht aus wie ein USB-Stick), auf dem die privaten Schlüssel der öffentlichen (Empfangs-) Wallet-Adressen sicher und offline verwahrt sind.[20]
- Wie verändert sich der buchhalterische Aufwand und was muss ggfs. steuerlich beachtet werden?

Die Ebene 2 adressiert die Kunden ebenso wie die Mitarbeiter, Lieferanten und bestehende IT-Infrastruktur:

Kundenerwartungen Fast alle Lebensbereiche sind heute auf die eine oder andere Weise digitalisiert. Der Kunde hat daher Erwartungen, welche Produkte und Dienstleistungen er selbstverständlich mithilfe von digitalen Lösungen in Anspruch nehmen möchte. Einkäufe

---

[18] https://cryptomus.com/de/blog/how-to-find-the-best-crypto-payment-processor, eingesehen am 01.09.2023.

[19] Gehostet heißt, dass eine Drittpartei das Kryptovermögen für Sie auf der Plattform verwahrt, ähnlich wie es die Bank mit den Giro- und Sparkonten macht.

[20] https://www.coinbase.com/de/learn/tips-and-tutorials/how-to-set-up-a-crypto-wallet, eingesehen am 01.09.2023.

werden ebenso mit mobilen Endgeräten ausgeführt wie auch Online-Banking.[21] Vorausgesetzt, dass ein Kunde das Unternehmen für seine Produkte/Dienstleistungen mit Online-Banking-Funktionen bezahlen kann, wäre die Bezahlung mit Krypto aus Kundensicht „lediglich“ eine weitere Zahlungsalternative. Evtl. ist diese Möglichkeit zunächst nur ein Signal an den Kunden, in dem man sich als Unternehmen als „Early Adopter“ präsentiert. Sofern Central Bank Digital Currencies (CBDCs) eingeführt werden, gehört man aber zu den Unternehmen, die aus bisher gemachten Erfahrungen einen Wettbewerbsvorteil generieren können: die eigene Schnittstelle vom Unternehmen zum Kunden wird dann sicher funktionieren.

Lieferantenmanagement Der Einsatz von digitalen Währungen könnte beim Lieferantenmanagement eine entscheidende Rolle einnehmen. Spätestens dann, wenn das Unternehmen weltweite Lieferantenbeziehungen hat, kann die Bezahlung mit Kryptowährungen schneller erfolgen als über das herkömmliche Bankensystem (das z. T. bei Auslandsüberweisungen noch immer mehrere Tage dauern kann). Außerdem, wie in Abschn. 7.3 beschrieben, ist es möglich, die Zahlungen entlang der Lieferkette und den einzelnen Schritten auszuführen. Damit können Lieferanten der unteren Lieferungsebene schneller mit Liquidität versorgt werden. Voraussetzung dafür ist, dass auch die Lieferanten ihrerseits über die passenden Programmierschnittstellen verfügen, um Kryptowährungen anzunehmen.

Mitarbeitermanagement: Die gern eingeforderte „digitale Kompetenz“ von Mitarbeitern muss gefördert und unterstützt werden, um die digitalen Transformationen im Allgemeinen und die Erweiterung auf die Annahme von Kryptowährungen im Besonderen zu erhalten. Dazu gehören sicher auch Schulungen zum Thema Kryptowährungen. Außerdem ist zu überlegen, wie von der Management-Ebene der Transformationsprozess begleitet wird, da der Umgang mit IT-Systemen zu erweitern ist.[22]

Ein vereinfachter „Purchase-to-Pay-Prozess“ ist in Abb. 8.4 dargestellt und zeigt, wo die hauptsächlichen Änderungen im Ablauf entstehen können.

An die Ordnungsmäßigkeit der Rechnung sind die gleichen Anforderungen gestellt wie bei Beträgen in Euro. Die Hauptfehlerquelle könnte aber in der falsch ausgewiesenen Rechnungssumme liegen, weil z. B. bei der Umrechnung ein Fehler unterläuft. Dies kann, wie oben beschrieben, durch das Nutzen eines Zahlungsprozessors ausgeschlossen werden. Bei der Prüfung, ob der Rechnungsbetrag ordnungsgemäß eingegangen ist, kann die fehlerhafte Bedienung der Wallet zur Schwachstelle werden (in Anhängigkeit, für welche Wallet sich das Unternehmen entscheidet[23]).

[21] Appelfeller und Feldmann (2023), S. 45.

[22] Dillerup und Stoi (2013), S. 691 ff., Wagner und Wernitz (2022) in Hastenteufel et al. [Hrsg.], S. 21.

[23] Eine gehostete Wallet ist nicht empfehlenswert, sofern es sich um größere Summen handelt.

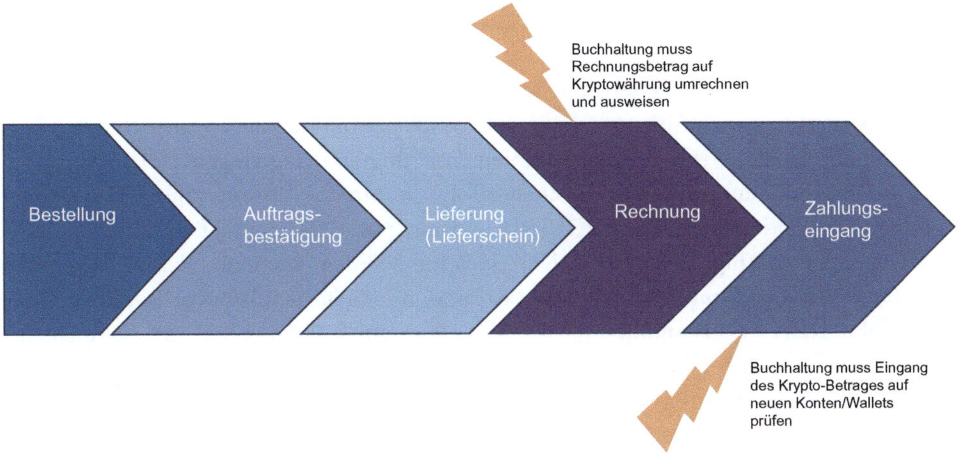

Abb. 8.4 Exemplarischer Purchaise-to-Pay-Prozess

Der Übergang zur Ebene 3, die Antworten zu den Werkzeugen/Applikationen liefert, um den reibungslosen Ablauf zu gewährleisten, verschwimmt. Begleitet wird diese Ebene von Fragen wie:

- Kann die bestehende Programmierschnittstelle zu den bisherigen Zahlungsdienstleistern „einfach“ erweitert werden oder müssen zusätzlich technische Voraussetzungen geschaffen werden?
- Wie wird die Echtzeitbereitstellung des Geldes gewährleistet?
- Wie muss die „eigene“ Applikation für den eigenen Kunden gestaltet sein, damit dieser bequem und sicher den Service, mit Kryptowährungen zu zahlen, in Anspruch nehmen kann?
- Kann die bestehende Buchhaltungssoftware Kryptowährungen erfassen und ordnungsgemäß ausweisen?
- Wie müssen die Mitarbeiter geschult werden (nicht nur die der Buchhaltung)?
- Welche Marketingmaßnahmen werden notwendig, um diese neue Zahlungsmethode den Kunden und Lieferanten nahe zu bringen?
- Ist eine imagefördernde Herausstellung des Unternehmens machbar und sinnvoll?
- Wie muss das eigene IT-System erweitert werden und welche Sicherheitsaspekte in Bezug auf Datenschutz und Datensicherheit müssen berücksichtigt werden.

Für all diese Fragestellungen gilt, dass sie nicht abschließend sind, sondern immer die entsprechende Situation im Unternehmen zu berücksichtigen ist. Daher sind diese Ausführungen eher als Anregung zu verstehen, was alles zu berücksichtigen ist bei der Erweiterung der zu akzeptierenden Zahlungsmittel auf Kryptowährungen.

8.3 IT-Infrastruktur & Vernetzung

Damit Ihr Projekt nicht scheitert, müssen Sie sich mit Ihrer IT-Infrastruktur, d. h. sowohl mit Ihrer Hard- als auch Software, befassen. Welches Erbe tragen Sie mit sich herum und wo behindert es Sie, wenn es um die Implementierung von Neuem geht?

Die Unterscheidung von IT-Systemen erfolgt in „transaktionsorientierte IT-Systeme" (Online Transaction Processing [OLTP]) und analyseorientierten IT-Systemen (Online Analytical Processing [OLAP]). OLTP-Systeme werden auch als Echtzeit-Datenverarbeitung bezeichnet und ermöglichen Prozesse, die viele gleichzeitige Benutzer haben und große Transaktionsvolumen auslösen (z. B. beim E-Commerce). Im Fokus stehen Effizienzsteigerung der Prozesse wie z. B. Datenaktualisierungen und Automatisierung von betrieblichen Abläufen. OLAP hingegen dient der Datenanalyse und nicht der Datenverarbeitung. OLAP-Systeme ermöglichen eine tiefgründige Analyse der Daten verschiedener Herkunft, die in den Datawarehouses gesammelt werden.[24]

Evtl. ist die Neuausrichtung, u. a. um digitale Währungen annehmen zu können, der Startschuss zur Überarbeitung der bestehenden IT-Systeme. Damit dies keine Operation „am offenen Herzen" wird, die Umstellung nicht zum Zusammenbruch der Systeme führt, wäre eine Two-Speed-Architecture zu empfehlen.[25] Das Beratungsunternehmen McKinsey hat 2014 diesen Begriff geprägt und im Rahmen dieses Konzeptes gibt es zwei Modi:[26]

- Modus 1: Eher die langsame IT, die sich im Kern auf den Erhalt stabiler IT-Systeme konzentriert und verlässlich und zuverlässig „arbeitet". Diese Systeme müssen rund um die Uhr zur Verfügung stehen und „robust" sein. Fehlfunktionen oder gar Ausfälle führen zu einem nicht akzeptablen finanziellen Schaden.
- Modus 2: Die eher „agile" IT; hier liegt der Fokus auf Flexibilität und Geschwindigkeit, um das, was durch den Einsatz neuer Technologien sowie kurze Softwareentwicklungszyklen möglich ist, in den Geschäftsprozessen abzubilden. Man kann sich hierunter auch modulare IT-Systeme vorstellen, die neu und innovativ sind und die Endkunden schneller erreicht/„abholt".

Dieses Konzept hilft, die kundenorientierten Prozesse schnell weiter zu entwickeln und anzupassen und zugleich die bestehenden Grundsysteme, die zur Sicherung des Geschäftsablaufs notwendig sind, funktionstüchtig zu erhalten. Es ermöglicht, neue digitale Funktionalitäten einzubringen, die kundenorientiert sind (z. B., nun Kryptowährungen als

[24] Appelfeller und Feldmann (2023), S. 161, 162.

[25] Glaser (2022), S. 262, Appelfeller und Feldmann (2023), S. 180.

[26] https://www.mckinsey.com/capabilities/mckinsey-digital/our-insights/a-two-speed-it-architecture-for-the-digital-enterprise, eingesehen am 01.09.2023.

weiteres Zahlungsmittel zu akzeptieren). Dieses Konzept kommt jedoch dann an seine Grenzen, wenn Iterationen aus dem Modus 2 die Trägheit des Modus 1 herausfordern. So verlockend die Idee der zwei Geschwindigkeiten ist, mindestens ebenso sehr erhöht es die Komplexität, was Reibungsverluste verursachen wird.[27]

Christensen hebt hervor, dass disruptive Errungenschaften aus dem Modus 2 bei Modus 1 als Bedrohung empfunden werden. Gemäß dem von ihm geprägten Begriff des „Innovator's Dilemma" wird reflexartig das Bestandsgeschäft geschützt.[28] Das führt jedoch dazu, dass man im Unternehmen an Innovationskraft einbüßt. Daher muss eine Balance zwischen den beiden Geschwindigkeiten hergestellt werden.

Unternehmen bleiben im Zuge der digitalen Transformation gefordert, effizient und flexibel zu agieren. Das heißt, dass bestehende Geschäftsmodelle schrittweise zu optimieren sind, während neue Geschäftsmodelle und Möglichkeiten dynamisch ausgelotet werden können. In diesem Zusammenhang lässt sich auch von Ambidextrie (beidhändigem Verhalten) sprechen, das notwendig ist, um den vielfältigen Anforderungen (sowohl aus strategischen als auch aus operativen Gesichtspunkten) gerecht zu werden.[29]

Neben den IT-Systemen und ihrer Weiterentwicklung ist die Verknüpfung dieser Systeme von Bedeutung und wird unter dem Begriff „Vernetzung" erfasst. Von der „traditionellen" Vernetzung (auch „konventionelle Anwendungsintegration", engl. Enterprise Application Integration) wird gesprochen, wenn Geschäftsprozesse über heteroeren Architekturen und Anwendungen ohne Medienbrüche abbildbar sind. Das Internet ist ein solches.[30]

Mit dem „Internet of Things" erfährt dieses Konzept eine signifikante Erweiterung, weil es nun möglich ist, über das Internet (oder andere Netzwerke) „Things", also Geräte, eigenständig miteinander kommunizieren und Daten austauschen zu lassen. In Bezug auf den hier immer wieder zitierten Anwendungsfall der Zahlungen mit Kryptowährungen bedeutet es, Unternehmens-Zahlungs-Applikationen so zu entwickeln und zu gestalten, dass diese Zahlungsfunktionen nicht nur über einen PC oder Laptop zu nutzen sind, sondern z. B. auch die Maschinen und Geräte des Kunden einbinden. Damit kann eine Zahlung durch die Maschine ausgelöst werden (der Smart Contract weist die entsprechende Trigger-Funktion aus) und landet automatisch auf der Adresse der Unternehmens-Wallet.

Insgesamt ist hier noch viel Raum für Entdeckungen und Entwicklungen. Vieles hängt von den vorhandenen IT-Systemen und der Bereitschaft zur Anpassung bzw. Veränderung ab. Die unternehmenseigenen IT-Systeme und ihre historische Entwicklung sind so einzigartig wie das Unternehmen selbst. Dennoch kann es kein Verharren geben, da die digitale Transformation nicht aufhört. Die technische Anpassungsfähigkeit ist daher gefordert.

---

[27] Glaser (2022), S. 179.

[28] Christensen (1997), S. 21.

[29] Bub und Gruhn (2022), S. 114, Pertlwieser (2022), S. 182.

[30] Appelfeller und Feldmann (2023), S. 185.

8.4 Rechtliche Überlegungen

In der digitalen Welt scheint es keine Grenzen zu geben: Man kann seine E-Mails ebenso Ländergrenzen-überschreitend verschicken, wie sich Ware aus aller Welt nach Hause bestellen. Dennoch existiert auch das Recht im virtuellen Raum. Hiermit beginnt die eigentliche Herausforderung. Der virtuelle Raum ist grenzenlos, dagegen ist das Recht lokal begrenzt. Umso problematischer können daher Geschäftsmodelle sein, die im virtuellen Raum und über Wirtschaftsräume hinweg existieren. Auch die Annahme von Kryptowährungen kann unerwartete, rechtliche Konsequenzen nach sich ziehen. Wie bereits an mehreren Stellen angemerkt, soll auch hier noch einmal auf die Notwendigkeit hingewiesen werden, einen versierten Juristen einzubinden.

Dies ergibt sich aus der Komplexität des Vorhabens, selbst wenn es sich „nur" um die Akzeptanz von Kryptowährungen für das eigene Unternehmen handelt. Kein Unternehmen möchte sich nachsagen lassen, für Geldwäsche zur Verfügung gestanden zu haben. Straf-, Zivilrecht sowie Datenschutz müssen umfassend berücksichtigt werden. Die juristische Begleitung bei einer eigenen Token-Emission ist daher unumgänglich, und darauf ist auch in Kap. 4 verwiesen worden. Daher sollen nun lediglich abschließende Fragen genannt werden, die sich ein Unternehmen stellen und mit denen es in die Beratung mit einem versierten Juristen(-team) gehen sollte.

Wenn es „nur" um Akzeptanz von Kryptowährung geht, sollten zumindest Fragen um die Anfechtung des Kaufvertrages, Rücktritt vom Kaufvertrag, Prüfung der Geschäftsfähigkeit, alle weiteren gesetzlichen Verbote und Sittenwidrigkeit durchdacht werden. Wie werden juristische Terminologien, wie zum Beispiel „Treu und Glauben", „Ermessen", „Unzumutbarkeit" oder auch „höhere Gewalt" Berücksichtigung finden und wie weicht die strategische Ausrichtung der digitalen Kryptowährungen von dem bisher gelebten Rechtsverständnis ab? Was muss berücksichtigt werden, um weiterhin integer zu bleiben und nicht aus Unkenntnis einen Rechtsbruch zu begehen?

Ist die Entscheidung für die Emission eines eigenen Token-Models gefallen, erweitert sich das Spektrum der rechtlichen Herausforderungen. Es ist nicht nur zu prüfen, unter welche Kategorie von Finanzanlagen der Token fällt, sondern auch, welche Unterlagen der BaFin einzureichen sind. Sämtliche nationalen wie europäischen Rechtsverordnungen und Gesetze müssen gewürdigt werden. Ebenso muss die rechtliche Ausgestaltung des Token erarbeitet werden. Außerdem sind gesellschaftsrechtliche, strafrechtliche und steuerrechtliche Aspekte zu berücksichtigen. Als Nicht-Jurist ist man damit überfordert.

8.5 Weitere Anmerkungen

Kryptowerte und Währungen entwickeln sich zu einer eigenen Anlageklasse. Institutionelle Anleger erwägen immer mehr, in Kryptowerte zu investieren. Vermögensverwalter wie BlackRock, Deutsche Bank, Fidelity, um nur einige zu nennen, sind über die reine

Prüfungsphase hinaus und beantragten u. a. bei der amerikanischen Aufsichtsbehörde die Zulassung eines reinen Krypto-ETFs.[31]

Das Beratungsunternehmen Capterra hat 2021 die Ergebnisse einer Studie veröffentlicht, die den Stand der Kryptonutzung in Deutschland analysiert hat. In Deutschland hatten demnach die wenigsten Personen ein Interesse an Kryptowährungen. 51 % der Befragten gaben sogar an, kein Interesse an Kryptowährungen zu haben. Das könnte als Indiz gedeutet werden, dass sich eine Auseinandersetzung mit dem Thema nicht lohnt. Interessant ist aber die Beobachtung innerhalb der Studie, dass 75 % der Kryptonutzer mit ihren Investitionen zufrieden sind. Und dabei steht die Gewinnerzielungsabsicht nicht ausschließlich im Vordergrund. Außerdem zeigt die Studie auch, dass, obwohl die Nutzungszahlen noch gering sind, viele ein großes Interesse an digitalen Währungen haben. 33 % derer, die noch kein Krypto besitzen, haben vor, in absehbarer Zeit in Krypto zu investieren.[32]

Auch Statista hat Zahlen zu den Erwartungen und dem Nutzerverhalten erhoben und auch diese Daten beziehen sich auf das Jahr 2021. Laut Statista sind 61 % der Käufer 40 Jahre und älter (39 % sind demzufolge jünger als 40 Jahre) und von der Gesamtheit der Käufer dominieren männliche Käufer mit 86 %. Interessant ist jedoch, dass es Personen ab 40 Jahren sind, die Krypto-affin sind. Auch wenn Statista dieses nicht interpretiert, so kann man daraus folgern, dass die Altersgruppe mit tendenziell erhöhtem verfügbaren Einkommen gewillt ist, dieses für Kryptowährungen (zumindest teilweise) zu nutzen. Damit könnte diese Gruppe von hohem Interesse für a) den von Unternehmen herausgegebenen eigenen Token sein und b) für das Akzeptieren von Kryptowährungen als Zahlungsmittel, da offenbar die Nutzungsschwelle schon niedrig ist und nur relativ wenig Überzeugungsarbeit geleistet werden muss.[33]

8.6 Fazit

Es liegt an uns, die Gegenwart und Zukunft auch im Zuge der digitalen Transformation zu gestalten. Wir sind keine Opfer der Digitalisierung und Digitalisierung ist nichts, dass „einfach so“ über uns kommt.

In diesem Kapitel wurde noch einmal aufgegriffen, welche Fragestellungen und Anforderungen auf ein Unternehmen zukommen, wenn es um die Erweiterung der eigenen finanziellen Zahlungsmittel (Finanzierungsmittel als auch Cash Flow Management) geht.

---

[31] https://extraetf.com/de/news/etf-news/antrag-angenommen-kommt-nun-bald-der-krypto-etf-von-blackrock, eingesehen am 01.09.2023.

[32] https://www.capterra.com.de/blog/2334/kryptowahrungen-in-deutschland, eingesehen am 31.08.2023.

[33] Statista: Kryptowährungen (2023), S. 34, 35.

Der technologische Fortschritt begleitet Unternehmen fortwährend und umfasst nicht nur die IT-Systeme. Digitale Transformation ist ein immerwährender Prozess, der nicht endet, nicht enden kann. Sich rechtzeitig mit den sich abzeichnenden Möglichkeiten auseinanderzusetzen, ist die Aufgabe des Managements/der Geschäftsleitung. Wenn sich die Tool-Box an Zahlungsmitteln um den digitalen, von der EZB herausgegebenen Euro erweitert, muss ein Unternehmen spätestens mit der Einführung dieses digitalen Euros die passenden Systeme und Prozesse aufweisen, um nicht einen Wettbewerbsnachteil zu erfahren (zusätzlich kann die eigene Reputation leiden, da man als nicht zukunftsorientiert eingestuft wird). Mit diesem Kapitel, aber auch mit dem gesamten Buch soll der Anreiz geschaffen werden, sich mit den Möglichkeiten am Kryptomarkt auseinanderzusetzen, und zu erwägen, wann der beste Einstiegszeitpunkt für ein Unternehmen gegeben ist. Viele Indikatoren sprechen für digitale Währungen und in der Erweiterung auch für neue Finanzierungswege über Kryptomärkte. Die Akzeptanz steigt und damit auch die Notwendigkeit, innerhalb der Unternehmen diese Zukunftsfähigkeit anbieten zu müssen. Digitale Zahlungs- und Finanzmittel sind daher kein Selbstzweck, sondern ein strategischer Baustein des Unternehmens.

Literatur

Appelfeller, Wieland, und Carsten Feldmann. 2023. *Die digitale Transformation des Unternehmens, Systematischer Leitfaden mit zehn Elementen zur Strukturierung und Reifegradmessung*, 2. Aufl. Berlin: Springer Gabler.

Bub, Udo, und Volker Gruhn. 2022. Ambidextrous Attitude – Das Potenzial in der IT-Organisation für die Digitale Transformation. *Wirtsch Inform Manag* 14:109–118.

Chaudhary, Mukund, und Abhishek Chopra. 2017. *CMMI for development: Implementation Guide*. New York: Apress Media.

Christensen, Clayton M. 1997. *The Innovator's Dilemma: When new technologies cause great firms to fail*. Boston: Harvard Business Review Press.

Dillerup, Ralf, und Roman Stoi. 2013. *Unternehmensführung*, 4., komplett überarb. u. erw. Aufl. München: Vahlen

Friesike, Sascha, und Johanna Sprondel. 2022. *Träge Transformation, Welche Denkfehler den digitalen Wandel blockieren*. Stuttgart: Reclam.

Glaser, Christian. 2022. *Digitale Transformation im Bankenumfeld, Zukunftsfähige Prozesse und Technologien erfolgreich implementieren, damit die Digitalisierung gelingt*. Wiesbaden: Springer Gabler.

Hammond, Susannah, und Todd Ehret. 2022. *Cryptocurrency regulations by country*, Compendium. Toronto: Thomson Reuters.

Hastenteufel, Jessica, Susanne Weber, und Thomas Röhm. 2022. *Digitale Transformation im Controlling, Praxisorientierte Lösungsansätze und Chancen für Unternehmen*. Wiesbaden: Springer Gabler.

Hecht, Ben. 2013. *Collaboration is the new competition*. Watertown/Massachusetts: Harvard Business Review.

Pertlwieser, Markus. 2022. *Das Richtige digitalisieren, Eine ‚Masterclass' zur digitalen Transformation der Wirtschaft*. Wiesbaden: Spinger Gabler.

Schallmo, Daniel R. A., Klaus Lang, Thomas Werani, und Barbara Krummay, Hrsg. 2023. *Digitalisierung; Fallstudien, Tools und Erkenntnisse für das digitale Zeitalter*. Wiesbaden: Springer Gabler.

Statista. 2023. Kryptowährungen; Unternehmen & Produkte. Hamburg.

Sweller, John. 1994. *Cognitive Load Theory, Learning Difficulty, and Instructional Design*; Learning and Instructions, Bd. 4, 295–312. Great Britain: Elsevier Science Ltd.

Online

App Lunch. 2022. App Store Kosten: Wie viel kostet es eine App im App Store zu veröffentlichen? https://applaunch.io/blog/app-store-kosten-veroeffentlichen/. Zugegriffen am 10.05.2024.

Capterra. 2021. Studie: Die Nutzung von Kryptowährungen in Deutschland. https://www.capterra.com.de/blog/2334/kryptowahrungen-in-deutschland. Zugegriffen am 10.05.2024.

CMMI Institute. 2023. What is CMMI? https://cmmiinstitute.com. Zugegriffen am 10.05.2024.

Coinbase. 2023. So richten Sie eine Wallet für Kryptowährungen ein. https://www.coinbase.com/de/learn/tips-and-tutorials/how-to-set-up-a-crypto-wallet. Zugegriffen am 10.05.2024.

Crypto Monday. 2022. Wie & wo kann man mit Bitcoin bezahlen. https://cryptomonday.de/krypto/ressourcen/bei-diesen-firmen-kann-man-im-jahr-2022-mit-bitcoin-bezahlen/. Zugegriffen am 10.05.2024.

Cryptomus. 2023. So finden Sie den besten Krypto-Zahlungsprozessor. https://cryptomus.com/de/blog/how-to-find-the-best-crypto-payment-processor. Zugegriffen am 10.05.2024.

Harvard Business Review. 2013. Collaboration is the new Competition. https://hbr.org/2013/01/collaboration-is-the-new-compe. Zugegriffen am 10.05.2024.

Heise Online. 2023. App Store: Apple veröffentlicht seinen ersten Transparenzbericht. https://www.heise.de/news/App-Store-Apple-veroeffentlicht-ersten-Transparenzbericht-9061871.html. Zugegriffen am 10.05.2024.

McKinsey Digital. 2014. A two-speed IT architecture for a digital enterprise. https://www.mckinsey.com/capabilities/mckinsey-digital/our-insights/a-two-speed-it-architecture-for-the-digital-enterprise. Zugegriffen am 10.05.2024.

Red Hat. 2023. Was ist Open Source? https://www.redhat.com/de/topics/open-source/what-is-open-source. Zugegriffen am 10.05.2024.

GPSR Compliance

The European Union's (EU) General Product Safety Regulation (GPSR) is a set of rules that requires consumer products to be safe and our obligations to ensure this.

If you have any concerns about our products, you can contact us on ProductSafety@springernature.com

In case Publisher is established outside the EU, the EU authorized representative is:

Springer Nature Customer Service Center GmbH
Europaplatz 3
69115 Heidelberg, Germany

Batch number: 10824533

Printed by Printforce, the Netherlands